William Hendriksen · Das Jenseits

William Hendriksen

Das Jenseits

Grundriß der biblischen Lehre von den letzten Dingen

Verlag der
Francke-Buchhandlung GmbH
Marburg an der Lahn

Die Deutsche Bibliothek — CIP-Einheitsaufnahme

Hendriksen, William:
Das Jenseits: Grundriß der biblischen Lehre von den letzten
Dingen / William Hendriksen. [Dt. von Leslie Richford]. —
Marburg an d. Lahn: Francke, 1992
   (TELOS-Bücher; 2197: TELOS-Präsente)
   Einheitssacht.: The Bible on the Life Hereafter ‹dt.›
   ISBN 3-88224-854-8
NE: GT

Alle Rechte vorbehalten
Originaltitel: The Bible on the Life Hereafter
© 1959 by William Hendriksen
Neu veröffentlicht 1988 by Baker Book House, Grand Rapids, USA
© der deutschsprachigen Ausgabe
1992 by Verlag der Francke-Buchhandlung GmbH
3550 Marburg an der Lahn
Deutsch von Leslie Richford, B. A.
Umschlaggestaltung: Agentur Thomas Lardon, Wiesbaden
Gesamtherstellung: Breklumer Druckerei Manfred Siegel KG

TELOS-Präsente Nr. 2197

Inhaltsverzeichnis

V. Die Wiederkunft Jesu

VI. Ereignisse, die mit der Wiederkunft Jesu in Verbindung stehen

VII. Der Endzustand (Die Ewigkeit)

Vorwort

Das Jenseits ist ein Thema, für das sich Menschen überall und zu jeder Zeit interessieren. Das ist verständlich, denn der Mensch ist für die Ewigkeit geschaffen. Unser gegenwärtiges Leben, so wichtig es auch sein mag, ist erst der Anfang eines zeitlich unbegrenzten Lebens der Seligkeit oder der Qual.

Die Bibel hat über die Endzeit und über das Jenseits sehr viel zu sagen. Vieles dient dazu, uns zu warnen, zu ermahnen und zu trösten. Aber noch mehr will es uns helfen, unser Leben in dieser Welt zur Ehre Gottes zu führen. Wer vernachlässigt, was die Bibel über das künftige Leben sagt, bringt sich um viel Trost und Freude.

Im Blick auf das Jenseits gibt es erhebliche Meinungsverschiedenheiten. Dies ist in der Hauptsache auf zwei Gründe zurückzuführen. Der sündige Mensch stellt sich nur ungern den Tatsachen, wie sie uns die Schrift darlegt. Und er neigt dazu, sich mit Hilfe von »vernünftigen« Argumenten und Spekulationen über die zuverlässigen Angaben des Wortes Gottes hinwegzusetzen. Der Verfasser dieses Buches ist aus diesem Grunde bestrebt, der Schrift in allem treu zu bleiben.

Dieses Buch ist für jeden geschrieben, der Gottes Plan für das Leben des Menschen erkennen möchte. Es ist so aufgebaut, daß es als Diskussionsgrundlage für die Gruppenarbeit als auch zur persönlichen Erbauung verwendet werden kann. Es handelt sich um einen wichtigen Beitrag zur Literatur über das künftige Leben.

DER VERLAG

I. EINFÜHRUNG

1. Leben Sie in drei Zeiten?

Bibellese: Psalm 116,1—9; 73,23—25

1. Geistliches Leben ist ein Leben in drei Zeiten

Der Verfasser von Psalm 116 durchlebte noch einmal die Vergangenheit. Er war in Lebensgefahr geraten:

> Stricke des Todes hatten mich umfangen,
> des Scheols Schrecken hatten mich getroffen;
> ich kam in Jammer und Not.

Aber in seiner Bedrängnis und Angst rief er den Namen des Herrn an. Aus der Tiefe hatte er um Hilfe gefleht: »O Herr, ich bitte dich: rette meine Seele!« Und der Herr erhörte ihn auf wunderbare Weise: Er hatte nicht nur seine Seele vom Tod errettet, sondern ihn auch getröstet und bewahrt. Deshalb war das Herz des Psalmisten im Blick auf die Vergangenheit so sehr mit Dankbarkeit erfüllt, daß er rief: »Ich liebe den Herrn.« Der Psalmist übt im Rückblick auf die Vergangenheit Glauben aus.

Es ist aber eine wunderbare Tatsache, daß der Gläubige, nicht nur rückblickend lebt, sondern geistlich gesehen drei Zeiten zugewandt ist, also auch der Gegenwart und der Zukunft. Man kann zu der Erkenntnis gelangen: »Der Herr war in der Vergangenheit sehr gut zu mir; im Blick auf die Gegenwart bin ich mir da nicht so sicher — und was die Zukunft betrifft, bin ich sehr unsicher.« Aber der konsequent denkende Christ kann so nicht argumentieren, denn er weiß: Der Herr ist unwandelbar. Das geht schon aus seinem Namen Jahwe hervor. Er, der dem Gläubigen in der Vergangenheit seine Hilfe gewährt hat, ist seine Kraft in der Gegenwart und seine Hoffnung für die Zukunft. Das hat der Verfasser von Psalm 116 verstanden. Er lebt in herrlicher und befreiender Weise in allen drei Zeiten — in der Vergangenheit: »Denn du hast meine Seele vom Tod befreit«; in der Gegenwart: »Der Herr ist gnädig und gerecht, und unser Gott ist barmherzig«; und in der Zukunft: »Darum werde ich mein Leben lang ihn anrufen.«

Und wenn Sie Psalm 73 aufschlagen, wird Ihnen sofort auffallen, daß Asaph mit der Logik eines von Gott geschenkten Glaubens zur gleichen Schlußfolgerung gelangt. Auch er berichtet von einer erstaunlichen Erfahrung, die er gemacht hatte. Er schaut zurück auf den Weg, der hinter ihm liegt, und bekennt, daß er beinahe gestolpert wäre. »Ich aber wäre fast gestrauchelt mit meinen Füßen.« Warum? Weil er über die Auswirkungen von der Vorsehung Gottes verwirrt war. Immer wieder geschah genau das Gegenteil von dem, was er erwartete: Die Gerechten mußten leiden, während es den Gottlosen gutging. Des-

halb war Asaph versucht zu sagen: »Gottes Weltregierung ist ungerecht!« Aber dann merkte er im Heiligtum Gottes, daß wir unser gegenwärtiges Leben erst richtig einschätzen können, wenn wir es im Licht der Ewigkeit betrachten, der alle Menschen entgegengehen. Ein sehr krasser Gegensatz besteht zwischen dem »Ende« der Gottlosen und dem »Ende« der Gerechten. Das wurde ihm offenbart. Auch er übt also Glauben in drei Zeiten aus: im Blick auf die *Gegenwart:* »Dennoch bleibe ich stets an dir«; im Blick auf die *Vergangenheit:* »Denn du hast meine rechte Hand gefaßt«; und im Blick auf die *Zukunft:* »Du wirst mich nach deinem Rat leiten und mich am Ende in die Herrlichkeit aufnehmen.«

2. Geistliches Leben schließt die Zukunft mit ein

Ist Ihnen schon aufgefallen, daß auch Paulus in drei Zeiten lebte: in der Vergangenheit (»Christus ist hier, der *gestorben ist,* ja vielmehr, der auch *auferweckt worden ist*«), in der Gegenwart (»welcher *ist* zur Rechten Gottes und *vertritt* uns«) und in der Zukunft (»*Wer wird uns scheiden* von der Liebe Christi?«). Schon jetzt gehört uns nicht nur »Gegenwärtiges«, sondern auch »Zukünftiges« (Röm. 8,38; 1. Kor. 3,22).

Der Gläubige ist also im Blick auf die Vergangenheit dankbar, im Blick auf die Gegenwart ruhig und im Blick auf die Zukunft *vertrauensvoll.*

Wir wollen uns in diesem Buch näher mit dem Vertrauen im Blick auf die Zukunft befassen.

Fragen zu diesem Kapitel:

1. Weisen Sie nach, daß der Verfasser von Psalm 116 im Blick auf Vergangenheit, Gegenwart und Zukunft Glauben ausübte.

2. Weisen Sie nach, daß der Verfasser von Psalm 73 das gleiche tat.

3. Wenn wir in der Vergangenheit die Güte Gottes erfahren haben, können wir daraus folgern, daß er uns auch in Zukunft die gleiche Güte erweisen wird. Weshalb?

4. Weisen Sie aus der Schrift nach, daß auch Paulus »in drei Zeiten« lebte.

5. Mit welchem Thema wollen wir uns in diesem Buch näher befassen?

Fragen zum weiteren Nachdenken:

1. Ist es einem Tier — einem Hund oder einem Affen — möglich, über seine Zukunft nachzudenken? Ist es einem durchschnittlichen erwachsenen Menschen möglich, nie über seine Zukunft nachzudenken? Welche Schlüsse ziehen Sie — mit Blick auf die Evolutionstheorie — aus Ihrer Antwort?

2. Kann die Gefahr bestehen, daß jemand sich so sehr mit der Zukunft beschäftigt, daß er seine gegenwärtigen Pflichten vernachlässigt? Wie läßt sich diese Gefahr vermeiden?

3. Besteht die entgegengesetzte Gefahr, daß jemand seine früheren Erlebnisse und seine gegenwärtigen Umstände so sehr betont, daß er seine Zukunftshoffnung vernachlässigt? Wie läßt sich diese Gefahr vermeiden?

4. Können Sie Sekten nennen, die — Ihrer Meinung nach — im Blick auf die Zukunft »seltsame« Überzeugungen vertreten?

5. Wie können wir uns am besten davor schützen, von diesen sektiererischen Ansichten beschlagnahmt zu werden?

2. Eschatologie — was ist das?

Bibellese: Psalm 90,10-12; 1. Thessalonicher 5,1- 11

1. »Eschatologie« — was ist damit gemeint?

Wir befassen uns also mit der Zukunft. Das systematische Studium dessen, was die Bibel über unsere persönliche Zukunft, über die Zukunft der Welt und über die Zukunft der Menschheit im allgemeinen zu sagen hat, nennt man *Eschatologie*. Die Eschatologie hat jemand einmal als »Krönung und Schlußstein der Theologie« bezeichnet. Ohne die Eschatologie blieben die Lehren von Gott, vom Menschen, von Christus, vom Heil und von der Kirche unvollendet. Eschatologie ist die Lehre von der Vollendung.

Der Begriff »Eschatologie« ist von zwei griechischen Wörtern abgeleitet: *eschatos* und *logos*. Eschatos bedeutet »letzt«; *logos* bedeutet »Wort« oder »Rede«. Mit Eschatologie ist also eine Rede über die letzten Dinge gemeint. In der Eschatologie haben wir es mit den Dingen zu tun, die »zuletzt« geschehen werden — d. h. am Ende unseres irdischen Lebens und danach, aber auch gegen Ende des gegenwärtigen Zeitalters und danach.

2. Sowohl Mose als auch Paulus dachten eschatologisch

Beim sorgfältigen Durchlesen von Psalm 90 fällt auf, daß Mose eschatologische Begriffe verwendete. Und bei der Lektüre von 1. Thessalonicher 5,1-11 wird deutlich, daß Paulus das gleiche tat.

Dennoch finden wir in diesen beiden Schriftabschnitten eine unterschiedliche Betrachtungsweise. Mose spricht in Psalm 90 über *das Ende vom Leben des einzelnen Menschen*. Er stellt der Vergänglichkeit des Menschen die Ewigkeit Gottes gegenüber. Gott ist »von Ewigkeit zu Ewigkeit«, aber das Leben eines Menschen währt 70 oder vielleicht auch 80 Jahre. »Denn es fähret schnell dahin, als flögen wir davon.« Deshalb kommt er zur Erkenntnis: »Lehre uns bedenken, daß wir sterben müssen, auf daß wir klug werden.« In 1. Thessalonicher 5 denkt auch Paulus über das Ende nach, aber er denkt hier in der Hauptsache nicht an das Ende des einzelnen Menschen, sondern an *das Ende des gegenwärtigen Zeitalters*. Die Thessalonicher waren begierig, den genauen Zeitpunkt der Wiederkunft Christi zu erfahren. Wie lange müssen Gottes Kinder noch warten? Wann genau wird Jesus wiederkommen? Paulus stützt sich bei seiner Antwort auf bereits vorhandene Unterweisung, die vom Herrn selbst stammt. Er ist der Meinung, daß seine Leser keiner weiteren Informationen bedürfen. Wiederholt wurde ihnen gesagt: Nach dem Wort des Herrn

(Mt. 24,43) kommt der Tag seiner Wiederkunft »wie ein Dieb in der Nacht«. Er wird sehr plötzlich kommen und die Menschen dabei überraschen. Der Herr wird die Gottlosen überfallen, während sie noch »Friede und Sicherheit« rufen. Sie werden *gänzlich unvorbereitet* sein. Und deshalb wird sie plötzliches Verderben ereilen. Die Christen aber sind durch Gottes Gnade mit dem Licht des Heils erfüllt. Paulus sagt: »Wir sind nicht von der Nacht noch von der Finsternis«, und meint damit die Nacht und die Finsternis der Sünde und des Unglaubens. Er fährt fort: »So lasset uns nun nicht schlafen wie die andern, sondern lasset uns wachen und nüchtern sein.«

3. Deshalb wird die Eschatologie in zwei Sparten geteilt: die Individualeschatologie und die allgemeine Eschatologie.

Wie wir gesehen haben, geht es Mose in Psalm 90 um die *Individualeschatologie*. Paulus verliert diesen Aspekt des Themas nicht ganz aus den Augen, doch geht es ihm in 1. Thessalonicher 5 hauptsächlich um die *allgemeine Eschatologie*.

Es ist nicht entscheidend, welcher Sparte man sich zuerst zuwendet, der allgemeinen Eschatologie *oder* der Individualeschatologie. Dennoch gibt es einen guten Grund, zunächst auf die Individualeschatologie einzugehen. Schließlich geht der Tod des einzelnen im normalen Lauf der Dinge der Wiederkunft Christi voraus. Zudem wird der einzelne Mensch durch den Tod in die zukünftige Welt versetzt. Aus zeitlicher Perspektive betrachtet, ist der Tod besonderes Erleben des einzelnen. Die Bezeichnung »Individualeschatologie« legen wir allem bei, was die Schrift über den Zustand des einzelnen Menschen zwischen dem Tod und der allgemeinen Auferstehung am Ende des Zeitalters zu sagen hat.

Daß ein Studium dieses Themas notwendig ist, wird jedem einleuchten. Gerade auf diesem Gebiet herrscht aber große Verwirrung. Einige glauben, daß der Mensch nach dem Tod aufhört zu existieren. Andere glauben, die Seelen vieler Gläubigen kommen in das Fegefeuer. Wieder andere sind der Meinung, daß wir darüber nichts wissen oder daß Gläubige wie Ungläubige in einen Zustand der Bewußtlosigkeit versetzt werden, der bis zum Tag der Auferstehung andauert. Es ist darum sehr wichtig, daß wir untersuchen, was die Bibel selbst über die *Individualeschatologie* zu sagen hat. Aber es ist ebensowichtig, die *allgemeine Eschatologie* zu studieren. Daß diese zweite Sparte »allgemeine Eschatologie« genannt wird, leuchtet ein. In ihr wird das Schicksal der Menschen im allgemeinen behandelt. Die Menschen sterben einzeln, werden jedoch *gemeinsam* auferstehen und *gemeinsam* gerichtet werden. Wenn unser Herr kommt, werden *alle Augen* ihn sehen. »Große und Kleine« werden vor seinem Thron erscheinen. *Gemeinsam* werden die Gottlosen mit Leib und Seele der Hölle übergeben, *gemeinsam* werden die Gerechten den erneuerten Himmel und die erneuerte Erde ererben.

Auch im Blick auf die allgemeine Eschatologie herrschen Unglaube und Verwirrung vor. Viele Menschen sind der Meinung, daß alles einfach so weitergehen wird wie bisher. Sie lehnen die Vorstellung ab, daß sich die Geschichte auf eine gewaltige Krise zubewegt. Aber auch Menschen, die an eine kommende Krise glauben, haben oft Vorstellungen, die durch und durch unbiblisch sind.

Deshalb wollen wir uns in diesem Buch nach einem einführenden Abschnitt, wie bereits begonnen, zunächst mit der Individualeschatologie und dann mit der allgemeinen Eschatologie befassen.

Fragen zu diesem Kapitel

1. Was verstehen wir unter »Eschatologie«?
2. Worüber spricht Mose in Psalm 90?
3. Worüber spricht Paulus in 1. Thessalonicher 5?
4. In welche zwei Sparten wird das Studium der Eschatologie geteilt?
5. Warum ist es wichtig, sowohl die Individual- als auch die allgemeine Eschatologie zu studieren?
6. Warum befassen wir uns als erstes mit der Individualeschatologie, ehe wir uns der allgemeinen Eschatologie zuwenden?

Fragen zum weiteren Nachdenken

1. Gibt es Bibelstellen, aus denen wir schließen können, daß ein Christ sich unbedingt für die Eschatologie interessieren wird?
2. Gibt es eine Beziehung zwischen einem lebhaften Interesse an diesem Thema und einem geheiligten Lebenswandel?
3. Sind Meinungsverschiedenheiten auf diesem Gebiet eher gesund oder gefährlich?
4. In welchen Abschnitten der Bibel geht es insbesondere um eschatologische Themen?
5. Wird Ihrer Meinung nach zu oft oder zu wenig über dieses Thema gepredigt? Begründen Sie Ihre Antwort.

3. Hat dieses Thema einen praktischen Wert?

Bibellese: 1. Petrus 3,8-16; 4,7-11; 5,8+9

Manchmal wird behauptet, das Studium der Lehre von den letzten Dingen lenke uns zu sehr von unserer irdischen Pflicht ab. Dem ist jedoch zu widersprechen. Im Gegenteil, wenn diese Wahrheiten in ihrem biblischen Gesamtzusammenhang betrachtet werden, bewirken sie sehr viel Gutes in unserem gegenwärtigen Leben.

In den angegebenen Bibelversen spricht der Apostel Petrus über »das Ende aller Dinge« (1. Petr. 4,7). Dies läßt ihn keineswegs seine irdische Pflicht vergessen. Im Gegenteil, es ruft sowohl sich selbst wie auch seine Leser auf, ihre gegenwärtigen geistlichen Aufgaben noch dringender zu erfüllen.

Die praktische Bedeutung der biblischen Lehre von der Zukunft kann man wie folgt zusammenfassen:

1. Die Lehre von dem Segen, den wir hier und im Jenseits ererben sollen, ermutigt die Menschen, so zu leben, daß sie diesen Lohn empfangen (siehe 1. Petr. 3,8+9). Christen dürfen bedenkenlos nach einem Lohn trachten (Mt. 19,29; vgl. Hebr. 12,1+2), solange sie dabei nicht das Ziel aus den Augen verlieren, diesen Lohn — im Sinne von Offenbarung 4,10+11 — zur Ehre Gottes einzusetzen.

2. Die Lehre vom himmlischen Lohn und von den Höllenstrafen bietet sowohl einen Ansporn zur Evangelisation als auch für die evangelistische Verkündigung (siehe 1. Petr. 3,10-12). Vgl. Psalm 2,12; Matthäus 10,28; Apostelgeschichte 2,40; 17,30+31; Römer 5,9; 2. Korinther 5,20+21; Offenbarung 21,7.

3. Wer diese biblischen Wahrheiten studiert und in die Praxis umsetzt, wird besser in der Lage sein, Fragen zu beantworten und Spötter zu beschämen (siehe 1. Petr. 3,15+16).

4. Das Nachdenken über diese Dinge ermuntert zum Gebet (siehe 1. Petr. 4,7+8). Ohne Gebet ist eine »gesunde Gesinnung« unmöglich. Nur wer betet, wird stets bereit sein, dem Feind entgegenzutreten. Ohne Gebet ist es nicht möglich, ein geheiligtes Leben zu führen oder dem Missionsbefehl nachzukommen, damit andere von der Macht Satans befreit werden, die ewige Seligkeit erlangen und Gott für immer preisen und verherrlichen.

5. Das Nachdenken über die letzten Dinge stärkt unsere Liebe zueinander (siehe 1. Petr. 4,8-10). Nur wer im Diesseits die Gemeinschaft liebt (siehe Ps. 133), wird im Jenseits an dieser Gemeinschaft teilhaben! Siehe auch 1. Mose 25,8; Matthäus 8,11; Hebräer 12,1+23.

6. Wenn wir uns ernsthaft mit diesen Dingen befassen und einen entsprechenden Lebenswandel führen, wird Gott verherrlicht (siehe 1. Petr. 4,11). Die Güte Gottes leitet Menschen zur Buße (Röm. 2,4). Das Nachdenken über die wunderbaren Dinge, die Gott seinen Kindern bereitet hat, weckt Dank und Anbetung. Dadurch wird Gott verherrlicht.

7. Die innere Überzeugung, daß die Hölle eine Realität ist und daß Satan das unheimliche Ziel verfolgt, möglichst viele Menschen zu »verschlingen«, spornt uns zu Festigkeit im Glauben an (siehe 1. Petr. 5,8+9).

Wir sehen also: Weit davon entfernt, unpraktisch zu sein, sind diese Wahrheiten für unser gegenwärtiges Leben von unschätzbarem Wert. Es wäre ein großer Fehler, sie zu vernachlässigen, denn es steht fest: Jeder, der sein Vertrauen auf Jesus Christus setzt, der eines Tages in Herrlichkeit wiederkommen wird, »der reinigt sich, gleichwie er auch rein ist« (1. Joh. 3,3).

Fragen zu diesem Kapitel

1. Welcher Einwand wird gegen das Studium der Lehre von den letzten Dingen erhoben?
2. Was würden Sie auf diesen Einwand antworten?
3. Welche Beziehung besteht zwischen dem Studium der Eschatologie und der Evangelisation?
4. Welche Beziehung besteht zwischen dem Studium der Lehre von den letzten Dingen und dem Gebet?
5. Nennen Sie weitere Argumente, aus denen deutlich wird, daß ein Studium der Eschatologie von echtem praktischen Nutzen ist.

Fragen zum weiteren Nachdenken

1. Der Apostel Paulus beschäftigte sich sehr eingehend mit der Lehre von den letzten Dingen. Siehe beispielsweise seine Briefe an die Thessalonicher. Prüfen Sie, ob diese Briefe für das tägliche Leben großen praktischen Wert haben.

2. Welchem Irrtum unterliegen die Menschen, die sich gern über Streitfragen im Blick auf die Zukunft ereifern, deren Argumente jedoch keinen guten Einfluß auf ihr tägliches Leben haben?

3. Reicht die Angst vor der Hölle, für sich allein betrachtet, als Ansporn zu einem wirklich geheiligten Lebensstil aus?

4. Was würden Sie einem aufrichtigen Menschen sagen, der beunruhigt ist, weil er meint, sein geistliches Leben beruhe ausschließlich auf seiner Angst vor der Hölle bzw. vor dem Jüngsten Gericht?

5. Der niederländische Theologe Dr. Herman Bavinck schreibt: »An Gnade und Heil hat Gott Wohlgefallen; aber an der Sünde hat Gott kein Wohlgefallen noch findet er Freude an ihrer Bestrafung« (*The Doctrine of God,* S. 390). Sind Sie mit diesem Satz einverstanden?

4. Müssen wir uns beim Nachdenken über das Jenseits auf das Neue Testament beschränken?

Bibellese: Micha 4,1-4; 5,1

1. Ein oft begangener Fehler

In der Bibel füllt das Alte Testament etwa 1000 Seiten, das Neue Testament etwas weniger als 300 Seiten. Dennoch geschieht es, das man bei der Besprechung der Lehre von den letzten Dingen beinahe völlig auf das Alte Testament verzichtet aus der Überzeugung, im Alten Testament stehe nichts über die Zukunft des einzelnen Menschen und so gut wie nichts über die Vollendung aller Dinge.

Die Meinung, es gebe im Alten Testament nur eine sehr verschwommene Lehre von den letzten Dingen, ist jedoch ungerechtfertigt. Gewiß hat es eine fortschreitende Offenbarung gegeben, und wir können dem Neuen Testament mehr eschatologisches Material entnehmen als dem Alten. Aber . . .

2. Das Alte Testament kennt sehr wohl eine Lehre von der Zukunft

Aus unserer Bibellese wird deutlich, daß nicht nur im Neuen, sondern auch im Alten Testament Zukünftiges angekündigt wird. Beachten Sie die Worte aus Micha 4,1: »In den letzten Tagen aber wird es geschehen . . .«

Wir müssen uns vor zwei extremen Ansichten in acht nehmen. Es gibt Leute, die das Alte Testament einfach ignorieren. Wer aber das Alte Testament nicht kennt, wird niemals in der Lage sein, das Neue Testament recht zu verstehen. Altes und Neues Testament gehören zusammen. In zahlreichen Abschnitten des Alten Testaments wird Zukünftiges vorausgesagt, und zwar sowohl im Blick auf einzelne Menschen wie auch auf ganze Völker, manchmal sogar auch im Blick auf das ganze Universum. Siehe beispielsweise Psalm 16,8-11; 17,15; 49,15+16; 73,24; Hiob 14,14; 19,25-27; Hosea 6,2; 13,14; Jesaja 25,6-8; 26,19; 66,1-24. Denken wir dabei vor allem an die messianischen Weissagungen und an die Prophetien über die Wiederherstellung Israels. Wir dürfen das Alte Testament niemals vernachlässigen.

3. Beim Studium des Alten Testaments müssen wir uns die alttestamentliche Betrachtungsweise aneignen

Ich sagte, wir müssen uns vor *zwei* extremen Ansichten in acht nehmen. Auf das eine Extrem, die Ausklammerung des Alten Testaments, sind wir bereits eingegangen. Es gibt jedoch eine zweite extreme Ansicht, die ebenfalls ge-

fährlich ist. Ihre Vertreter betrachten alttestamentliche Texte nicht aus alttestamentlichem Blickwinkel. Das heißt, sie lesen sie nicht im Licht ihres geschichtlichen Hintergrunds. Nehmen wir zum Beispiel die Bibelstelle, die wir am Anfang dieses Kapitels als Bibellese angegeben haben. Hier steht: Der Berg, darauf des Herrn Haus ist, wird fest stehen, höher als alle Berge und über die Hügel erhaben; viele Völker werden herzulaufen; von Zion wird Weisung (das Gesetz) ausgehen; es wird einen herrlichen Frieden geben, so daß ein jeder unter seinem Weinstock und Feigenbaum wohnen wird, usw.

Manche sind überzeugt und sagen, daß hier doch eindeutig das kommende Tausendjährige Reich vorausgesagt wird, in dem ›Zion‹, damit sind die Juden gemeint, die Vorherrschaft haben wird. Während dieser tausendjährigen Epoche weltweiten Friedens zum Abschluß der Geschichte werden alle Menschen ›herzulaufen‹.

So darf man jedoch nicht mit diesem Text umgehen. Bibelstellen dieser Art kann man nur recht verstehen, wenn man sie in den geschichtlichen Zusammenhang stellt — in diesem Fall in die Zeit des Propheten Micha, etwa 700 Jahre vor Christi Geburt. Daraus ergibt sich für diesen Abschnitt folgende primäre Bedeutung: *Es wird eine Zeit kommen, in der Israel wegen des Christus, der in seiner Mitte geboren werden wird, allen Völkern zum Segen werden wird. Alle, die Christus im lebendigen Glauben annehmen werden, werden bleibenden Frieden erhalten.* Daß dies gemeint ist, geht eindeutig aus Micha 5,1 hervor, wo die Geburt Christi angekündigt wird. Beachten Sie insbesondere Kapitel 5, Vers 4: »Und er (der Christus) wird der Friede sein.« Der Abschnitt Micha 4,1-4 hat nichts mit einem vermeintlichen Tausendjährigen Reich zu tun, das nach der Wiederkunft Christi errichtet wird.

Ich kann mir vorstellen, daß an dieser Stelle eingewendet wird: »Aber hier steht: *In den letzten Tagen.* Darum muß sich dieser Abschnitt doch auf das Ende der Welt beziehen.« Mit dem Ausdruck »in den letzten Tagen« ist aber nicht notwendigerweise das Ende der Welt gemeint. Gemeint ist vielmehr »in künftigen Zeiten«, »in Zukunft«. Der genaue Umfang dieser »Zukunft« muß in jedem Einzelfall aus dem Kontext ermittelt werden. Daß der Ausdruck sich nicht in jedem Fall ausschließlich oder in erster Linie auf die Zeit beziehen kann, die der Wiederkunft Christi unmittelbar vorausgeht, geht nicht nur aus dem hier besprochenen Text, sondern auch aus Versen wie 1. Mose 49,1 hervor (vgl. Fußnote zur Elberf. Übers.). Als Jakob seine Söhne segnete, dachte er bestimmt nicht in erster Linie an das, was am Ende der Welt geschehen wird!

4. Weitere Eigenschaften alttestamentlicher Eschatologie

a. *Prophetische Verkürzung*

Häufig sieht das Alte Testament die Zukunft wie zwei weit entfernte Hügel. Nehmen wir an, der weiter entfernte Hügel liegt etwas höher als der andere, so daß man beide sehen kann. Aus der Entfernung mag es aussehen, als gäbe es nur einen Hügel, oder als befände sich der weiter entfernt gelegene Hügel unmittelbar hinter dem näher gelegenen. Erst wenn man vor dem ersten Hügel steht, erkennt man, daß man noch eine weite Wegstrecke vor sich hat, ehe man den zweiten erreicht. Lesen Sie Maleachi 3,1+2 und prüfen Sie nach, ob Sie verstanden haben, was ich meine. Dieser alttestamentliche Prophet sieht das erste und das zweite Kommen Christi so, als wären sie ein einziges Ereignis. Das trifft auch auf unsere Bibellese Micha 4,1-4 zu, wie wir noch sehen werden.

b. *Mehrfache Erfüllung*

In Micha 4,1-4 werden in symbolhafter Sprache die Verhältnisse beschrieben, die beim ersten Kommen Christi vorherrschten. Dennoch ist zu erkennen, daß diese Verse beim ersten Kommen Christi noch nicht vollständig und endgültig in Erfüllung gegangen sind. Der Friede, den Christus bei seinem ersten Kommen gebracht hat, ist noch nicht der ganze, herrliche Frieden, den er bei seiner Wiederkunft bringen wird. Erst wenn Jesus wiederkommt, wird endgültig »kein Volk mehr wider das andere das Schwert erheben, so daß sie hinfort nicht mehr lernen werden, Krieg zu führen«.

Fragen zu diesem Kapitel

1. Welcher Fehler wird oft begangen? Und vor welchen beiden extremen Ansichten müssen wir uns in acht nehmen, wenn wir alttestamentliche Aussagen über die Zukunft studieren?

2. Welche irrtümliche Auslegung von Micha 4,1-4 wird manchmal vertreten?

3. Welche Verse aus Micha 5 beweisen, daß diese Auslegung falsch ist?

4. Was ist die primäre Bedeutung — und darum auch die richtige Auslegung — des hier behandelten Micha-Textes?

5. Nennen Sie und erläutern Sie zwei Eigenschaften alttestamentlicher Eschatologie. Zeigen Sie auf, welches Licht sie auf die Bedeutung von Micha 4,1-4 werfen.

Fragen zum weiteren Nachdenken

1. Wir haben auf die Feststellung Wert gelegt, daß alttestamentliche Prophetien im Licht ihres geschichtlichen Hintergrunds ausgelegt werden müssen. Widersprechen wir damit aber nicht der Regel, nach der alttestamentliche Prophetien im Licht des Neuen Testaments auszulegen sind?

2. Manchmal wird behauptet, die Bibel müsse man in allem wörtlich auslegen. Kann man aber Verse wie Matthäus 5,13a oder Markus 12,40a wörtlich auslegen?

3. In welchem Kapitel des Buches Jesaja finden Sie die Weissagung aus Micha 4,1-4 wieder?

4. Welches Licht werfen Lukas 2,32 und 2. Petrus 3,13 auf die Bedeutung von Micha 4,1-4?

5. Bezieht sich der Ausdruck »in den letzten Tagen« in Apostelgeschichte 2,17 auf das Ende der Welt?

Individualeschatologie

II. DER TOD UND DIE UNSTERBLICHKEIT

1. Der Tod: Wie hoch ist die Sterblichkeitsziffer? Was ist eigentlich der Tod? Was ist die falsche und was die richtige Einstellung zum Tod?

Bibellese: Psalm 39,5-7; 23,4

1. Wie hoch ist die Sterblichkeitsziffer?

»Herr, lehre mich doch, daß es ein Ende mit mir haben muß . . . Wie gar nichts sind alle Menschen . . . Sie sammeln und wissen nicht, wer es einbringen wird.« Diese Worte aus Psalm 39 sind allzu wahr! Man könnte hier auch Ps. 90,10 und Ps. 103,15+16 anfügen (bitte nachschlagen!). Werfen Sie einen Blick auf Ihre Armbanduhr und beobachten Sie den Sekundenzeiger. Beachten Sie, wie schnell die Sekunden dahineilen. In den Vereinigten Staaten starb im vergangenen Jahr alle 20 Sekunden ein Mensch! Stellen Sie sich das einmal vor: Jede Minute hat es drei Todesfälle gegeben — dabei sind Kinder, die im Mutterleib gestorben sind, nicht mitgezählt.

Wenn schon die jährliche Sterblichkeitsziffer in unserem eigenen Land schockierend ist, wieviel ist sie es für die ganze Welt. Die Weltbevölkerung ist etwa 16 mal größer als in unserem Land. Entsprechend ist also auch die Sterblichkeitsziffer 16 mal höher als bei uns. Das ergibt fast einen Todesfall pro Sekunde!

2. Was ist eigentlich der Tod?

Die hohe Sterblichkeit ist noch erschreckender, wenn man die Tatsache bedenkt, daß der physische Tod des Menschen kein rein natürliches Phänomen ist. Der Tod ist letztlich Strafe für die Sünde, ein göttlicher Beschluß (1. Mose 2,17; Hebr. 9,27). Der Tod ist ein wesentlicher Teil des Fluches, den Gott über Adam und seine Nachkommen aussprach: »Denn du bist Erde und sollst zu Erde werden« (1. Mose 3,19).

3. Welche falschen Vorstellungen sind abzulehnen?

a. *Die Einstellung der Christian Science* (der sogenannten »Christlichen Wissenschaft«). Nach ihrer Überzeugung haben Materie, Sünde, Krankheit und Tod keine wirkliche Existenz. Aber die Realität des Todes kann man nicht aufheben, indem man seine Existenz leugnet. Der Tod straft die Christliche Wissenschaft Lügen. Anhänger dieser Lehre sollten folgende Bibelverse studieren: 1. Mose 5,5.8.11.14.17.20.27.31.

b. *Die Einstellung der Menschen, die sich der Wirklichkeit des Todes entziehen wollen.* Sie haben Angst vor dem Tod und sind peinlich darauf bedacht, ihn nicht zu erwähnen. Man sagt dem französischen König Ludwig XV. nach, er habe seinen Dienern verboten, in seiner Anwesenheit das Wort *Tod* in den Mund zu nehmen. Die Chinesen meinen, sie würden, wenn sie das Wort *Tod* aussprechen, den Tod herbeirufen! Auch in unserer abendländischen Gesellschaft wird das Wort gern vermieden oder Ersatzbegriffe verwendet. Der Tod ist eine Wirklichkeit, mit der sich der natürliche Mensch ungern befaßt. Diese Einstellung ist gefährlich. Sie kann dem Menschen keinen Frieden bringen.

c. *Die Einstellung der Fatalisten oder Stoiker.* Sie versuchten, sich und anderen glauben zu machen, daß sie nicht die geringste Angst vor dem Tod haben. Der Tod sei doch schließlich etwas ganz Natürliches. Warum solle man ihm deshalb nicht mutig ins Auge blicken? Warum solle man angsterfüllt dem Tod entgegengehen? »Wenn ich tot bin, verwese ich«, hat jemand gesagt. Und vielleicht fügte er hinzu: »Was soll's?« Aber auch dies ist eine falsche Einstellung. Ein solcher Mensch gibt sich zwar tapfer, aber er schauspielert oder belügt sich selbst. Lesen Sie Jesaja 57,21.

d. *Die Einstellung des offensichtlich Gottlosen.* Er verflucht den Tod. Er will ihm trotzen und ballt gegen ihn die Faust.

e. *Die Einstellung des Pessimisten.* Er ist des Lebens überdrüssig und bringt sich zuletzt selbst um. Die Selbstmordrate in der Welt ist erschreckend hoch! Aber dieser Weg ist kein Ausweg: siehe 1. Mose 9,6; 1. Korinther 6,19. Beachte jedoch Matthäus 7,1.

f. *Die Einstellung des Gefühlsmenschen.* Er schwärmt für Todesszenen und von Todessehnsucht, gibt sich seinen Gefühlen ganz hin und bricht in Tränen aus, wenn er zum Beispiel die Geschichte vom Tod der kleinen Nell in Charles Dickens' Roman *Der Raritätenladen* liest. Der Tod aber ist kein Spaßmacher, sondern der letzte Feind!

g. *Die Einstellung des unter einem »Märtyrerkomplex« leidenden religiösen Fanatikers.* Verwechseln Sie einen solchen Menschen nicht mit einem echten Märtyrer wie Stephanus. Nein, dieser Mensch ist tatsächlich darauf versessen, umgebracht zu werden, obwohl er sich nicht selbst das Leben nimmt. Vielleicht glaubt er, er könne sich dadurch, daß er um des Glaubens willen freiwillig in den Tod geht, eine Märtyrerkrone verdienen, damit er später als Heiliger verehrt werde. Möglicherweise treffen die Worte aus 1. Korinther 13,3b auf ihn zu.

4. Was ist die christliche Einstellung?

Der Christ sucht nicht den Tod. Im Gegenteil, er weiß, daß der Tod etwas Widernatürliches ist und daß er so lange warten mußte, bis Gott ihn von seinen irdischen Aufgaben entbindet. Er weiß, daß der Tod Schatten und nicht Sonnenschein ist. Der Tod scheidet das, was zusammengehört. Aber der Christ weiß auch, daß er nicht durch das Todestal, sondern nur durch das Tal des Todesschattens (Ps. 23,4; vgl. Elberf. Übers.) gehen muß. Zudem ist er fest überzeugt, daß der Herr in diesem Tal bei ihm sein wird. Nicht einmal der Tod kann ihn scheiden von der Liebe Gottes, die in Christus Jesus ist, unserm Herrn (Röm. 8,38+39).

Gewiß, der Tod bedeutet in seinem tiefsten Kern *Trennung*. Für den Ungläubigen bedeutet der Tod nicht nur die Trennung von Leib und Seele und den Abschied von allem, was ihm auf Erden lieb war; darüber hinaus wird er von der Offenbarung der Güte Gottes abgeschnitten, die er im Leben sogar als Gottloser erfuhr. Für den Gläubigen hingegen ist die Trennung nicht absolut. Gottes Güte und Liebe begleiten ihn in die Herrlichkeit. Dort wird er Freunde wiedersehen und Reichtümer besitzen, die weit mehr sind als alles, was er hier auf der Erde besessen hat. Und bei der Wiederkunft Christi wird seine Seele mit seinem auf wunderbare Weise verwandelten Leib wiedervereinigt werden.

Dies alles ist eine Folge der Tatsache, daß Christus für ihn den Fluch des Todes bereits getragen hat. Und derselbe Herr hat ihm auch die Krone des Lebens erworben. Darum ist der leibliche Tod für den Gläubigen zwar weiterhin eine dunkle Wolke, aber eine dunkle Wolke mit einem Silberstreifen am Rand, und auf diesen Silberstreifen richtet er seine ganze Aufmerksamkeit. So bereitet er sich auf den Tod vor. Er sieht auf Jesus und jubelt triumphierend: »Der Tod ist verschlungen in den Sieg . . .« (1. Kor. 15,55-57). Im tiefsten Sinne gehört er dem Reich des Todes nicht mehr an; der Tod ist für ihn vielmehr ein Sprungbrett zur vollen Verwirklichung des höchsten Zieles seiner Existenz, der Verherrlichung Gottes.

In diesem Zusammenhang ist es lehrreich, die tröstlichen Worte zu studieren, mit denen die Schrift den Tod des Gläubigen beschreibt. Er »wiegt schwer vor dem Herrn« (Ps. 116,15). Der Gläubige wird »von den Engeln in Abrahams Schoß getragen« (Lk. 16,22). Er kommt in das »Paradies« (Lk. 23,43), und zwar in ein »Haus mit vielen Wohnungen« (Joh. 14,2). Sein Tod gilt als ein »seliges Abscheiden« (Phil. 1,23; 2. Tim. 4,6), um »bei Christus zu sein« (Phil. 1,23) und »daheim zu sein bei dem Herrn« (2. Kor. 5,8), als ein »Gewinn« (Phil. 1,21), als »viel besser« (Phil. 1,23) und als ein »Schlafen im Herrn« (Joh. 11,11; 1. Thess. 4,13).

Fragen zu diesem Kapitel

1. Wie viele Menschen sterben durchschnittlich jede Minute?
2. Ist der Tod lediglich ein natürliches Phänomen, eine physische Notwendigkeit? Was ist der Tod wirklich?
3. Beschreiben Sie mehrere nicht-christliche Einstellungen gegenüber dem Tod. Üben Sie an diesen Einstellungen Kritik.

4. Warum ist die Einstellung des Christen ganz anders? Welche Einstellung hat der Christ zum Tod?
5. Wie beschreibt die Bibel den Tod des Gläubigen?

Fragen zum weiteren Nachdenken

1. Sollte ein Arzt einem todkranken Patienten »die ganze Wahrheit« sagen?
2. Ist der Tod für alle Menschen unausweichlich?
3. Ist Sterbehilfe zulässig?
4. Hat Gott seine in 1. Mose 2,17 ausgesprochene Drohung tatsächlich wahrgemacht? Wenn ja, wie?
5. Ist Jesus einen physischen, geistlichen oder ewigen Tod gestorben?

2. Ein unergründliches Geheimnis — was ist es?

Bibellese: Psalm 103

1. Das große Rätsel

In gewissem Sinne besitze ich nichts, dennoch bin ich kostbarer als die ganze Welt. Ich bin weiter als der Himmel und tiefgründiger als das Meer, doch hat man mich nie gesehen. Ich kann mich aufs kräftigste behaupten, vor allem dann, wenn ich dabei bin, meine eigene Existenz zu leugnen. Ich bin das Auge, das sieht, der Spiegel, durch den es sieht, und das Auge, das gesehen wird, und zwar alles in einem. Ich bin mächtig genug, um über ein Königreich zu regieren, doch bin ich nicht imstande, mich selbst zu beherrschen. Ich rühme mich damit, ein Herr zu sein, bin aber in Wirklichkeit ein Sklave. Ich kann ein Tummelplatz für Dämonen oder der Wohnort Gottes sein. In gewissem Sinn habe ich Vergangenheit, Gegenwart und Zukunft in meiner Gewalt, doch finde ich Ruhe nur in Dem, der über jede zeitliche Begrenzung hinaus erhaben ist. Was bin ich? Können Sie die Antwort erraten? Nun, um die Antwort zu finden, müssen Sie die Antwort besitzen! Aber um es Ihnen leichter zu machen, der Lösung auf die Spur zu kommen, schlage ich vor, daß Sie das Rätsel noch einmal durchlesen und die einzelnen Aussagen im Licht folgender Bibelstellen untersuchen: Psalm 103,1+2.22; Lukas 12,19-21; Matthäus 16,26; Apostelgeschichte 17,28; Matthäus 12,43-45; 2. Korinther 6,16; 5. Mose 33,27.

Wie auch immer die Antwort lauten mag, es handelt sich auf jeden Fall um ein unergründliches Geheimnis.

2. Stimmt es, daß der Mensch aus drei Teilen besteht, nämlich Leib, Seele und Geist?

In dem Buch *The Spirit World* (Die Welt der Geister) schreibt der Verfasser C. Larkin, der Mensch sei eine Trinität und bestehe aus Leib, Seele und Geist. Dies macht er mit Hilfe eines Diagramms deutlich. Da sind drei konzentrische Kreise. Der äußere Kreis stellt den Leib des Menschen, der mittlere seine Seele und der innere seinen Geist dar. Larkin bringt folgende »Beweise« für die Theorie, daß der Mensch aus drei Teilen besteht: a. Der Mensch muß eine Trinität sein, denn der Gott, in dessen Ebenbild er erschaffen wurde, ist auch eine Trinität; b. die Stiftshütte bestand aus drei Teilen, und diese entsprechen dem Leib, der Seele und dem Geist des Menschen; c. in 1. Thessalonicher 5,23 ist von »eurem Geist samt Seele und Leib«, in Hebräer 4,12 von der »Scheidung von Geist und Seele« die Rede. Somit sei bewiesen, daß der Mensch nicht nur einen Leib, sondern auch einen Geist und eine Seele habe.

Vielleicht fragen Sie sich, was dies mit der Lehre von den letzten Dingen zu tun hat. Den Zusammenhang werden sie bald erkennen.

Zu einer Besprechung der »letzten Dinge« gehört die Lehre von der »Unsterblichkeit der Seele«. Wir können dieses Thema jedoch erst erörtern, wenn wir verstehen, was mit den einzelnen Begriffen gemeint ist. Ein Beispiel wird dies deutlich machen. Ein liebenswürdiger Christ sagte mir rundheraus, er glaube nicht an *die Unsterblichkeit der Seele*. Nun, wenn jemand in Ihrer Anwesenheit eine so alarmierende Aussage macht, sollten Sie ihm nicht gleich grobe Irrlehre vorwerfen. Es ist durchaus möglich, daß der Unterschied zwischen Ihrer und seiner Überzeugung sich daraus erklärt, daß Sie und er bestimmten Vokabeln eine unterschiedliche Bedeutung beilegen. Das war auch hier der Fall. Zunächst nahm ich an, die Leugnung der Unsterblichkeit der Seele sei darin begründet, daß mein Gesprächspartner das Wort unsterblich im streng biblischen Sinne verwendet. Dem war jedoch nicht so. Die Ursache des Mißverständnisses war vielmehr die Bedeutung, die er dem Begriff *Seele* beilegte. Wie Larkin war auch er ein *Trichotomist,* d. h. ein Vertreter der Dreiteilung des Menschen in Geist, Seele und Leib. (Diese Ansicht steht im Gegensatz zur Überzeugung des Dichotomisten, daß der Mensch aus nur zwei Teilen besteht.) Er war der Auffassung, die Seele sei der Teil der menschlichen Persönlichkeit, der dem Leib das physische Leben mitteile. Wenn der Leib sterbe, sterbe die Seele selbstverständlich mit, wie bei den Tieren. Aber der Geist lebe weiter!

Die Schrift lehrt jedoch nirgends, daß der Mensch aus drei Teilen bestehe. Lesen Sie 1. Mose 2,7; es fällt auf, daß die Zweiteilung des Menschen in der Schöpfungsgeschichte klar herausgestellt wird. Man könnte eine lange Liste von Bibelstellen anführen, aus denen hervorgeht, daß die inspirierten Verfasser der Bibel Dichotomisten waren. Zu dieser Liste müßten u. a. folgende Stellen gehören: Prediger 12,7; Matthäus 10,28; Römer 8,10; 1. Korinther 5,5; 7,34; Kolosser 2,5; Hebräer 12,9. Als Beweis für die Dreiteilungstheorie wird die Tatsache angeführt, daß der Mensch im Ebenbild Gottes erschaffen wurde; aber wenn man dieses Argument konsequent zu Ende dächte, käme man zu dem törichten Schluß, der Mensch müsse wie Gott aus drei Personen bestehen. Der Hinweis auf die Stiftshütte mit ihren drei Bestandteilen ist wirklich weit hergeholt. Und was 1. Thessalonicher 5,23 betrifft, dürfen hier die Begriffe Geist, Seele und Leib nicht einfach zusammengezählt werden, als wären »Geist« und »Seele« zwei verschiedene Gebilde. Außerdem weist Paulus überall sonst darauf hin, daß die menschliche Persönlichkeit aus *zwei* Teilen besteht. Zu Hebräer 4,12 schreibt Professor Louis Berkhof: »Hebräer 4,12 darf nicht so aufgefaßt werden, als scheide das Wort Gottes, wenn es in das Innere des Menschen dringt, zwischen Seele und Geist . . . Hier wird vielmehr erklärt, daß es in beiden eine Scheidung zwischen den Gedanken und Absichten des Herzens bewirkt« (*Systematic Theology,* S. 195).

3. Was ist also die Seele und was der Geist des Menschen?

Beide Begriffe sind gleichermaßen Bezeichnungen für den immateriellen und unsichtbaren Teil der menschlichen Persönlichkeit. Es gibt nur *einen* solchen Bestandteil, obwohl er mindestens zwei Namen hat. Es stimmt, daß die Bibel im allgemeinen den Begriff »Seele« *(psyche)* verwendet, wenn von diesem immateriellen Teil in seiner Beziehung zum Leib, zu körperlichen Vorgängen und Empfindungen und zum ganzen irdischen Leben mit seinen Gefühlen, Neigungen und Abneigungen die Rede ist; so beispielsweise: »Die Juden erregten und entrüsteten die *Seelen* der Heiden wider die Brüder« (Apg. 14,2). Es stimmt ebenfalls, daß Paulus immer und die anderen biblischen Verfasser sehr häufig den Begriff »Geist« *(pneuma)* verwenden, wenn von diesem immateriellen Teil als dem Gegenstand der Gnade Gottes oder als dem Subjekt der Anbetung die Rede ist; so beispielsweise: »So betet mein *Geist*« (1. Kor. 14,14). In mehreren Abschnitten sind die Begriffe »Seele« und »Geist« austauschbar; ein Bedeutungsunterschied ist kaum oder überhaupt nicht zu erkennen. Hierzu ein deutliches Beispiel. In Lukas 1,46+47 steht:
Meine Seele *(psyche)* erhebt den Herrn,
und mein Geist *(pneuma)* freuet sich Gottes, meines Heilandes.
Dies ist nur eines von mehreren möglichen Beispielen. Daraus können wir schließen: Wenn vom unsichtbaren, immateriellen Bestandteil des Menschen die Rede ist, können wir ihn entweder als die Seele oder als den Geist bezeichnen. Wenn jemand behauptet, die »Seele« des Menschen sei sein »niedriges, immaterielles Wesen«, das nicht annähernd so wertvoll sei wie sein »Geist«, könnte man entgegnen, ob er denn nicht an das *Seelengewinnen* glaube, ob er nicht glaube, daß seine Seele gerettet sei, und ob er nicht damit einverstanden sei, daß es dem Menschen nichts nütze, wenn er die ganze Welt gewönne, aber an seiner *Seele* Schaden nähme. Danach könnte man vorschlagen, gemeinsam das Lied zu singen: »Lobe den Herrn, meine *Seele!*« (Ps. 103).

Fragen zu diesem Kapitel

1. Was glaubt der Dichotomist? Was der Trichotomist?
2. Führen Sie den Beweis dafür, daß der Mensch nach der Bibel aus zwei — und nicht drei — Teilen besteht.

3. Bedeutet das Wort Seele, wenn es in der Bibel vorkommt, immer etwas anderes als das Wort Geist?
4. Können wir davon ausgehen, daß dort, wo Seele und Geist in der Schrift eine unterschiedliche Bedeutung haben, zwei verschiedene immaterielle Bestandteile des Menschen gemeint sind? Was ist die charakteristische Bedeutung dieser Begriffe an den Stellen, wo ihnen eine unterschiedliche Bedeutung beigelegt werden muß?
5. Was hat das mit der Lehre von den letzten Dingen zu tun?

Fragen zum weiteren Nachdenken

1. Inzwischen haben Sie über das Rätsel am Anfang dieses Kapitels nachgedacht. Wie lautet Ihre Lösung?
2. Die Menschen, die sich auf 1. Thessalonicher 5,23 und Hebräer 4,12 berufen, um zu beweisen, daß die biblischen Verfasser an eine Dreiteilung des Menschen glaubten, begehen dabei einen grundsätzlichen Auslegungsfehler. Welchen Grundsatz der Bibelauslegung lassen sie außer acht?
3. Was halten Sie von folgendem Argument gegen die Dreiteilung des Menschen? »Wenn der Mensch aus drei Teilen bestünde, wäre er imstande, alle drei zu empfinden!« Und wenn der Mensch aus Geist, Seele und Leib besteht, wo ist da Raum für das Herz?
4. Werden wir in der Bibel aufgefordert, »Seelengewinner« zu sein? Nennen Sie, sofern es Ihnen möglich ist, einige Belegstellen.
5. Welche Methoden des Seelengewinnens würden Sie — auf der Grundlage der Heiligen Schrift — empfehlen? Ist das Seelengewinnen der eigentliche Sinn unseres Lebens? Zu welchem großen Ziel sind wir nach Psalm 103 erschaffen? Inwiefern hat das Seelengewinnen etwas damit zu tun?

3. Lebt die Seele nach dem Tod weiter?

Bibellese: Johannes 11,17-26

1. Nähere Bestimmung der zu behandelnden Frage

An dieser Stelle geht es uns *nicht* um die Frage: »Werden die Toten eines Tages wieder lebendig werden?« Einige Menschen glauben, daß die Toten auferstehen werden, leugnen jedoch, daß die Seele nach dem Tod weiterlebt! Gewiß, es handelt sich um eine recht seltsame Theorie, aber sie hat ihre Anhänger.

Im Augenblick fragen wir auch nicht danach, ob, wenn ein Mensch stirbt, seine Seele *im wachen Zustand* weiterlebt. Diese Frage ist ebenfalls sehr bedeutsam und wird in einem späteren Kapitel erörtert werden.

Hier fragen wir: »Lebt die Seele des Menschen nach dem Tod weiter?«

2. Die Argumente der Menschen, die diese Frage verneinen

Ich denke hier nicht in erster Linie an Vertreter des Materialismus. Es ist bekannt, daß ausgesprochene Materialisten Denkprozesse und diesbezüglich auch die menschliche »Seele« für das Sekret des Gehirns halten, wie die Galle das Sekret der Leber ist. Demnach lautet ihre Theorie: »Wie die Gallensekretion nach dem Tod der Leber aufhört, so hören auch die Denkprozesse auf, wenn das Gehirn nicht mehr funktioniert.« Wir haben jedoch nicht vor, uns bei dieser materialistischen Anschauung aufzuhalten. In ihrem Verlangen, alles auf die Materie zurückzuführen, verwerfen Materialisten das universelle Zeugnis der Natur und der Sinne. Außerdem begeben sie sich nicht mit uns auf eine Ebene, denen sie lehnen die Bibel ab, die für uns maßgeblich ist.

Ich denke vielmehr an die »Wachturmleute«, die »ernsten Bibelforscher«, die sogenannten »Zeugen Jehovas«. Sie behaupten, an die Heilige Schrift zu glauben. Dennoch lehnen sie die Vorstellung von einem Weiterleben nach dem Tod ab. Entsprechend schreibt J. F. Rutherford: »Der (in Lk. 23,40-43 erwähnte) Übeltäter *hörte auf zu existieren* [Hervorhebung von mir, W. H.] und muß bis zur Auferstehung tot bleiben« (*Heaven and Purgatory,* S. 23). Und wenn man darauf hinweist, daß Jesus dem reumütigen Schächer gesagt hat: »Wahrlich, ich sage dir: Heute wirst du mit mir im Paradiese sein«, dann gibt Rutherford zur Antwort, daß der Abschnitt so übersetzt werden müßte: »Heute stelle ich dir feierlich die Frage: Wirst du mit mir im Paradiese sein?« (ebd., S. 21).

Diese Leute berufen sich gern auf Abschnitte wie Prediger 3,19+20; 9,2+3.5.10. Laut Aussage dieser Verse geht es dem Menschen nicht anders als den Tieren: Alle müssen sterben, und Tote wissen nichts mehr. »Das ist das Unglück bei allem, was unter der Sonne geschieht, daß es dem einen geht wie dem andern.«

3. Erwiderung

Verwundern Sie sich nicht über diese Zitate aus dem Buch Prediger! In demselben Buch ist von Stacheln und Nägeln die Rede (Pred. 12,11). Manche setzen den Stachel mit dem als Anreiz zu ernsthaftem Nachdenken aufgefaßten Problem, den Nagel aber mit der Lösung gleich, die in diesem oder jenem Weisheitsspruch »festgenagelt« ist. Nach dieser Auslegung wäre mit dem *Stachel* alles gemeint, was dem Menschen, der die Dinge vom Standpunkt dieser Welt («unter der Sonne«) betrachtet, ein Rätsel aufgibt. So gesehen stimmt es, daß Menschen wie Tiere allesamt sterben müssen und daß sie nach ihrem Tod jegliche unmittelbare Verbindung mit dieser Welt verlieren. — Aber es gibt auch einen *Nagel,* eine Lösung. Von einem Standpunkt oberhalb der Sonne aus betrachtet, weiß der Prediger, daß das Schicksal des Gerechten dem des Gottlosen nicht gleicht (Pred. 2,26). Er weiß ebenfalls, daß es tatsächlich ein Leben nach dem Tod gibt. Der Geist des Menschen hört nicht auf zu existieren. Im Gegenteil: »Der Staub muß wieder zur Erde kommen, wie er gewesen ist, und der Geist wieder zu Gott, der ihn gegeben hat« (Pred. 12,7).

In seinem ausgezeichneten Kommentar zum Buch Prediger merkt Dr. G. Ch. Aalders zu Kapitel 9, Vers 10b an: »Schließt dieser Ausspruch jedwede Aktivität in einem Leben nach diesem Leben aus? Nein, ebensowenig wie es der in Johannes 9,4 überlieferte Ausspruch unseres Erlösers tut («Es kommt die Nacht, da niemand wirken kann«). Solche Aussprüche beziehen sich lediglich auf das Aufhören aller ›Mühe unter der Sonne‹, d. h. jeder menschlichen Tätigkeit hier auf der Erde« (*Commentaar op het Oude Testament,* S. 205).

Und wie verhält es sich mit den Worten, die Jesus an den reumütigen Schächer richtete? Jesus soll nach Rutherford gesagt haben: »Wahrlich, ich sage dir heute«? Natürlich sagte er es »heute«. Wann sollte er es sonst gesagt haben? Und was den Hinweis betrifft, Jesus habe nach der feierlichen Einleitung: »Wahrlich, ich sage dir« eine Frage gestellt, statt seinen einleitenden Worten eine feierliche Erklärung folgen zu lassen, wie er es sonst in ähnlichen Fällen getan hat — wo will Rutherford für diesen absolut widersinnigen Gedanken eine finden?

4. Der positive Schriftbeweis für das Weiterleben der Seele nach dem Tod

Aus unserer Bibellese (Joh. 11,17- 26) wurde deutlich: Jesus hat Martha zugesichert, daß der Glaube das Leben nach sich zieht; wer lebt und glaubt, wird niemals sterben. »Wer da lebet und glaubet an mich, der wird nimmermehr sterben.« Es stimmt natürlich, daß Jesus, als er hier von »Leben« sprach, weit mehr meinte als die bloße Fortsetzung unserer gegenwärtigen Existenz. Aber die Fortsetzung unserer Existenz wird zumindest angedeutet, und zunächst reicht uns das.

Wenden wir uns jetzt dem Buch Prediger zu, das die Zeugen Jehovas so gern anführen. Ich denke hier insbesondere an Prediger 3,11: »Er hat die Ewigkeit in ihr Herz gelegt« (so der revidierte Luthertext und die Elberfelder Übersetzung; die neue niederländische Bibel übersetzt: »Ook heeft Hij de eeuw in hun hart gelegd«). Wenn diese Übersetzung korrekt ist, wird hier ausgesagt, daß die Seele des Menschen sich nach einem Leben nach diesem Leben ausstreckt. Aber selbst wenn Dr. G. Ch. Aalders recht hat — er zieht eine etwas andere Wiedergabe vor, nach der die Stelle bedeutet, Gott habe den Drang in die menschliche Seele hineingelegt, über alles nachzusinnen, was im Lauf der Zeit geschieht (a. a. O., S. 77) —, müßten wir dennoch daraus folgern, daß der Mensch nach Auffassung des Predigers nicht in allem den Tieren gleicht. Im Gegensatz zum Tier hat der Mensch eine Seele, die reflektiert und nachdenkt.

Betrachten Sie 2. Mose 3,6 im Lichte von Matthäus 22,32. Hier wird deutlich, daß Abraham, Isaak und Jakob — nach den Worten unseres Herrn — noch am Leben waren, obwohl ihre Leiber im Grab lagen?

Im Gleichnis vom reichen Mann und vom armen Lazarus (Lk. 16,19-31) lehrt Jesus, daß beide sofort nach ihrem Tod bei Bewußtsein waren. Weder Lazarus noch der Reiche »hörte auf zu existieren«.

Aus Hebräer 11,13-16 wird deutlich, daß die Glaubenshelden sich für »Gäste und Fremdlinge auf Erden« hielten und das himmlische Land, das Gott ihnen zubereitet hatte, suchten und tatsächlich auch erreichten. Jetzt in diesem Augenblick existiert sogar eine »Versammlung und Gemeinde der Erstgebornen, die im Himmel angeschrieben sind«. Dort leben »die Geister der vollendeten Gerechten« (Hebr. 12,23).

Viele weitere Bibelstellen belegen, daß die Seele den Tod des Leibes überlebt. Auf einige dieser Bibelstellen werden wir in späteren Kapiteln Bezug nehmen.

Fragen zu diesem Kapitel

1. Auf welche Frage geben wir in diesem Kapitel eine Antwort?

2. Welche Argumente führen die Gegner eines Weiterlebens der Seele nach dem Tod an?
3. Wie würden Sie diese Argumente widerlegen?
4. Welche Hinweise bietet das Alte Testament auf ein Weiterleben der Seele nach dem Tod des Leibes?
5. Welche Hinweise bietet das Neue Testament?

Fragen zum weiteren Nachdenken

1. Halten Sie die allgemeine Auferstehung der Toten am Ende des Zeitalters für einen Beweis für das Weiterleben der Seele nach dem Tod des Leibes?
2. Hörte Jesus auf zu existieren, als er starb? (siehe Lk. 23,46).
3. Hörte Stephanus auf zu existieren, als er starb? (siehe Apg. 7,59).
4. Was geschah mit Elia, als sein irdisches Leben zu Ende ging? Hörte er auf zu existieren? Was meinen Sie — wird er im Himmel neben Gott und Henoch noch andere Personen vorgefunden haben?
5. Welche praktische Bedeutung hat die Lehre, die wir in diesem Kapitel besprochen haben?

4. Unsterblichkeit — was ist das? Ist der Mensch »unsterblich«?

Bibellese: 1. Timotheus 6,11-16; 2. Timotheus 1,8-12

1. Aussagen über die Unsterblichkeit des Menschen

Ist der Mensch unsterblich oder nicht? In dieser Frage gehen die Meinungen auseinander. Der Theologe O. Cullmann vertritt folgende Auffassung: Wer behauptet, das Neue Testament lehre die Unsterblichkeit der Seele, irrt. Die Unsterblichkeit der Seele sei zwar eine griechische, aber keine christliche Lehre. Das Christentum lehre nicht die Unsterblichkeit, sondern die Auferstehung. »Mit dem Wort Unsterblichkeit machen wir in der Tat nur eine negative Aussage . . ., aber die Auferstehung ist eine positive Behauptung« («Immortality or Resurrection«, *Christianity Today,* 21. Juli 1958, S. 3-6).

Ein anderer Theologe pflichtet ihm bei, indem auch er von der »Irrlehre von der unsterblichen Seele des Menschen« spricht. Er ist dennoch bereit, den Begriff *Unsterblichkeit* gelten zu lassen, solange er nur auf Menschen bezogen wird, die »in Christus« sind. Er schreibt: »Gott wird Leib und Seele in der Hölle verderben. Der Begriff Unsterblichkeit darf nur auf den Zustand der verherrlichten Heiligen in Christus angewandt werden« (H. Hoeksema, *In the Midst of Death* [Teil seiner Auslegung des Heidelberger Katechismus], S. 98+99).

Wenden wir uns einem Lehrbuch zu, das in weiten Kreisen Anerkennung gefunden hat: Louis Berkhofs *Systematic Theology,* S. 672-678. Berkhof weist darauf hin, daß der Begriff *Unsterblichkeit* nicht immer in ein und demselben Sinn verwendet wird. Die Vorstellung, daß der Mensch im gewissen Sinn unsterblich ist, lehnt Berkhof nicht völlig ab. Er schreibt: »Die Unsterblichkeit im Sinne einer fortdauernden oder endlosen Existenz wird allen Geistern zugeschrieben, auch der menschlichen Seele. Schon die Naturreligionen und die Philosophie lehren, daß die Seele nicht mit dem Leib zusammen aufgelöst wird, sondern ihre Identität als Einzelwesen behält. Diese Vorstellung von der Unsterblichkeit der Seele harmoniert vollkommen mit dem, was die Bibel über den Menschen zu sagen hat. Allerdings gilt das Interesse von Bibel, Religion und Theologie nicht in erster Linie dieser rein quantitativen und farblosen Unsterblichkeit, der bloßen Fortsetzung der Existenz der Seele.«

Fassen wir zusammen: Der erste Theologe möchte den Begriff »Unsterblichkeit« durch »Auferstehung« ersetzen; der zweite behauptet sinngemäß, daß nur Menschen, die zu Christus gehören, unsterblich sind; und der dritte vertritt die Auffassung, daß die Seelen aller Menschen im gewissen Sinne unsterblich sind, daß aber die Bibel nicht in erster Linie an dieser Art von Unsterblichkeit interessiert sei.

2. Unterschiede, die wir nicht vergessen dürfen

Ist der Mensch unsterblich oder nicht? Die Antwort hängt davon ab, was man unter *Unsterblichkeit* versteht.

Im gewissen Sinne ist nur Gott unsterblich. Er ist es, »der allein Unsterblichkeit hat« (siehe 1. Tim. 6,11-16). Er allein ist der Ursprung und die nie versiegende Quelle des Lebens. Seine Unsterblichkeit hat man als »eine ursprüngliche, notwendige und ewige Eigenschaft« bezeichnet. Für Gott gibt es keinen Tod und keine Möglichkeit des Sterbens in irgendeiner Form. Unsterblichkeit (griechisch *athanasia*) bedeutet wörtlich »Tod-losigkeit«. Aus dieser Verneinung können wir eine positive Aussage ableiten: Gott erfreut sich absoluter Lebensfülle, unvergänglicher Seligkeit (vgl. 1. Tim. 1,17) und des unveräußerlichen Besitzes aller göttlicher Eigenschaften.

Als Urheber des Lebens und Quelle aller Seligkeit ist nur Gott unsterblich; dennoch trifft es in einem anderen Sinne zu, daß auch Christen unsterblich sind. In 2. Timotheus 1,8-12 wird eindeutig ausgesagt, daß Jesus Christus einerseits den Tod völlig besiegt, andererseits »das Leben und ein unvergänglich Wesen (= die Unsterblichkeit) ans Licht gebracht« hat. Als Folge des Sühnopfers Christi gibt es für den Christen keinen ewigen Tod mehr. Der geistliche Tod wird in diesem Leben immer mehr überwunden und zuletzt, wenn das Gotteskind seine irdische »Hütte« verläßt, völlig bezwungen. Der leibliche Tod ist uns zum Gewinn geworden. Einerseits hat Christus das alles für seine Kinder vollbracht. Andererseits hat er das Leben und die Unvergänglichkeit ans Licht gebracht, und zwar dadurch, daß er sie bei seiner eigenen herrlichen Auferstehung offenbar machte. Außerdem hat er es durch sein Wort unterstrichen: »Ich lebe, und ihr sollt auch leben« (Joh. 14,19) — *durch das Evangelium* also. Dieses »unvergängliche Wesen« übertrifft bei weitem jedes endlose Weiterleben. Im Prinzip empfängt der Christ diesen großartigen Segen schon jetzt, im Himmel aber auf einer höheren Ebene. Er empfängt ihn also erst am Tag der herrlichen Wiederkunft Christi. Bis zu diesem Tag bleibt der Leib des Gläubigen dem Gesetz der Verweslichkeit und des Todes unterworfen. Die Unsterblichkeit, d. h. *unvergängliches Heil für Leib und Seele,* gibt es erst im neuen Himmel und auf der neuen Erde. Es handelt sich um ein Erbe, das für alle aufbewahrt wird, die in Christus sind (1. Petr. 1,4+5).

Ist der Mensch unsterblich? Darauf kann man antworten: »Ja, allgemein aber nur in dem Sinne, daß er nie aufhört zu existieren. In der Bibel werden nur die Menschen als unsterblich bezeichnet, die in Christus Jesus das ewige Leben haben und dazu bestimmt sind, ihn für immer nach Leib und Seele zu verherrlichen.«

3. Vergleich der biblischen Lehre von der Unsterblichkeit mit der Lehre der griechischen Philosophie

a) Die Unsterblichkeit, die Platon und andere nach ihm gelehrt haben, bezieht sich auf die Menschheit im allgemeinen. Die Unsterblichkeitslehre der Bibel bezieht sich insbesonders auf Gott allein, im anderen Sinn nur auf Menschen, die in Christus sind.

b) In der griechischen Philosophie ist mit Unsterblichkeit nur die der Seele eigene Unzerstörbarkeit, also ihr notwendiges, endloses Weiterexistieren gemeint. Die Bibel hingegen meint mit Unsterblichkeit die ewige Seligkeit.

c) Im heidnischen Gedankengut bezieht sich der Unsterblichkeitsbegriff lediglich auf die Seele. Der Leib wird als ein Kerker betrachtet, aus dem die Seele beim physischen Tod befreit wird. Aber der Leib des Christen ist nach der Schrift kein Kerker, sondern ein Tempel. Darum bezieht sich die Unsterblichkeit für ihn, wie die Bibel sie lehrt, sowohl auf die Seele als auch auf den Leib, also auf seine ganze Person.

d) Wenn ungläubige Denker von der Unsterblichkeit des Menschen reden, haben sie eine natürliche oder philosophische Vorstellung. Aber die Unsterblichkeit, von der in Gottes Wort die Rede ist, ist eine Frucht der Erlösung.

Fragen zu diesem Kapitel

1. Inwiefern kann man sagen, daß Gott allein unsterblich ist?

2. Inwiefern kann man sagen, daß auch Christen unsterblich sind?

3. Was können Sie auf die Frage antworten: »Ist der Mensch unsterblich?«

4. Was ist die wörtliche Übersetzung des griechischen Wortes für Unsterblichkeit? Was beinhaltet das?

5. Welche Gegensätze bestehen zwischen der biblischen Lehre von der Unsterblichkeit und der Unsterblichkeitslehre der griechischen Philosophie?

Fragen zum weiteren Nachdenken

1. Waren Adam und Eva vor dem Sündenfall unsterblich? Wenn ja, in welchem Sinn? Sind Engel unsterblich? Ist der Teufel unsterblich?

2. Wie können Christen vermeiden, biblische Begriffe wie Unsterblichkeit, Gemeinschaft, Liebe etc. zu verwenden, wie sie allgemein verwendet werden?

3. Was verstehen wir unter der sogenannten »Sprache Kanaans«? Sollten wir sie heute noch pflegen?

4. Warum ist die Überzeugung von der Unsterblichkeit im Sinne eines endlosen Fortbestehens der Seele nicht annähernd so tröstlich wie die biblische Unsterblichkeitslehre? Welche Argumente führte Platon für die »Unsterblichkeit« — wie er sie verstand — ins Feld? Was halten Sie von diesen Argumenten?

5. Wo gibt uns die Bibel klar zu verstehen, daß die Unsterblichkeit sich nicht nur auf die Seele, sondern auch auf den Leib des Christen bezieht?

III. DER ZWISCHENZUSTAND (DER AUFENTHALT DER TOTEN)

1. Wohin kommen die Geister der Gläubigen nach ihrem Tod?

Bibellese: Hebräer 12,18-24

1. Die Beziehung zwischen dieser und den bisher gestellten Fragen

Wir haben bisher darauf hingewiesen, daß es dem Menschen nach der Schrift gesetzt ist, *einmal* zu sterben. Wir haben festgestellt: Wegen des stellvertretenden Sühnopfers Christi ist der Tod für den Christen ein Gewinn. Wir haben an mehreren Bibelstellen aufgezeigt, daß der Mensch aus zwei sehr eng miteinander verbundenen Teilen besteht, nämlich aus Leib und Seele (oder man kann auch sagen: aus Leib und Geist). Und wir haben den Nachweis dafür erbracht, daß die Seele nach dem physischen Tod des Menschen weiterlebt und für immer fortbesteht — eine Wahrheit, die häufig als »die Lehre von der Unsterblichkeit« bezeichnet wird. Wir haben jedoch auch darauf hingewiesen, daß nach der Schrift nur Gott die Unsterblichkeit als ursprüngliche, notwendige und ewige Eigenschaft besitzt; und nur Menschen, die in Christus Jesus sind, empfangen von ihm die Gabe der sekundären oder abgeleiteten Unsterblichkeit, wodurch sie nach Leib und Seele zur ewigen Seligkeit bestimmt sind.

Da die Geister der Gläubigen also nach ihrem Tod weiterleben, müssen wir jetzt fragen, *wohin* diese Geister kommen. Mit anderen Worten: Kommen die Seelen verstorbener Gotteskinder sofort in den Himmel? Und wenn ja, war dies schon immer der Fall?

2. Warum wir auf dieses Thema eingehen müssen

Viele Menschen, die von sich behaupten, an die Bibel zu glauben, haben keine Gewißheit darüber, daß die Seelen *aller* verstorbenen Christen in den Himmel kommen. Die Theorie, nach der diese Seelen nach dem leiblichen Tod einfach zu existieren aufhören, haben wir bereits widerlegt. Es gibt jedoch noch weitere Theorien. So glauben beispielsweise Katholiken, daß die Seelen der meisten Gläubigen nicht sofort in den Himmel, sondern zunächst in das Fegefeuer kommen. (Eine Besprechung des Fegefeuers heben wir uns für später auf.) Auch unter evangelischen Christen gibt es viele, die der Ansicht sind, viele Gläubige seien nicht unmittelbar nach ihrem Tod in den Himmel gekommen. Schriftausleger meinen zum Beispiel, daß die verstorbenen Gerechten nicht sofort in den Himmel, sondern ins *Paradies* kommen (vgl. Lk. 23,43). Diese Ansicht wird folgendermaßen begründet: Durch seinen Tod habe Jesus »den entkörperten Gläubigen einen neuen Wohnort beschert ... Er hat die Pforte des Paradieses aufgeschlossen und die gewaltige Heerschar, die auf die Stunde seines Opfers gewartet hatte, befreit, damit er sie siegreich in den Himmel führe«. Das *Paradies* sei ein Ort der Seligkeit, der nicht mit dem Himmel verwechselt werden dürfe. Er wird auch als Abrahams Schoß bezeichnet (vgl. Lk. 16,22).

3. Die biblische Lehre

Derartige Schriftauslegung geht, wie es scheint, von folgender Prämisse aus: Wenn zwei oder mehr Bezeichnungen für den Ort verwendet werden, an den die Kinder Gottes kommen, wenn sie sterben, muß es mehr als *einen* Ort geben. Für sie ist klar: Eine andere Bezeichnung bedeutet immer auch einen anderen Ort. Wäre es aber nicht seltsam, wenn es für einen so wunderbaren Ort wie den Himmel nur eine einzige Bezeichnung gäbe? Warum können »das Paradies«, »Abrahams Schoß« und »der Himmel« nicht verschiedene Bezeichnungen für denselben Ort sein, der bald von dieser, bald von jener Seite betrachtet wird? Nehmen wir an, Sie fahren auf der Autobahn. Mit einemmal eröffnet sich Ihnen der Blick auf ein recht prunkvoll gebautes Haus. Unsere Sprache ist nicht so arm, daß es nur *ein* Wort gäbe, mit dessen Hilfe Sie diesen Prachtbau beschreiben könnten? Man wird das Haus auch als »Residenz«, als »Villa« oder sogar als »Palast« bezeichnen können? Wenn dies schon bei großartigen oder herrlichen Dingen hier auf der Erde der Fall ist, warum sollte das nicht auch für die Beschreibung des himmlischen Bereichs gelten?

Daß »Himmel« und »Paradies« verschiedene Bezeichnungen für denselben Ort sind, geht eindeutig aus 2. Korinther 12,2+4 hervor. Hier erfahren wir, daß jemand in den »dritten Himmel« entrückt wurde. Wir können davon ausgehen, daß mit dem ersten Himmel der Wolkenhimmel, mit dem zweiten der Sternenhimmel und mit dem dritten der Himmel als Aufenthaltsort der Erlösten gemeint ist. Doch fällt sofort auf: Jener Mann, der nach Vers 2 in den *Himmel* entrückt wurde, wurde laut Vers 4 in das *Paradies* entrückt. Damit ist erwiesen, daß *Himmel* und *Paradies* zwei Bezeichnungen für denselben Ort, aber nicht zwei verschiedene Orte sind. Das gilt auch im Hinblick auf *Abrahams Schoß*. Daß Abrahams Seele nach seinem Sterben in den *Himmel* kam, gibt uns die Schrift sehr deutlich zu verstehen (Hebr. 11.10+16; vgl. Mt. 8,11).

Die Bibel lehrt also eindeutig: Wenn ein Gotteskind stirbt, kommt seine Seele in den Himmel.

Der Psalmist schreibt: »Du leitest mich nach deinem Rat

und nimmst mich am Ende in die *Herrlichkeit* auf. Wen habe ich im *Himmel* als dich . . .? (Ps. 73,24+25). Des Vaters Haus mit seinen vielen Wohnungen ist doch sicherlich der *Himmel* (Joh. 14,2). Bei seiner Himmelfahrt stieg Jesus »in den *Himmel* selbst« empor (Hebr. 9,24), und zwar als »unser Vorläufer« (Hebr. 6,20). »Bei Jesus« sein heißt also *im Himmel* sein. Jesus betete: »Vater, ich will, daß, wo ich bin, auch die *bei mir* seien, die du mir gegeben hast, auf daß sie meine Herrlichkeit sehen« (Joh. 17,24). Daß der Christ nach seinem Tod nicht warten muß, sondern *sofort* an diesen Ort kommt, geht aus 2. Korinther 5,8 hervor: »außer dem Leibe . . . daheim bei dem Herrn.« Paulus hatte Lust, »abzuscheiden und bei Christus zu sein« (Phil. 1,23), also in den Himmel zu kommen. Und schließlich wird uns in dem Abschnitt auch zugesichert, den wir gleich zu Anfang des Kapitels gelesen haben (Hebr. 12,18-24), daß die »Versammlung und Gemeinde der Erstgeborenen« jetzt schon »im Himmel angeschrieben« ist.

Fragen zu diesem Kapitel

1. Mit welchem Thema befassen wir uns in diesem Kapitel und warum?
2. Beweisen Sie aus der Schrift, daß Himmel und Paradies zwei verschiedene Bezeichnungen für denselben Ort sind.
3. Wohin kam Abraham, als er starb? Belegen Sie Ihre Antwort.
4. Beweisen Sie aus der Schrift, daß im Jenseits die Kinder Gottes im Himmel wohnen.
5. Beweisen Sie, daß der Gläubige bei seinem Tod sofort in den Himmel kommt.

Fragen zum weiteren Nachdenken

1. Erklären Sie Hebräer 12, insbesondere die Verse 22 bis 24, ausführlicher, als es in diesem Kapitel möglich war.
2. Wer war der Mann, der »bis in den dritten Himmel entrückt« wurde?
3. Was hat dieser Mann erlebt, als er in das Paradies entrückt wurde? Siehe 2. Korinther 12,4+7. Können wir eine Lektion daraus ziehen?
4. Wohin kamen Henoch und Elia am Ende ihres irdischen Lebens?
5. Was geschah nach Überzeugung der zur Zeit des Paulus lebenden Heiden mit den Seelen der Verstorbenen? Siehe 1. Thessalonicher 4,13. Vergleichen Sie diese Überzeugung mit der christlichen Anschauung. Inwiefern beweist 1. Thessalonicher 3,13, daß die Seele des Gläubigen sofort nach seinem Tod in den Himmel kommt?

2. Stimmt die Theorie vom »Seelenschlaf«?

Bibellese: 2. Korinther 5,1-8

1. Der »Seelenschlaf«: Die Theorie und die Argumente der Menschen, die sie vertreten

Vor einiger Zeit habe ich auswärts vor Zuhörern gepredigt. Eine Bemerkung, die eine der anwesenden Frauen nach dem Gottesdienst fallenließ, hat mich sehr überrascht. Sinngemäß sagte sie: »Ich bin so froh, daß Sie uns in dieser Frage des Himmels Klarheit verschafft haben. Jetzt weiß ich, daß meine Lieben nicht schlafen, sondern wach sind und sich an der Herrlichkeit des himmlischen Lebens freuen.« Vielleicht sollte ich hinzufügen, daß sie erst vor kurzem zwei liebe Angehörige verloren hatte. Sie sagte weiter: »Ich mache mir schon seit einiger Zeit darüber Gedanken, denn manche Schriftausleger sind überzeugt, daß die im Herrn Entschlafenen in einen Zustand der ›Bewußtlosigkeit‹ versetzt werden und bis zur Wiederkunft Christi bzw. bis zur Auferstehung in diesem Zustand bleiben.«

Selbstverständlich war mir diese Theorie bekannt. Ich wußte beispielsweise, daß zur Zeit der Frühkirche eine kleine Sekte in Arabien an den »Seelenschlaf« glaubte; daß zur Zeit der Reformation einige Wiedertäufer diesen Irrtum vertraten; daß Johannes Calvin ihn in seiner Abhandlung *De Psychopannychia* widerlegt hatte; daß im 19. Jahrhundert einige Irvingianer aus England daran festhielten; und daß die heutigen Zeugen Jehovas etwas Ähnliches glauben, obwohl die Seele für sie nach dem Tod eher »zu existieren aufhört«. Ich habe allerdings nicht gewußt, daß diese Theorie heute wieder in evangelikalen Kreisen im Umlauf ist und einige Christen verwirrt hat.

Mit welchen Argumenten begründen diese Irrlehrer — denn das sind sie — ihre Ansichten? Meistens führen sie drei Punkte an:

a. Der Bewußtseinsstrom ist von Sinneseindrücken abhängig. Beispielsweise *sehe* ich einen gutaussehenden jungen Mann und fange an, über ihn nachzudenken; oder ich sehe ein Musterhaus und schmiede Pläne, eines Tages ein ähnliches Haus zu bauen. Oder ich *höre* mir ein glänzendes Musikstück an und erlebe dabei geistigen Genuß. Beim Tod findet jedoch ein vollkommener Bruch mit allem statt, was mit den Sinnen zusammenhängt. Von nun an kann ich weder hören noch sehen, weder schmecken noch betasten noch riechen. Darum muß auch der Bewußtseinsstrom versiegen. Ich werde »bewußtlos« und »schlafe« so lange, bis ich wieder einen Leib erhalte.

b. In der Schrift wird der Tod häufig mit dem Wort »Schlaf« oder »entschlafen« umschrieben (Mt. 27,52; Lk. 8,52; Joh. 11,11-13; Apg. 7,60; 1. Kor. 7,39; 15,6+18; 1. Thess. 4,13; vgl.

auch alttestamentliche Stellen wie 1. Mose 47,30; 5. Mose 31,16; 2. Sam. 7,12). Außerdem wird an vielen anderen Stellen zumindest angedeutet, daß die Toten nicht bei Bewußtsein sind (Ps. 30,10; 115,17; 146,4; Pred. 9,10; Jes. 38,18+19).

c. Nirgends in der Schrift berichtet ein von den Toten Erweckter, was er im Himmel gesehen oder gehört hat. Warum? Weil Tote nichts hören oder sehen; sie sind »bewußtlos« und »schlafen«.

2. Erwiderung

Zum ersten Argument (a.) ist folgendes zu sagen: Die Seele des Menschen ist keineswegs nur das Instrument seiner Sinne. Es kann auch abseits von Sinneseindrücken ein Bewußtsein geben. Weder Gott noch die Engel haben einen Leib, doch sind sowohl Gott als auch die Engel bei Bewußtsein. Ein brillanter Organist kann auch dann Musik in seiner Seele haben, wenn ihm keine Orgel zur Verfügung steht, mit der er diese Musik zum Ausdruck bringen könnte. Das musikalische Bewußtsein seiner Seele wird nicht ausgelöscht, wenn man ihm die Orgel wegnimmt.

Auf das zweite Argument (b.) ist zu erwidern: Nirgendwo in der Schrift lesen wir, daß die *Seele* eines Verstorbenen »entschlafen« sei. Es sind *Personen,* die »entschlafen«, aber nicht Seelen. Außerdem ist die Parallele, die in der Schrift zwischen dem Tod und dem Schlaf gezogen wird, aus drei Gründen angemessen: 1. Wer schläft, ruht sich nach getaner Arbeit aus; auch die Toten »ruhen von ihrer Arbeit« (Offb. 14,13). 2. Wer schläft, beteiligt sich nicht mehr an den Aktivitäten des Bereichs, in dem er während seiner wachen Stunden tätig gewesen ist; auch die Toten sind nicht länger *in jener Welt tätig, die sie verlassen haben.* 3. Üblicherweise *folgt auf den Schlaf das Wachwerden;* auch die Toten werden einst auferweckt werden. Gerade im Blick auf das herrliche Erwachen, das all diejenigen erwartet, die in Christus Jesus sind, ist der Vergleich zwischen dem Tod und dem Schlaf besonders angebracht.

Keine der angeführten Bibelstellen sagt aus, daß die in den Himmel eingegangenen Seelen *sich nicht an den Aktivitäten des neuen Bereichs, in den sie eingegangen sind, beteiligen.*

Zum dritten Argument (c.) ist folgendes zu sagen: Nehmen wir einmal an, daß der Herr — der ja von vornherein wußte, daß er Lazarus zum Leben erwecken würde — die Seele seines Freundes nach dessen Tod in einem Zustand der Bewußtlosigkeit ruhen ließ. Könnte nicht eine derartige Ausnahme die Regel bestätigen? Wenn wir voraussetzen, daß die Personen, die unser Herr von den Toten erweckte, tatsächlich, wenn auch sehr kurz, die Freuden eines himmlischen Lebens bewußt erlebt haben, so ist zu fragen, ob sie nach ihrer Rückkehr auf die Erde überhaupt *in der Lage waren,* über ihre herrlichen Erlebnisse zu sprechen, bzw. ob es ihnen *erlaubt* war, davon zu berichten. Siehe 2. Korinther 12,4.

3. Die Theorie vom Seelenschlaf ist nicht mit den vielen Bibelstellen in Einklang zu bringen, in denen ausgesagt wird, daß die Seelen der Erlösten im Himmel bei vollem Bewußtsein sind.

Ist es glaubwürdig,
— daß die Erlösten im Himmel Freude die Fülle und ewige Wonne erleben (Ps. 16,11) — *während sie schlafen?*
— daß sie Gottes Antlitz in Gerechtigkeit schauen und an seinem Bilde satt werden (Ps. 17,15) — *während sie schlafen?*
— daß sie sich *im Schlaf* mit Abraham, Isaak und Jakob zu Tisch setzen (Mt. 8,11)?
— daß der reiche Mann sofort nach seinem Tod gepeinigt wurde, rief und flehte (Lk. 16) — und das alles *im Schlaf?* und der arme Lazarus *im Schlaf* getröstet wurde?
— daß die Menschen, um derentwillen Christus sein rührendes hohepriesterliches Gebet sprach, nur *im Schlaf* seine Herrlichkeit sehen (Joh. 17,24)?
— daß *wir uns im tiefsten Schlaf befinden werden,* während die himmlische Herrlichkeit, mit der dieser Zeit Leiden nicht zu vergleichen sind, an uns offenbart wird (Röm. 8,18)?
— daß wir *im Schlaf* von Angesicht zu Angesicht sehen und *im Schlaf* erkennen werden, gleichwie wir erkannt worden sind (1. Kor. 13,12+13)?
— daß wir, sobald wir »außer dem Leibe« sind, »daheim bei dem Herrn« sein und uns an einer Gemeinschaft mit ihm freuen werden, die schöner sein wird als jemals zuvor (2. Kor. 5,8) — *und dabei schlafen?*
— daß für uns als Gläubige der Tod ein Gewinn sein wird, viel besser als alles, was wir bisher auf dieser Erde erlebt haben (Phil. 1,21+23) — *obwohl wir dabei schlafen?*
— daß die Versammlung und Gemeinde der Erstgeborenen, die im Himmel angeschrieben sind (Hebr. 12,23), *aus lauter Schlafenden besteht?*
— daß wir all die majestätischen Lieder, die nach der Aussage der Offenbarung des Johannes (siehe Kap. 4.5.7.12) im Himmel gesungen werden, *verschlafen?*
— daß das neue Lied (Offb. 5,9; 14,3) gesungen wird, während *die Erlösten schlafen?*
— daß die Seelen unter dem Altar *im Schlaf* mit großer Stimme schreien (Offb. 6,10)?
— daß seine Diener ihm Tag und Nacht in seinem Tempel dienen (Offb. 7,15), *dabei aber schlafen?*
— daß die Seelen der Überwinder, die auf Thronen sitzen und mit Christus leben und regieren (Offb. 20,4), *das alles im Schlaf tun?*
Ist das alles wirklich glaubwürdig?

Nein, ich glaube vielmehr an das, was im folgenden Gedicht zum Ausdruck kommt:

> When I in righteousness at last
> Thy glorious face shall see,
> When all the weary night is past,
> *And I awake with thee*
> to view the glories that abide,
> Then, then I shall be satisfied.

(Deutsche Übersetzung: Wenn ich zuletzt in Gerechtigkeit dein herrliches Antlitz sehe, wenn die ganze beschwerliche Nacht vorbei sein wird *und ich bei dir erwache,* um die bleibende Herrlichkeit zu schauen — dann erst werde ich zufrieden sein.)

Fragen zu diesem Kapitel

1. Was verstehen wir unter der Theorie vom »Seelenschlaf«?
2. Welche Argumente führen die Vertreter dieser Theorie an?
3. Wie würden Sie diese Argumente widerlegen?
4. Gibt es heute noch Menschen, die die Lehre vom Seelenschlaf vertreten?
5. Nennen Sie einige Bibelstellen, aus denen eindeutig hervorgeht, daß die Seelen der Erlösten im Himmel bei vollem Bewußtsein sind.

Fragen zum weiteren Nachdenken

1. Was meint Paulus mit dem Ausdruck »unser irdisches Haus, diese Hütte« (2. Kor. 5,1)? Und was meint er, wenn er sagt, diese »Hütte« werde »zerbrochen« (oder »aufgelöst« oder »vernichtet«)?
2. Über die Bedeutung der Worte: »ein Bau, von Gott erbaut, ein Haus, nicht mit Händen gemacht, das ewig ist im Himmel« gibt es verschiedene Theorien.
a. Bezieht sich dieser Ausdruck auf den Auferstehungsleib?
b. Oder auf einen ätherischen Leib, den wir empfangen, sobald unsere Seele in den Himmel kommt?
c. Oder auf den physischen Leib Jesu im Himmel, so daß, wie es einige Ausleger annehmen, die Seelen aller Erlösten im Himmel in irgendeiner Weise in diesem einen Leib wohnen?
d. Oder auf etwas anderes? Wenn ja, worauf?
3. Was meint Paulus, wenn er sagt, daß wir nicht »entkleidet« oder »ausgezogen«, sondern lieber »überkleidet« werden möchten (2. Kor. 5,4)?
4. Was will Paulus sagen, wenn er den Geist ein »Unterpfand« nennt (2. Kor. 5,5), und warum können wir deshalb »getrost« sein (Vers 6)?
5. Wie würden Sie mit Hilfe von 2. Korinther 5,6-8 die Überzeugung vertreten, daß die Seelen der Erlösten im Himmel bei vollem Bewußtsein sind?

3. In welchem Zustand sind die Seelen im Himmel und was tun sie dort?

Bibellese: Offenbarung 7,9-17

1. Ihr Zustand

Es kann nicht genug betont werden, daß die Erlösten, obwohl sie sich zwischen ihrem Tod und der leiblichen Auferstehung im Himmel befinden, noch nicht zur endgültigen Herrlichkeit gelangt sind. Sie leben im sogenannten »Zwischenzustand«, haben also den »Endzustand« noch nicht erreicht. Sie sind zwar äußerst glücklich, aber ihr Glück ist noch nicht vollkommen.

Zu diesem Thema hat sich Dr. Herman Bavinck wie folgt geäußert:

»Der Zustand der verstorbenen Seligen im Himmel hat, so herrlich er auch ist, nur vorläufigen Charakter, und zwar aus mehreren Gründen:

a. Sie befinden sich im Himmel und sind auf den Himmel beschränkt; sie sind noch nicht im Besitz der Erde, die ihnen zusammen mit dem Himmel als Erbteil zugesagt worden ist.

b. Sie haben zudem keinen Leib, und dieses körperlose Dasein erweist sich nicht als Gewinn, sondern als Verlust. Die Qualität ihres Daseins nimmt nicht zu, sondern ab, denn ein Leib gehört zum Wesen des Menschseins dazu.

c. Zuletzt gilt: Ein Teil kann nie ohne das Ganze vollendet werden. Die Liebe Christi in ihrer ganzen Fülle kann nur in Verbindung mit *allen* Heiligen erkannt werden (Eph. 3,18). Die eine Gruppe von Gläubigen kann nicht ohne die andere Gruppe vollendet werden (Hebr. 11,40)« (*Gereformeerde Dogmatiek*, 3. Aufl., Bd. IV, S. 708f.).

Dem stimmen wir von Herzen zu. Aber damit ist nicht gesagt, daß es einen völligen Bruch oder einen ausgesprochenen Gegensatz zwischen dem »Zwischenzustand« und dem nach der Auferstehung eintretenden »Endzustand« gibt. Im Gegenteil. So wie es in vielerlei Hinsicht eine gewisse Kontinuität zwischen unserem jetzigen Leben und dem Leben gibt, das wir nach dem Tod im Himmel führen werden (siehe beispielsweise Joh. 11,26; Offb. 14,13), so gibt es auch zwischen dem Zwischen- und dem Endzustand einen Zusammenhang. Es wäre absolut verkehrt, wenn wir behaupteten, die Sinnbilder, mit deren Hilfe die Schrift den Endzustand beschreibt, hätten uns im Blick auf den Zwischenzustand nichts zu sagen. So gehört beispielsweise die goldene Stadt Jerusalem der Zukunft an, aber als Schattenbild, das auf die Zukunft hinweist, gehört sie ebenso der Gegenwart an. (Diese These vertrete ich in meinem Buch *More Than Conquerors,* einer Auslegung der Offenbarung des Johannes; siehe insbesondere S. 238-243.) Solange wir dies im Auge behalten, können wir Offenbarung 7,9-17 bedenkenlos zur Grundlage unserer Untersuchung des Zwischenzustands machen.

Viele der in Offenbarung 7 aufgezählten Einzelheiten haben eher verneinenden Charakter. Wir erfahren, daß die Erlösten von allen Sorgen und Schwierigkeiten und von jeder Form von Prüfung und Verfolgung befreit werden. Für sie gibt es weder Hunger noch Durst noch sengende Hitze. Es werden jedoch auch positive Einzelheiten genannt. Das Lamm ist ihr Hirte. Es führt seine Herde zu den »Brunnen lebendigen Wassers«. Dieses Wasser symbolisiert das ewige Leben, das Heil. Die »Brunnen« weisen auf die Quelle des Lebens hin: Das Lamm sorgt dafür, daß die Erlösten sich einer ewigen, ununterbrochenen Gemeinschaft mit dem Vater erfreuen. Zum Schluß wird noch etwas sehr Tröstliches hinzugefügt: »Und Gott wird abwischen alle Tränen von ihren Augen.« Die Tränen werden nicht nur ab- oder weggewischt; sie werden sogar »von« oder »aus« ihren Augen gewischt — übrig bleibt nichts als vollkommene Freude, Wonne, Herrlichkeit, innige Gemeinschaft und »volle Genüge«. Und Gott selbst ist der Urheber dieser vollkommenen Seligkeit.

2. Ihre Aktivitäten

a. *Sie ruhen.* Siehe Offenbarung 14,13. Gewiß, der Leib ruht im Grab und wartet auf die Auferstehung. Aber auch die Seele ruht vom Kampf des Lebens und von der Mühsal, dem Leid, dem Schmerz, den seelischen Qualen und insbesondere von der Sünde, die das Leben mit sich bringt.

b. *Sie sehen das Angesicht Christi.* Siehe Offenbarung 22,4. (Selbstverständlich wird dies nach der Auferstehung in noch größerem Ausmaß der Fall sein.) Die Erlösten richten ihren Blick ganz auf Jesus Christus, der den dreieinigen Gott offenbart. Hier auf der Erde wenden wir unseren Blick häufig von Christus ab. Ich denke an das berühmte Gemälde von Goetze («Der Allerverachtetste«), auf dem zu sehen ist, wie sich die Blicke aller von dem durchbohrten, mit Dornen gekrönten Heiland abwenden. Unser Herr wird aber im Himmel im Mittelpunkt des Interesses stehen und die Aufmerksamkeit aller auf sich ziehen, denn dort wird *er* der Allerherrlichste sein — und *wir* werden nicht mehr egoistisch sein. Wir werden nicht mehr in der Lage sein, unseren Blick von ihm abzuwenden.

c. *Sie hören.* Werden sie nicht den herrlichen Chorussen und Anbetungsliedern lauschen, die uns in der Offenbarung des Johannes beschrieben werden? Wird nicht jedes einzelne Gotteskind auf das hören, was alle anderen Erlösten, die Engel und Jesus selbst ihm zu sagen haben?

d. *Sie arbeiten*. Sie »dienen ihm Tag und Nacht«. Es wird viele unterschiedliche Arbeiten geben — das geht eindeutig aus Matthäus 25,21 hervor und wird auch in 1. Korinther 15,41+42 angedeutet. Sie werden diesen Dienst *gern* verrichten. Und wenden Sie bitte nicht ein, daß solch ein Dienst, solange die Seelen der Erlösten keinen Leib haben, unmöglich sei. Die Engel haben auch keinen Leib, doch werden sie als »dienstbare Geister« bezeichnet, »ausgesandt zum *Dienst*« (Hebr. 1,14).

e. *Sie freuen sich*. Weil alle Aufgaben so befriedigend und so erfrischend sein werden, werden die Erlösten bei der Arbeit singen. Selbstverständlich wird dieser Gesang nach der Auferstehung anders sein. Sollte es aber den »Seelen« nicht möglich sein, Gott zu loben? Sollte es den Erlösten nicht möglich sein, dem Herrn in ihrem Herzen zu singen? Sind sie doch zur »Freude ihres Herrn« eingegangen (Mt. 25,21+23)!

f. *Sie leben*. Die Erlösten sind während des Zwischenzustands wirklich am Leben. Sie geben sich nicht lediglich Tagträumen hin. Wir dürfen uns diese Seelen auch nicht als schwebende, schweigende Schatten vorstellen. Nein, sie leben und freuen sich an einer herrlichen, überströmenden Gemeinschaft untereinander. (Mehr zu diesem Thema finden Sie im übernächsten Kapitel auf S. 30.) Zudem leben sie »mit Christus«. Wo immer er ist, da sind auch sie. Was immer er tut, das tun — soweit es ihnen möglich ist — auch sie. Er teilt mit ihnen alles, was er besitzt. Der Schriftbeweis hierfür steht in Offenbarung 3,12; 3,21; 4,4; vgl. 14,14; 14,1; 19,11; vgl. 19,14; 20,4.

g. *Sie regieren*. Sie haben Anteil an der königlichen Herrlichkeit Christi.

Fragen zu diesem Kapitel

1. Nennen Sie drei Unterschiede zwischen dem Zwischenzustand und dem Endzustand der Erlösten.

2. Gibt es keinen Zusammenhang zwischen dem Zwischen- und dem Endzustand?

3. Was für ein Bild vom Zustand der Erlösten im Himmel wird in Offenbarung 7 gezeichnet?

4. Die Erlösten ruhen, sehen das Angesicht Christi, hören und arbeiten oder dienen. Was ist jeweils damit gemeint?

5. Die Erlösten freuen sich, leben und regieren. Was ist jeweils damit gemeint?

Fragen zum weiteren Nachdenken

1. Wie erklären Sie die in Offenbarung 7,9 erwähnte »große Schar, welche niemand zählen konnte«?

2. Was haben ihre weißen Kleider und die Palmen zu bedeuten?

3. Welche Bedeutung hat ihr Lied (Offb. 7,10)?

4. Erklären Sie Offenbarung 7,14.

5. Wir haben nur sehr wenig darüber gesagt, daß die Erlösten »mit Christus regieren werden« (Offb. 20,4). Was verstehen Sie darunter?

4. Gibt es unmittelbare Kontakte zwischen den Toten und den Lebenden?

Bibellese: 5. Mose 18,9-15; Hebräer 11,39 — 12,2

1. Es gibt nicht wenige Menschen, die von der Möglichkeit unmittelbarer Kontakte zwischen den Toten und den Lebenden überzeugt sind.

Sehen uns die Geister der Verstorbenen? Können sie mit uns Kontakt aufnehmen? Können wir mit ihnen Kontakt aufnehmen? Auf eine oder mehrere dieser Fragen würden folgende Gruppen mit Ja antworten:

a. *Die Spiritisten.* Die beiden Schwestern Margaret und Kate Fox waren 15 bzw. zwölf Jahre alt, als »es« geschah. Lassen wir ihre Mutter erzählen, was am 30. März 1848 angeblich vor sich ging:
»Wir hörten im ganzen Haus Geräusche . . . und in der Vorratskammer hörten wir Schritte, die anschließend die Treppe hinuntergingen. Wir hatten keine Ruhe, und ich kam zu dem Schluß, es müsse irgendein unglücklicher, ruheloser Geist im Hause sein.« Am Freitagabend, dem 31. März, wiederholte sich das Phänomen. Mrs. Fox berichtet weiter: »Meine jüngste Tochter Kate sagte: ›Mister Splitfoot, mach's wie ich!‹ und klatschte in die Hände. Sofort kam die gleiche Anzahl Klopfgeräusche. Dann sagte Margaret zum Spaß: ›Mach's jetzt wie ich! Zähle eins, zwei, drei, vier‹ — und schlug dabei die Hände zusammen; und die Klopfgeräusche kamen wie zuvor. Sie hatte Angst, es zu wiederholen.«
Nach der Lehre des Spiritismus gibt es unmittelbare Kontakte zwischen den Verstorbenen und denen, die noch auf dieser Erde leben.

b. *Die Katholiken.* Katholiken »verehren« bekanntlich die im Himmel wohnenden »Heiligen« und flehen sie um ihre Fürbitte an. So beten sie beispielsweise: »Sancta Maria, ora pro nobis« (Heilige Maria, bete für uns). Aber sind die Heiligen in der Lage, diese Gebete zu erhören? Was diese Frage betrifft, gehen die Meinungen katholischer Theologen auseinander. Einige sind der Überzeugung, der Inhalt der von der Erde emporsteigenden Gebete werde den Heiligen durch Vermittlung der Engel mitgeteilt. Andere vertreten die Ansicht, Gott selbst teile den Heiligen alles mit; oder die Heiligen würden diese Bitten selbst vom Herzen Gottes ablesen. Andere wiederum glauben, die Geister der Heiligen seien imstande, sich so schnell von einem Ort zum anderen zu bewegen, daß sie keiner besonderen Informationsquellen bedürfen. Nach dieser Auffassung besteht ein unmittelbarer Kontakt zwischen Verstorbenen und Lebenden.

c. *Einige evangelische Christen.* Seltsamerweise gibt es auch unter bibeltreuen Evangelikalen solche, die die Ansicht vertreten, es gebe einen unmittelbaren Kontakt zwischen Verstorbenen und Lebenden. Ihrer Meinung nach können die Verstorbenen, die jetzt im Himmel sind, uns sehen; sie wüßten mit Hilfe dieses »unmittelbaren Kontakts«, was wir tun und lassen. Zu den Verfechtern dieses Standpunkts zählt Clarence Edward Macartney, der durch seine Schriften und Wortverkündigung der Gemeinde Jesu zum großen Segen geworden ist. In einer Predigt über Hebräer 12,1ff. kommentierte er folgendermaßen den Ausdruck »weil wir eine solche Wolke von Zeugen um uns haben«: »Dieser großartige Vers berechtigt zu der Schlußfolgerung, daß die Verstorbenen uns beobachten und wissen, was wir in diesem Leben tun.« Und wiederum: »Zweifellos beobachten sie das Leben, das wir hier auf dieser Erde führen« (*More Sermons from Life,* S. 199 und 197).

2. Die Schrift lehnt diesen Gedanken ab

Die Bibel steht dem Gedanken eines unmittelbaren Kontakts zwischen Verstorbenen und Lebenden völlig ablehnend gegenüber.

a. Zu den Ansichten der *Spiritisten* ist zu sagen: Der Versuch, zwischen Toten und Lebenden eine Verbindung herzustellen, ist nicht nur von vornherein zum Scheitern verurteilt, sondern wird auch vom Herrn selbst aufs strengste untersagt (siehe 5. Mose 18).

b. Zu den Ansichten der *Katholiken* ist zu sagen: Die Schrift fordert uns zwar überall auf, füreinander Fürbitte zu tun (Röm. 15,30; Eph. 6,18+19; Kol. 1,2+3; 1. Tim. 2,1+2; usw.), und gibt uns zu verstehen, daß Gott häufig auf solche Fürbittegebete hin Befreiung schenkt (2. Mose 32,11-14; 4. Mose 14,13-20; vgl. 1. Mose 18). Sie fordert uns jedoch an keiner Stelle auf, die Fürbitte der Verstorbenen in Anspruch zu nehmen; sie deutet nirgendwo an, daß die Verstorbenen uns sehen oder hören.
Im Gegenteil: Die Heilige Schrift lehrt — wie wir bereits gezeigt haben -, daß die Verstorbenen *schlafen,* zumindest was den Bereich betrifft, den sie verlassen haben. Sie wissen nicht, ob ihre Kinder in Ehren sind oder verachtet werden (Hiob 14,21). Von seiner himmlischen Wohnung aus kann weder Abraham noch Jakob sehen oder hören, was hier unten mit seinen Nachkommen vor sich geht (Jes. 63,16; vgl. Pred. 9,10). Es erübrigt sich zu erwähnen, daß die Verehrung der Heiligen, die so leicht in regelrechte Anbetung ausartet, eine Art Götzendienst ist und in der Bibel streng verboten wird.

c. Zu den Ansichten *einiger evangelischer Christen* ist zu

sagen: Die von Clarence Edward Macartney vertretene Auslegung von Hebräer 12,1+2 ist nicht korrekt. Die richtige Auslegung findet sich bei Dr. Herman Bavinck, *Gereformeerde Dogmatiek,* 3. Aufl., Bd. IV, S. 689; siehe auch die hervorragenden Anmerkungen zu diesen Versen in den beliebten Hebräerkommentaren von J. C. Macaulay und W. H. Griffith Thomas. Erich Sauer, vorm. Leiter der Missions- und Bibelschule Wiedenest, gibt folgendes zu bedenken: »Der Ausdruck ›Zeuge‹ will hierbei wohl kaum besagen, daß diese Gottesmänner von ihrer gegenwärtigen, überirdischen und außerirdischen Stellung heraus ›Zuschauer‹ unseres heutigen Laufens und Ringens sind, gleichsam als solche, die von den ›Tribünen‹ her unseren Kampf in der ›Arena‹ beobachten — denn nirgends läßt die Schrift sonst ein bewußtes Teilnehmen und Mitwissen der Abgeschiedenen an dem Ergehen der noch hier kämpfenden Gemeinde erkennen —; sondern sie [d. h. die in Hebräer 11 aufgezählten Glaubenshelden] sollen damit wohl bezeichnet werden als Menschen, die zu *ihrer* Zeit ›Zeugen‹ gewesen sind und die, wenn wir heute noch ihr Leben rückschauend überblicken, auch uns jetzt noch durch ihr Beispiel ›bezeugen‹ können, daß ›Glaube im Einsatz‹ Gottes Siege erringt. Obwohl sie der Tod schon hinweggenommen hat, ist ihr Zeugnis noch nicht verstummt. Jene Glaubenshelden von gestern sind uns darum noch heute gegenwärtig. Sie ›umringen‹ uns geradezu und werden uns zur Glaubensmahnung und Ermunterung« (*In der Kampfbahn des Glaubens,* Wuppertal: R. Brockhaus, 1952, S. 46).

Fragen zu diesem Kapitel

1. Welche Frage besprechen wir in diesem Kapitel?
2. Welchen Standpunkt vertreten Spiritisten?
3. Welche Sonderlehre vertritt diesbezüglich die römisch-katholische Kirche? Und wie wirkt sich diese Sonderlehre in der Praxis aus?
4. Wie muß Hebräer 12,1+2 ausgelegt werden?
5. Was hat die Heilige Schrift zu diesem Thema zu sagen?

Fragen zum weiteren Nachdenken

1. Warum ist der Spiritismus gefährlich und abzulehnen?
2. Warum ist die katholische Lehre von der Verehrung der Heiligen gefährlich? Wie wirkt sich die Verehrung der Heiligen auf die Anbetung des dreieinigen Gottes durch Christus aus?
3. Im vorliegenden Kapitel haben wir festgestellt, daß es keinen unmittelbaren Kontakt zwischen Verstorbenen und Hinterbliebenen gibt. Gibt es womöglich mittelbare Kontakte? Belegen Sie Ihre Antwort aus der Schrift.
4. Wenn es keinen unmittelbaren Kontakt zwischen der kämpfenden und der triumphierenden Kirche gibt, inwiefern können wir dennoch sagen, daß die beiden sich begegnen?
5. Wie können wir die Menschen, die der Herr zu sich heimgeholt hat, auf angemessene Weise ehren?

5. Werden wir einander im Jenseits wiedererkennen?

Bibellese: Lukas 16,1-9

1. Ist der Wunsch, einander im Jenseits wiederzusehen, überhaupt legitim?

Werden wir einander im Himmel wiedererkennen? Wie oft ist diese Frage schon gestellt worden! Einige Christen bringen ganz offen zum Ausdruck, daß sie ein Verlangen haben, die Gemeinschaft, die beim Tod eines lieben Verwandten oder Bekannten unterbrochen wurde, zu erneuern. Andere sind in dieser Angelegenheit zurückhaltender. Sie fragen sich, ob der Wunsch nach einem Wiedersehen im Jenseits überhaupt legitim sei. Der Hauptzweck des Menschen besteht darin, »*Gott* zu verherrlichen und sich seiner auf ewig zu erfreuen« (so der Kleine Westminster-Katechismus). Und hat der Psalmist nicht gesagt: »Wenn ich nur dich habe, so frage ich nichts nach Himmel und Erde« (Ps. 73,25)?

Mir scheint, wir müssen darauf antworten: Jedes Verlangen nach einem Wiedersehen oder nach einer Erneuerung der Gemeinschaft muß, sofern es rein sentimentaler Art ist und nicht auf die Ehre Gottes in Christus abzielt, verurteilt werden. Aber das Verlangen nach einem Wiedersehen, damit wir zusammen mit denen, die uns vorangegangen sind, und denen, die uns folgen werden, unseren Erlöser preisen können, ist durchaus legitim. Wir wurden in der Tat zur Gemeinschaft erschaffen. Darum pflichte ich Dr. Herman Bavinck voll und ganz bei, wenn er schreibt: »Die Hoffnung auf ein Wiedersehen jenseits des Grabes ist etwas völlig Natürliches, etwas echt Menschliches, und steht mit der Schrift im Einklang. Denn die Bibel lehrt nicht jene Art von Unsterblichkeit, die sich bar allen Inhalts auf phantomhafte Seelen bezieht, sondern sie spricht von einem ewigen Leben, an dem Menschen Anteil haben können. ... Es stimmt zwar, daß die Freude, die wir im Himmel haben werden, in erster Linie in der Gemeinschaft mit Christus besteht, aber diese Freude schließt auch die Gemeinschaft der Gläubigen untereinander ein. Und so wie hier auf der Erde diese Gemeinschaft, wenn auch unvollkommen, die Gemeinschaft der Gläubigen mit Christus nicht schmälert, sondern sie stärkt und bereichert, so wird es auch im Himmel sein. Paulus hatte zwar Lust, abzuscheiden und bei Christus zu sein (Phil. 1,23; 1. Thess. 4,17), aber Jesus selbst beschreibt die Freude, die wir im Himmel haben werden, unter dem Bild eines Festmahls, bei dem alle Anwesenden sich zusammen mit Abraham, Isaak und Jakob zu Tisch setzen werden (Mt. 8,11; vgl. Lk. 13,28). Demnach ist die Hoffnung auf ein Wiedersehen nicht verkehrt, solange sie dem Verlangen nach Gemein-schaft mit Christus untergeordnet ist« (*Gereformeerde Dogmatiek*, 3. Aufl., Bd. IV, S. 707f.).

2. Lehrt die Schrift, daß es ein freudiges Wiedersehen geben wird?

In seiner großartigen »reformierten Dogmatik« übt Dr. Herman Bavinck bei der Behandlung vieler umstrittener Themen lobenswerte Zurückhaltung. Aber was das Wiedersehen im Jenseits betrifft, äußert er sich sehr bestimmt. Er schreibt: »Es steht außer allem Zweifel, daß die Verstorbenen die Menschen, die sie auf der Erde gekannt haben, auch wiedererkennen« (a. a. O., S. 688).

Wer wie Dr. Bavinck die Vorstellung akzeptiert, daß wir uns im Jenseits wiedererkennen und dort unsere Gemeinschaft miteinander erneuern werden, beruft sich gewöhnlich auf folgende Bibelstellen. Diese bieten jedoch nicht in jedem Fall einen schlüssigen Beweis.

a. Nach Jesaja 14,12 erkennen die Bewohner des Scheol den König von Babel sofort wieder, wenn er zu ihnen hinabsteigt. Sie überhäufen ihn mit Spott und rufen: »Wie bist du vom Himmel gefallen, du schöner Morgenstern! Wie wurdest du zu Boden geschlagen, der du alle Völker niederschlugst!«

b. Nach Hesekiel 32,21 reden die gewaltigen Helden mitten aus dem Scheol zu dem Herrscher und dem Volk Ägyptens (vgl. Elberf. Übers.).

c. Nach Lukas 16,19-31 erkennt der reiche Mann Lazarus wieder.

d. Nach Lukas 16,9 werden uns die Freunde, die wir durch unsere materiellen Gaben gewonnen haben, mit Freuden in die »ewigen Hütten« aufnehmen. Die Kranken, die wir besucht, die Trauernden, denen wir in ihrer Not beigestanden, und die Ungläubigen, die wir zu Christus geführt haben, werden sozusagen an der Eingangspforte des Himmels warten, bereit, ihre Wohltäter aufzunehmen, damit wir gemeinsam den verherrlichen können, der die Quelle allen Segens ist. Daraus können wir schließen, daß wir uns wiedererkennen und unsere Gemeinschaft erneuern werden.

e. Aus 1. Thessalonicher 2,19+20 (vgl. auch 2. Kor. 4,14) geht hervor, daß die Missionare bei der Wiederkunft des Herrn Jesus Christus ihre Hoffnung endgültig verwirklicht sehen werden: Sie werden mit unaussprechlicher Freude erleben, wie die Früchte ihrer missionarischen Bemühungen fröhlich, dankbar und voller Lobpreis zur Rechten Christi stehen. Und geht nicht aus 1. Thessalonicher 4,13-

18 hervor, daß die unterbrochene Gemeinschaft der Heiligen untereinander erneuert werden wird?

3. Zurückweisung verschiedener Einwände

Erster Einwand: Einige Bibelstellen, die man üblicherweise zur Unterstützung der Theorie heranzieht, daß wir uns im Jenseits wiedererkennen werden, beziehen sich nicht auf den Zwischenzustand, sondern auf die Ereignisse, die durch das zweite Kommen Christi eingeleitet werden. Nach der Wiederkunft Christi werden wir einen Leib haben, der ein Wiedererkennen — vielleicht — ermöglichen wird. Aber damit ist auf keinen Fall bewiesen, daß die entkörperten Seelen der Gläubigen im Himmel sich schon jetzt wiedererkennen.

Erwiderung: In diesem Argument wird zu Recht auf einen Unterschied hingewiesen, der herausgestellt werden muß. Bei der Wiederkunft Christi wird unser Leib auf herrliche Weise auferweckt oder verwandelt werden; danach wird das Wiedererkennen und folglich auch unsere Gemeinschaft untereinander notwendigerweise weit glücklicher sein als zuvor. Aber der Gegensatz zwischen dem Zwischen- und dem Endzustand ist nicht so groß, daß das, was hier über den Endzustand gesagt wird, im Prinzip nicht auch auf den Zwischenzustand anzuwenden wäre. Zudem beziehen sich einige der obenerwähnten Bibelstellen eindeutig auf den Zustand der Seele *sofort nach dem Tod.* Hinzu kommt folgende Überlegung: Wenn es Engeln, die keinen Leib haben, möglich ist, einander zu erkennen (Dan. 10,13), warum sollte das den entkörperten Seelen der Gläubigen unmöglich sein?

Zweiter Einwand: Wenn es wahr wäre, daß wir die Bekannten, denen wir im Himmel begegnen, wiedererkennen, würden wir diejenigen unter unseren Bekannten, Freunden und Verwandten *vermissen,* die nicht in den Himmel kommen. Dies würde uns, obwohl wir im Himmel wären, unglücklich machen.

Erwiderung: Ist es nicht so, daß auch unser Herr Jesus viele Menschen dort vermißt, die er liebevoll ermahnt hat? Würden Sie deswegen behaupten wollen, daß Jesus im Himmel unglücklich sei? Müssen wir nicht dahingehend antworten, daß alle Bande (auch Familienbande), die nicht »in Christus« gewesen sind, im Himmel ihre Bedeutung verlieren werden? Weist nicht Matthäus 12,46-50 in diese Richtung?

Dritter Einwand: Nach Matthäus 22,23-33 werden alle irdischen Beziehungen im Jenseits aufgelöst. Aus diesem Grunde wäre es sinnlos, wenn wir dort die Menschen wiedererkennen würden, die wir auf der Erde gekannt haben.

Erwiderung: Das meint Matthäus 22,23-33 aber nicht! Dort wird gelehrt, daß es im Jenseits, da es dort keinen Tod mehr gibt, weder eheliche Beziehungen noch ein Bedürfnis nach solchen Beziehungen geben wird. In *dieser* Hinsicht werden wir »wie die Engel im Himmel« sein. Im erwähnten Schriftabschnitt ist aber nirgends davon die Rede, daß jede Beziehung mit Menschen, die wir »im Herrn«

gekannt haben, als wir auf der Erde lebten, aufgelöst werden wird.

Der Glaube an ein Wiedersehen im Jenseits ist in der Heiligen Schrift fest verankert.

Fragen zu diesem Kapitel

1. Mit welchem Thema haben wir uns in diesem Kapitel befaßt?
2. Ist das Verlangen nach einem Wiedersehen im Jenseits legitim? Wenn ja, warum?
3. Stützt die Heilige Schrift die Annahme, daß dieses Verlangen befriedigt werden wird?
4. Können denn entkörperte Seelen einander wirklich erkennen?
5. Welche Einwände gibt es gegen die Lehre von einem Wiedersehen im Jenseits? Wie würden Sie sie widerlegen?

Fragen zum weiteren Nachdenken

1. Als Petrus, Jakobus und Johannes mit Jesus auf dem Berg der Verklärung waren, erkannten sie Mose und Elia wieder. Inwieweit stützt diese Tatsache die Lehre, daß wir einander im Jenseits wiedererkennen werden?
2. Würden Sie sich bei der Verteidigung dieser Lehre auf 1. Korinther 13,12 berufen?
3. Jemand hat gesagt: »Wir werden uns im Jenseits nicht nur wiedererkennen, sondern uns besser als je zuvor kennen.« Halten Sie diese Aussage für zutreffend? Begründen Sie Ihre Antwort.
4. Um welche praktische Lektion geht es eigentlich im Gleichnis Lukas 16,1-9?
5. Was ist mit dem Ausdruck »der ungerechte Mammon« (Lk. 16,9) gemeint? Schlagen Sie diesen Vers in verschiedenen Übersetzungen (z. B. Luther, Gute Nachricht, Bruns) nach und vergleichen Sie den Wortlaut. Welcher Übersetzung stimmen sie zu?

6. Werden wir uns im Himmel an unser irdisches Leben erinnern?
Gibt es in der Herrlichkeit Glauben und Hoffnung?
Gibt es im Himmel so etwas wie »Zeit«?

Bibellese: Offenbarung 6,9-11

1. Kurze Auslegung der Vision von den Seelen unterhalb des Altars

Johannes sieht nicht den Himmel selbst, sondern eine symbolträchtige Vision des Himmels. Dennoch spiegelt sich hier die Wirklichkeit wider, sonst wäre die Vision bedeutungslos. Wie beim Gleichnis vom reichen Mann und vom armen Lazarus haben wir auch hier das Recht, gewisse Schlußfolgerungen zu ziehen.

In seiner Vision sieht Johannes den Altar. Es handelt sich um den Brandopferaltar, an dessen Sockel das Blut der geschlachteten Opfertiere ausgeschüttet werden mußte (3. Mose 4,7). Johannes sieht unterhalb des Altars das Blut der Heiligen, die getötet worden sind. Oder vielmehr: Er sieht ihre »Seelen«, denn »die Seele ist im Blut« (3. Mose 17,11 wörtlich). Sie haben am Zeugnis Christi und an der Erlösung, die er erworben hat, festgehalten und sich selbst als Opfer dargebracht. Jetzt rufen die Seelen dieser Menschen um Rache, das heißt: um die Bestrafung ihrer Mörder.

Jedem Getöteten wird ein wallendes weißes Gewand gegeben, das Gerechtigkeit, Heiligkeit und eine festliche Stimmung versinnbildlicht. Es wird ihnen zugesichert, daß Gott ihre Gebete erhören wird. Indessen: Es ist noch nicht Zeit für das Gericht. Darum müssen diese Seelen »noch eine kleine Zeit« ruhen — so lange nämlich, bis der gute Hirte jeden einzelnen Erwählten in seinen »Schafstall« geführt haben und die Zahl der Märtyrer voll sein wird. Gott allein kennt die genaue Zahl. Solange diese Zahl noch nicht vollständig ist, kann der Tag des Endgerichts nicht anbrechen. Sind wir zu der Schlußfolgerung berechtigt, daß diese Seelen seit einiger Zeit geruht haben, jetzt noch ruhen und noch eine Weile ruhen müssen? Dr. Herman Bavinck schreibt: »Sie haben eine Vergangenheit, an die sie sich erinnern, eine Gegenwart, in der sie leben, und eine Zukunft, der sie immer näher kommen« (*Gereformeerde Dogmatik*, 3. Aufl., Bd. IV, S. 709f.).

2. Werden wir uns im Himmel an unser irdisches Leben erinnern?

Im Gleichnis vom reichen Mann und vom armen Lazarus erinnert sich der reiche Mann, daß er fünf Brüder hat, die noch auf der Erde leben (Lk. 16,28). Beim Jüngsten Gericht erinnern sich gewisse gottlose Personen daran, daß sie einst geweissagt, böse Geister ausgetrieben und große Wundertaten vollbracht haben (Mt. 7,22). Und wie steht es um die Gerechten? Werden sie Erinnerungsvermögen haben? In Matthäus 25,37-40 wird dies angedeutet. Und außerdem: Wie sollen die Erlösten jemals in der Lage sein, das neue Lied zu singen, in dem sie Gott für seine wunderbaren Heilstaten preisen, wenn sie sich an diese Heilstaten überhaupt nicht erinnern können? Weist nicht schon die Tatsache, daß sie dieses Lied singen (Offb. 14,3; 15,3+4; vgl. 5,9), auf eine gewisse Bewegung oder einen gewissen zeitlichen Fortgang hin, nämlich von der Zeile, die eben gesungen worden ist, zu der Zeile, die gerade gesungen wird, und dann wieder zu der Zeile, die als nächste gesungen werden soll? Kann man nicht daraus ableiten, daß es im Himmel *Vergangenheit, Gegenwart und Zukunft* gibt? Es stimmt zwar, daß die große Mehrzahl der verherrlichten Erlösten erst bei der Auferstehung eine Stimme erhalten wird. Aber sind sie deswegen nicht imstande zu singen? Ist es nicht vielmehr so, daß herrliche Lieder in ihrem Herzen erklingen? Heißt es nicht sogar hier auf der Erde: »*In dem Herzen* klingt die Melodie in Himmelsharmonie . . ., das Lied von Jesu heil'ger Lieb'«? Sie können diese Lieder »Symbole« nennen; sie symbolisieren aber auf jeden Fall etwas wirklich Vorhandenes.

3. Gibt es in der Herrlichkeit Glauben und Hoffnung?

Wir haben festgestellt, daß uns unser Erinnerungsvermögen, von jedem Makel der Sünde gereinigt, im Himmel erhalten bleibt. Dieses Erinnerungsvermögen ist natürlich auf die *Vergangenheit* bezogen. Wie steht es aber um das Ausüben von Glauben in der *Gegenwart?* Jemand hat in einem Liedvers die Meinung geäußert: »Der Glaube wird verschwinden, sobald wir das Geglaubte schauen.« In gewissem Sinn stimmt das auch (vgl. 2. Kor. 5,7). Unser Glaube an Gottes Verheißungen wird eines Tages durch Freude über die Erfüllung dieser Verheißungen ersetzt werden. Dennoch wird der Glaube *im Sinne eines aktiven Vertrauens auf Gott* im Himmel gewiß nicht fehlen. Wird er nicht im Gegenteil weit herrlicher leuchten als jemals zuvor, da man nie wieder den ängstlichen Schrei hören wird: »Herr, ich glaube; hilf meinem Unglauben« (Mk. 9,24)?

Und wie steht es um Hoffnung im Blick auf die *Zukunft?* Nach 1. Korinther 13,13 wird es in der Herrlichkeit auch Hoffnung geben. Neben Glauben und Liebe »bleibt« auch die Hoffnung, »wenn kommen wird das Vollkommene« und wir »von Angesicht zu Angesicht« sehen werden. Die Geister der Erlösten im Himmel wissen, daß sie sich nur in einem »Zwischenzustand« befinden. Sie freuen sich bereits auf den Tag, an dem sie einen herrlichen Auferstehungsleib empfangen werden und all die anderen Menschen hinzukommen, die eines Tages zu dieser Schar gehören werden. Sie sehnen sich nach dem Tag, an dem sie »den neuen Himmel und die neue Erde« ererben werden und ihr Herr öffentlich gerechtfertigt wird. Es ist wahr, was Dr. Johannes G. Vos in einem Artikel geschrieben hat: »Der ›Zwischenzustand‹ ist nach Aussage der Bibel etwas Vorläufiges; ihm entspricht weder die endgültige Seligkeit der Erlösten noch die endgültige Bestrafung der Verlorenen« («The Intermediate State«, *Christianity Today,* 12. Mai 1958, S. 12).

Die Seelen der Erlösten sind also im Himmel *wirklich lebendig:* Sie danken Gott für Segnungen, die er ihnen in der Vergangenheit hat zukommen lassen, sie bleiben ihm in der Gegenwart treu und sie erwarten freudig eine Zukunft, die noch herrlicher sein wird als die Gegenwart, an der sie sich bereits erfreuen. Auch in der Herrlichkeit gibt es ein »Leben in drei Zeiten«.

4. Bedeutet diese Sichtweise nicht zwangsläufig, daß es im Himmel und auch in der Hölle so etwas wie Zeit geben wird?

Die Vorstellung, daß es im Jenseits auf keinen Fall »Zeit« geben wird, ist im Denken vieler Menschen tiefverwurzelt. Dieser Gedanke tritt sogar in vielen beliebten Kirchenliedern auf: »Er hob seine Hand gen Himmel und schwur, daß hinfort keine Zeit mehr sein wird.« Wenn wir uns auf die Notizen verlassen können, die einige Theologiestudenten während der Vorlesungen von Dr. Abraham Kuyper sen. angefertigt haben, dann hat dieser große Theologe und Staatsmann im Brustton der Überzeugung darüber gesprochen. Er war sich hundertprozentig sicher, daß es im Zwischenzustand keine Zeit geben wird. Er stützte sich dabei auf Offenbarung 10,6, einen Vers, den er mehr als einmal anführte: »Und schwur bei dem, der da lebt von Ewigkeit zu Ewigkeit . . ., daß hinfort keine Zeit mehr sein soll« (siehe *Dictaten Dogmatiek,* Locus de consummatione saeculi, S. 102f.). Es ist bedauerlich, daß ein so großer Theologe es unterließ, den Text, auf den er sich so häufig bezieht, kritischer zu untersuchen. Im Licht des Kontexts ist nämlich eine andere Wiedergabe vorzuziehen, die sich von der der altniederländischen »*Statenvertaling*« wie auch der Lutherbibel erheblich unterscheidet. Im Text der Elberfelder Bibel bzw. in der entsprechenden Fußnote finden wir eine

wesentlich bessere Übersetzung: »Es wird keine *Frist* mehr sein« oder: »Es wird kein *Aufschub* mehr sein.« In der neuen niederländischen Übersetzung heißt es ebenfalls: »Er zal geen *uitstel* meer zijn.«

Persönlich stimme ich Dr. Geerhardus Vos zu, wenn er im Blick auf das zukünftige Zeitalter schreibt: »Paulus behauptet an keiner Stelle, daß es nach dem Abschluß dieses Äons im Leben der Menschen keine Fortdauer, keine Möglichkeit der Einteilung in Zeiteinheiten mehr geben wird. So aufgefaßt, ist Leben offensichtlich von Natur ein Vorrecht des Schöpfers; die Bewohner des kommenden Äons in diesem Sinne ›verewigen‹ hieße sie vergöttlichen — ein Gedanke, der in heidnischen Spekulationen seinen Platz hat, aber nicht im Rahmen der biblischen Theologie« (*The Pauline Eschatology,* S. 290). Dr. Herman Bavinck denkt diesbezüglich ähnlich: »Die Verstorbenen bleiben endliche und begrenzte Individuen und können auf keine andere Weise existieren als in Raum und Zeit. Die Maße des Raumes und die Berechnung der Zeit werden jenseits des Grabes sicherlich ganz anders sein als hier, wo ›Meilen‹ und ›Stunden‹ unser Maßstab sind. Aber die Seelen, die dort wohnen, werden nicht ewig und allgegenwärtig werden wie Gott . . . Sie werden nicht über jede Art von Zeit hinaus erhaben sein, sofern wir ›Zeit‹ im Sinne einer Aufeinanderfolge von Augenblicken verstehen« (a. a. O., S. 709).

Allerdings möchte ich betonen, daß ich mich auch mit Dr. Johannes G. Vos einig weiß, der in dem oben angeführten Artikel schreibt: »J. Stafford Wright hat darauf hingewiesen, daß der menschliche Verstand im ›Zwischenzustand‹ auf eine andere Zeitskala eingestellt sein wird als im physischen Universum, obwohl wir nicht erraten können, welche.« Er weist selbst darauf hin, daß die Periode zwischen dem Märtyrertod der Seelen unterhalb des Altars und ihrer Auferstehung am letzten Tag als »eine kleine Zeit« bezeichnet wird, obwohl sie bereits sehr, sehr lange gedauert hat.

Wenn also die Frage gestellt wird: »Gibt es im Himmel so etwas wie Zeit?«, nämlich im Sinne eines Fortgangs von der Vergangenheit zur Gegenwart und dann weiter in die Zukunft hinein — ob Sie dies nun »zeitliche Fortdauer« oder eine »Aufeinanderfolge von Augenblicken« nennen -, so muß die Antwort »Ja« lauten. Wenn aber die weitere Frage gestellt wird: »Wird diese Zeit in jeder Hinsicht so sein, wie wir sie jetzt kennen (das heißt: Wird sie mit unseren gegenwärtigen irdischen Meßeinheiten gemessen werden?), so muß die Antwort »Nein« lauten.

Fragen zu diesem Kapitel

1. Erklären Sie die Vision von den Seelen unterhalb des Altars.
2. Leben diese Seelen Ihrer Meinung nach »in drei Zeiten«?
3. Werden wir uns im Himmel an unser irdisches Leben erinnern?
4. Werden wir im Himmel Glauben und Hoffnung ausüben?
5. Werden die Erlösten wie Gott in jeder Hinsicht über die Zeit erhaben sein? Wird die Zeit im Jenseits mit den gleichen Meßeinheiten gemessen werden wie jetzt?

Fragen zum weiteren Nachdenken

1. Die Seelen unterhalb des Altars schreien um Rache. Wie ist diese Haltung zu rechtfertigen?
2. »Wo man die Zeit nicht nach Jahren zählt.« Sind Sie mit dieser Beschreibung des Jenseits einverstanden?
3. Wird man die Zeit im Himmel genauso erfahren wie in der Hölle?
4. Kann dort, wo es absolut keine Zeit mehr gibt, überhaupt von Hoffnung die Rede sein? Beachten Sie den Unterschied zwischen der Hoffnung, die wir in diesem Leben haben, und der Hoffnung, die wir im Jenseits haben werden.
5. Warum heißt es: »Die Liebe ist die größte unter ihnen« (1. Kor. 13,13)?

7. Gibt es ein Wachstum im Himmel?

Bibellese: 2. Korinther 3,12-18; Epheser 3,14-21

1. Im Himmel gibt es kein Wachstum in der Heiligung.

Unreines hat keinen Zugang zum Himmel (siehe Offb. 21,27). Im Augenblick des Todes wird der gläubige Christ von jedem Überrest der Sünde völlig befreit. Es leuchtet daher ein, daß es im Jenseits ein Wachstum in der Heiligung nicht geben *kann*. Abraham ist heute nicht einen Deut heiliger als in dem Moment, als seine Seele in den Himmel einging. Es ist unmöglich, in der Sündlosigkeit Fortschritte zu machen. In dieser Beziehung ist jeder Erlöste von dem Augenblick an, wenn er durch die Perlentore eingeht, absolut »vollkommen«.

2. Dennoch kann es im Himmel durchaus ein Wachstum geben, beispielsweise in der Erkenntnis, in der Liebe und in der Freude.

Ich kenne keine Stelle in der Bibel, die, wörtlich ausgelegt, unwiderlegbar beweisen würde, daß es diese Art von Wachstum im Himmel gibt. Auch in den kirchlichen Glaubensbekenntnissen wird dieser Gedanke nirgends erwähnt. Wenn jemand geneigt ist, der Theorie, nach der es im Himmel ein Wachstum gibt, zu widersprechen, dann ist es sein gutes Recht, dies zu tun. Es gibt zwar gewisse Indizien, aber keinen positiven, unwiderlegbaren Beweis. Dennoch vertreten viele konservative Theologen — darunter Herman Bavinck, J. J. Knap, R. C. H. Lenski und J. D. Jones — die Ansicht, daß es ein solches Wachstum gibt. Diese Ansicht beruht auf Indizien und logischen Schlußfolgerungen. Persönlich bin auch ich der Überzeugung, daß diese Schlußfolgerungen legitim sind. Meine eigene Meinung in dieser Angelegenheit basiert auf folgenden Argumenten:

a. *Die biblische Lehre vom ewigen Leben* (Joh. 3,16; 11,25+26; siehe insbesondere Joh. 10,10). Nach Aussage der Schrift leben die Seelen der Menschen, die in den Himmel kommen, weiter. Sie bleiben also nicht in einer Stellung ewiger Ruhe. Es ist nicht so, daß sie »nichts erleben«. Im Gegenteil, sie haben »das Leben und volle Genüge«, und das mehr als je zuvor. Aber wer Leben hat, der denkt nach, hat Gemeinschaft, sieht, hört und freut sich usw. Und wenn endliche Wesen, die in einen Zustand der Sündlosigkeit versetzt worden sind, wirklich »leben«, werden sie meines Erachtens auch wachsen. Ist es überhaupt vorstellbar, daß wir im Himmel nachdenken werden, ohne in der Erkenntnis zu wachsen? Daß wir Gemeinschaft — herrliche Gemeinschaft! — haben werden, ohne in der Lie-

be Fortschritte zu machen? Daß wir die ganze Herrlichkeit des Himmels sehen und hören werden, ohne daß unsere Erfahrung der himmlischen Freude immer intensiver wird?

Hinzu kommt, daß ein Wachstum in der Erkenntnis, der Liebe und der Freude mit dem Vollkommensein nicht unvereinbar ist. Hier auf der Erde wächst ein »vollkommenes« Kind. Als Kind war auch Jesus »vollkommen«, aber er »*nahm zu* an Weisheit, Alter und Gnade bei Gott und den Menschen« (Lk. 2,52). Es ist durchaus möglich, daß das gleiche Prinzip auch im Himmel gilt.

b. *Die biblische Lehre von der Größe Gottes und von der Begrenztheit des Menschen* (Jes. 40,25+26; 44,6; 45,5). Nach Aussage der Schrift sind und bleiben unsere Seelen *endlich und begrenzt*. Aber Gott, der sich in Christus offenbart hat, ist und bleibt *unendlich und unbegrenzt*. Neben dem einen Gott gibt es keinen anderen Gott. Ist es aber vorstellbar, daß ein endliches Wesen kein Wachstum aufweist, wenn es mit dem Unendlichen in Berührung kommt — und das in einem Bereich, wo Sünde und Tod infolge der Erlösung nicht mehr vorhanden sind? Müssen nicht Gefäße mit begrenztem Fassungsvermögen immer voller werden, wenn die unerschöpflichen Reichtümer des Himmels sich über sie ergießen?

Nehmen wir als Beispiel die Liebe Christi zu uns Menschen. Auch im Himmel werden wir bestrebt sein, zu erkennen, »welches da sei die Breite und die Länge und die Höhe und die Tiefe« dieser Liebe. Natürlich werden die Seelen der Erlösten nicht jede für sich bestrebt sein, diese Liebe zu erkennen, sondern gemeinsam »mit allen Heiligen« (Eph. 3,18+19). Aber auch dann wird die Liebe Christi nach Aussage der Bibel »alle Erkenntnis übertreffen«. Die Fülle der Liebe Christi wird das menschliche Fassungsvermögen für immer übersteigen.

Wie ich die Dinge sehe, wird das Leben im Himmel gerade aus folgendem Grund so herrlich sein: Wir werden immer tiefer in das Meer der Liebe Gottes eintauchen, aber in alle Ewigkeit feststellen, daß wir den Grund noch nicht erreicht haben und auch nie erreichen können, weil es keinen Grund gibt; diese Liebe ist »grundlos«, unendlich. Man wird uns nie sagen können: »Jetzt wißt ihr alles, was es über die Liebe Gottes in Christus zu wissen gibt«; denn wenn ein gründliches, unendliches Verstehen der Liebe Gottes — oder irgendeiner seiner Eigenschaften — möglich wäre, würden wir aufhören, endlich zu sein. Wir wären dann selbst Gott. Aber neben dem einen Gott gibt es keinen anderen Gott! Darum: Solange die Liebe Christi unendlich bleibt, werden wir, die wir begrenzt und endlich sind, in unserer Erkenntnis dieser Liebe wachsen — und wir werden immer liebevoller und immer freudiger darauf reagieren. Oder ist es möglich, daß ein Mensch (wenn auch nur mit den Augen seiner Seele) in Christus die Herrlichkeit Gottes schaut, aber in der Erkenntnis, der Liebe und der Freude keine Fortschritte macht?

c. *Die biblische Lehre vom Nichtvorhandensein der Sünde im Himmel* (Mt. 6,10; Offb. 21,27). Nach Aussage der Schrift gibt es im Himmel keine Sünde. Damit steht fest, daß das größte Wachstumshindernis aus dem Weg geräumt ist. Weder Sünde noch Fluch kann dort bestehen. Ich bin überzeugt: Ein menschlicher Verstand, auf den die Sünde keinen Schatten mehr wirft, wird größere Fortschritte in der Erkenntnis erzielen als ein Verstand, der noch durch die Sünde verfinstert ist; ein Herz, das nicht länger unter den Folgen der Sünde zu leiden hat, wird eher in der Freude wachsen, als ein Herz, das noch unter der Last der Sünde lebt.

d. *Die symbolträchtige Sprache der Schrift* (1. Joh. 3,9; Offb. 22,1+2; vgl. Hes. 47,1-5). Die Bibel beschreibt das ewige Leben oder das Heil mit dem Bild eines keimenden Samens, eines wachsenden, fruchtbaren Baumes, eines immer tiefer werdenden Flusses usw. Bilder dieser Art deuten auf ein Wachstum hin.

e. *Die biblische Lehre vom bleibenden Charakter der Hoffnung* (1. Kor. 13,13). Mit Hoffnung ist die freudige Erwartung künftiger Herrlichkeiten gemeint. Gewiß, wir hegen auch hier auf der Erde gewisse Erwartungen. Diese Erwartungen werden jedoch nicht immer erfüllt. Aber im Himmel wird sich jede Erwartung realisieren, und das, obwohl die Hoffnung selbst in alle Ewigkeit bestehen bleibt. Sind wir aufgrund dieser zweifachen Feststellung nicht zu dem Schluß berechtigt, daß es im Himmel ein Wachstum ohne Ende geben wird, und zwar in der Erkenntnis, der Liebe, der Freude usw.?

Es ist meine Überzeugung, daß es im Himmel tatsächlich ein solches Wachstum gibt, auch während des »Zwischenzustands«.

Fragen zu diesem Kapitel

1. In welcher Hinsicht gibt es im Himmel kein Wachstum?
2. Inwiefern könnte es im Himmel dennoch ein Wachstum geben?
3. Werden Ihrer Meinung nach unendliche Geschöpfe jemals in der Lage sein, die Liebe Christi völlig zu begreifen? Wenn nicht, warum nicht?
4. Hat die Tatsache, daß ein Wachstum im Himmel möglich ist, etwas damit zu tun, daß es dort keine Sünde gibt?
5. Auf welchen weiteren Argumenten basiert meine Überzeugung, daß es im Himmel ein Wachstum gibt?

Fragen zum weiteren Nachdenken

1. Ich habe absichtlich die Wendung gewählt: ». . . *beispielsweise* in der Erkenntnis, in der Liebe und in der Freude«. Können Sie diese Dreierliste ergänzen?
2. Adam und Eva waren vor dem Sündenfall »vollkommen«. Hatte dies zur Folge, daß Fortschritt und Wachstum in ihrem Leben unmöglich waren?
3. Als Mensch war unser Herr Jesus Christus »vollkommen«, d. h. absolut sündlos. Hatte dies zur Folge, daß Wachstum in seinem Leben unmöglich war? Siehe Hebräer 5,7-10, insbesondere Vers 8. Wie erklären Sie diesen Vers?
4. Schließt 1. Korinther 13,12 («Dann aber werde ich erkennen, gleichwie ich erkannt bin«) jede Wachstumsmöglichkeit aus? Ist hier gemeint: »Dann werde ich *in unendlichem Maße* erkennen?« Wenn ja, was würde das aus uns machen? Lesen Sie 1. Korinther 13,12 im Kontext und erklären Sie, was dieser Vers wirklich sagen will.
5. Ist die Vorstellung von einem Wachstum im Himmel von *praktischer* Bedeutung? Gibt es beispielsweise eine Beziehung zwischen unserer geistlichen Wachstumsrate hier auf der Erde und dem Fortschritt unseres Wachstums (in der Erkenntnis, in der Liebe, in der Freude usw.) im Himmel?

8. Kommen die Gottlosen in die Hölle, wenn sie sterben?

Bibellese: Psalm 73,12-19

1. Eine sehr unbeliebte Lehre

»Meine sehr verehrten Damen und Herren, die Vorstellung, daß es eine Hölle gibt, ist das Ergebnis von Rachsucht und Brutalität auf der einen und Feigheit auf der anderen Seite. Ich habe keinen Respekt vor irgendeinem Menschen, der daran glaubt. Ich habe keinen Respekt vor denen, die darüber predigen. Ich kann diese Lehre nicht ausstehen. Ich hasse sie, ich verachte sie, ich biete ihr die Stirn. Die Lehre von der Hölle ist über alle Maßen infam.« Soweit Oberst R. G. Ingersoll, der »große Agnostiker«.

»Der Alptraum ewiger Folterqualen« war ebenfalls ein besonderes Steckenpferd von Pastor Russell, dem Gründer der Zeugen Jehovas. Nach dessen Auffassung predigen Geistliche der Traditionskirchen diese »schreckliche Lehre«, um ihren Gemeindegliedern Furcht einzuflößen und um sie auf diese Weise fügsam zu halten.

Hierzu noch die Äußerung eines Adventisten: »Für viele Menschen ist der christliche Glaube lediglich ein Mittel, den Flammen der Hölle zu entrinnen. Sie haben diesen Glauben aus Angst angenommen, nachdem man ihnen einen Ort vor Augen gemalt hat, wo es in alle Ewigkeit brennt und wohin sie — so hat man ihnen jedenfalls erzählt — nach ihrem Tod kommen werden, wenn sie sich nicht bekehren und regelmäßig in den Gottesdienst gehen.«

2. Widerlegung der Einwände gegen die Lehre von der Hölle

Erster Einwand: Gott ist Liebe. Darum ist es unvorstellbar, daß es eine Hölle gibt. »Ein Schöpfer, der seine Geschöpfe ewig quälte, wäre kein Gott der Liebe, sondern ein Ungeheuer« (J. F. Rutherford, *World Distress,* S. 40).
Erwiderung: Liebe und Zorn schließen sich nicht gegenseitig aus. Der Zorn Gottes richtet sich insbesondere gegen Menschen, die seine Liebe hartnäckig ablehnen. Jesus Christus, die Liebe Gottes in Person, erwähnte immer wieder die Hölle.
Zweiter Einwand: Gott ist gerecht. Er wird vorübergehende, zeitliche Sünden nicht ewig bestrafen. Das wäre ungerecht; »das Strafmaß muß der Straftat entsprechen«.
Erwiderung: Wie lange es brauchte, um eine Straftat zu begehen, ist für die Dauer der Bestrafung nicht ausschlaggebend. Manchmal wird ein Verbrechen, das in *einer* Minute begangen wurde, mit lebenslanger Haft geahndet. Darüber entscheidet die Art des Verbrechens. Landesverrat wird oftmals mit dem Tod bestraft. Wer am höchsten König Verrat übt, indem er den Gott der Liebe bewußt ablehnt, hat die äußerste Strafe verdient.
Dritter Einwand: Gott ist gerecht. Er wird niemals unzählige Millionen unschuldiger Heiden, die nicht einmal das Evangelium gehört haben, in die tiefste Hölle werfen.
Erwiderung: Da wir diesem Thema ein eigenes Kapitel widmen (siehe S. 48), wollen wir hier nicht näher darauf eingehen.
Vierter Einwand: Gott ist der Allweise. Deshalb weiß er, daß die Verhängung einer äußerst strengen Strafe nichts Nützliches bewirken würde.
Erwiderung: Das Allerwichtigste ist, daß Gott Gott bleibt! Sonst wären wir alle die Verlierer. Aber Gott bleibt nur dann Gott, wenn seine Eigenschaften, darunter seine Gerechtigkeit, unangetastet bleiben. »Die Gerechtigkeit muß walten, und wenn die Welt dabei unterginge.« Die Aufhebung dieses Prinzips würde sowohl für Gott als auch für die Menschen das endgültige Aus bedeuten. Weil Gott seine Gerechtigkeit auf keinen Fall preisgeben wollte, kann sich Jesus als der Retter von Sünde und Schuld ans Kreuz schlagen lassen. Und denen, die einen so liebevollen, barmherzigen Heiland ablehnen, droht Gott die allerschwerste Bestrafung an. Wo diese Drohung — zusammen mit der Verheißung des Heils für alle, die Christus annehmen — ernstgenommen wird, werden die Menschen auf großartige Weise zum Guten hin beeinflußt. Dabei bleibt die Ehre Gottes ungeschmälert, und auch seiner Gerechtigkeit wird Genüge getan. Schließlich zählt das mehr als alles andere.
Fünfter Einwand: Gott ist nicht nur Liebe, er ist auch allmächtig. Er wird darum nicht zulassen, daß Menschen, die er geschaffen hat, in der Gewalt Satans bleiben. Ein Prediger mit allversöhnlichen Ansichten hat es einmal etwas anders ausgedrückt. Er sagte sinngemäß: »Zuletzt werden alle Menschen errettet werden. Ich habe sogar noch für den Teufel Hoffnung.«
Erwiderung: Gott mißbraucht seine Allmacht nicht dazu, Menschen in den Himmel zu zerren, die es nicht wollen. Wenn er es täte, wäre der Mensch seiner Verantwortung enthoben. Wer Christus bewußt ablehnt, geht aufgrund seiner eigenen Sünde verloren.
Zur Behauptung, zuletzt würden alle Menschen und Dämonen und sogar der Teufel selbst errettet werden, ist nur zu sagen: Die Schrift lehrt genau das Gegenteil (Mt. 7,13+14; 22,14; 25,10.41.46; Jud. 6).
Sechster Einwand: Gott ist der Schöpfer. Er hat uns so geschaffen, daß wir uns instinktiv gegen den Gedanken einer

ewigen Verdammnis auflehnen. Darum kann diese Vorstellung auch nicht der Wahrheit entsprechen, denn »die Stimme des Volkes ist die Stimme Gottes«.

Erwiderung: Daß der Gedanke einer ewigen Bestrafung der Gottlosen auf Ablehnung stößt, rührt nicht von der Schöpfung her, sondern ist ein Ergebnis unserer Rebellion gegen Gott. Fest steht außerdem: Seit dem Sündenfall kann man den Slogan: »Die Stimme des Volkes ist die Stimme Gottes« nur mit sehr großen Einschränkungen gelten lassen. Der Mensch hat eine sündige Natur und verlangt deshalb, daß Barabbas statt Jesus freigelassen wird.

Siebter Einwand: Gott ist der Offenbarer. Aber er hat in seinem Wort nicht gesagt, daß die Gottlosen nach ihrem Tod in die Hölle kommen.

Erwiderung: Jetzt kommen wir der Sache näher. Uns interessiert letztlich nicht, ob Menschen die Lehre von der Hölle nicht ausstehen können, sie lassen, sie verachten und ihr die Stirn bieten, sondern ob Gott sie in seinem Wort offenbart hat. Und das bringt uns zu unserem letzten Abschnitt:

3. Lehrt die Bibel wirklich, daß die Gottlosen in die Hölle kommen, wenn sie sterben?

Hier müssen wir vorsichtig sein. Wenn die Schrift vom ewigen Schicksal der Gottlosen spricht, meint sie sehr häufig ihren Endzustand, ihre Bestrafung nach Leib und Seele im Anschluß an das Endgericht. Diesem Thema werden wir später zwei Kapitel widmen (siehe S. 102 und S. 104). Im Augenblick geht es uns jedoch nur um die Frage, ob die Gottlosen in die Hölle kommen, *wenn sie sterben.*

Die biblischen Aussagen zu diesem Thema sind recht eindeutig, wenn auch nicht besonders umfangreich. Einige wenige Beispiele müssen hier genügen. Asaph sagt, daß die Gottlosen ins Verderben gestürzt werden, wenn sie sterben. Sie werden »plötzlich zunichte«. Sie »gehen unter und nehmen ein Ende mit Schrecken« (Ps. 73,18+19). Wenn der »reiche Mann« stirbt, kommt er an einen »Ort der Qual«, aus dem es kein Entrinnen gibt (Lk. 16,23+26). Und als Judas Selbstmord beging, kam er »an seinen Ort«, womit selbstverständlich die Hölle gemeint ist (Apg. 1,25).

Fragen zu diesem Kapitel

1. Was hat der Agnostiker Ingersoll über die Hölle gesagt?
2. Was sagen die Zeugen Jehovas darüber?
3. Und die Adventisten?
4. Welche Argumente werden gegen die Lehre von der ewigen Verdammnis der Gottlosen geltend gemacht? Wie sind diese Argumente zu widerlegen?
5. Lehrt die Bibel, daß die Gottlosen tatsächlich in die Hölle kommen, wenn sie sterben?

Fragen zum weiteren Nachdenken

1. Ist es möglich, die Lehre von der ewigen Verdammnis der Gottlosen abzulehnen und gleichzeitig selbst ein Erlöster zu sein?
2. Die Zeugen Jehovas bezeichneten sich früher als »ernste Bibelforscher«. Liegt wirklich die Bibel ihrem Denken zugrunde? Oder was steht bei den Zeugen Jehovas eigentlich an erster Stelle?
3. Wird Ihrer Meinung nach die Lehre von der ewigen Verdammnis in evangelikalen Kreisen überbetont?
4. Ist folgende Aussage in jeder Hinsicht korrekt: »Der Verfasser von Psalm 73 ist der Ansicht, daß es den Gottlosen in diesem Leben sehr gut geht, während die Gerechten leiden müssen. Aber *zuletzt* verhält es sich umgekehrt«? (Siehe insbesondere Ps. 73,23+24.)
5. Wer die Ansicht vertritt, eine Hölle könne es nicht geben, weil dies mit der Liebe Gottes unvereinbar wäre, muß mit einer weiteren Schwierigkeit fertig werden, die in diesem Kapitel nicht erwähnt wird. Welche?

9. Was haben wir unter »Scheol« und »Hades« zu verstehen?

Bibellese: Lukas 16,19-31

1. Vier falsche Ansichten über den Scheol

Warum widmen wir diesem Thema ein ganzes Kapitel? Weshalb beschäftigen wir uns mit der Bedeutung einer hebräischen bzw. einer griechischen Vokabel? Gerade in unserer heutigen Zeit ist es sehr nützlich, wenn wir uns möglichst umfassend über die Bedeutung der beiden Fremdwörter (das alttestamentliche »Scheol« und das neutestamentliche »Hades«) informieren. Gewisse Sekten habe nur deshalb Fuß fassen können, weil diese beiden Begriffe sowie das Wort »Gehenna« falsch übersetzt worden sind.

Deshalb wollen wir diese beiden Begriffe so eingehend studieren, wie das in *einem* Kapitel möglich ist (das Wort »Gehenna« heben wir uns für später auf; siehe S. 102).

Der Begriff »Scheol« kommt im Alten Testament mehr als 60mal vor. In der griechischen Übersetzung des Alten Testaments, der Septuaginta, wird »Scheol« meistens mit »Hades« wiedergegeben. Auch im Neuen Testament entspricht »Hades« dem alttestamentlichen »Scheol«. Aus diesem Grunde sollten »Scheol« und »Hades« gemeinsam untersucht werden.

Das Wort »Scheol« wird in der Lutherbibel nicht einheitlich wiedergegeben. Luther selbst übersetzte es meistens mit »Hölle«, gelegentlich verwendete er auch »die Grube« oder »die Toten«. In der revidierten Lutherbibel (1964/1984) steht des öfteren »das Totenreich«, aber auch diese Wiedergabe ist keineswegs einheitlich. Im Grundtext kommt das Wort »Scheol« u. a. an folgenden Stellen vor: 4. Mose 16,30+33; 5. Mose 32,22; 2. Samuel 22,6; Hiob 11,8; 17,16; 26,6; Psalm 9,18; 16,10; 18,5; 55,16; 86,13; 116,3; 139,8; Sprüche 5,5; 7,27; 9,18; 15,11+24; 23,14; 27,20; Jesaja 5,14; 14,9+15; 28,15; 57,9; Hesekiel 31,16+17; 32,27; Amos 9,2; Jona 2,3; Habakuk 2,5.

Die erste falsche Meinung ist die, daß die Lutherübersetzung immer recht hat. Wenn die Zeugen Jehovas auf »Übersetzungsfehler« hinweisen, ist das *zum Teil* berechtigt. Das kann jeder für sich selbst nachprüfen. Wollte der Verfasser von Psalm 116 wirklich sagen, daß ihn »Ängste der Hölle« (rev. Lutherübersetzung: »des Totenreichs Schrecken«) betroffen hatten? Meinte Jesaja wirklich, daß die Menge der Gefangenen mit ihrer Pracht und ihrem Getümmel in die »Hölle« hinabgestiegen ist (siehe Jes. 5,14; diesen Vers sollten Sie im Kontext lesen, möglichst in einer wortgetreuen Übersetzung)? Befand sich Jona, als er im Bauch des großen Fisches war, wirklich in der »Hölle« (siehe Jona 2,3 nach der Lutherübersetzung von 1914)?

Es gibt eine zweite Auffassung, die meines Erachtens auch nicht richtig ist. Sie wird häufig in theologischen Wörterbüchern und Lexika vertreten und ist daher von vielen Gelehrten übernommen worden. *Nach dieser zweiten falschen Ansicht lehrt das Alte Testament, daß alle Menschen an denselben Ort kommen, wenn sie sterben — einen Ort, wo es weder Seligkeit noch Schmerzen gibt und wo die Verstorbenen buchstäblich ein Schattendasein führen.*

Diese falsche Ansicht rührt meines Erachtens daher, daß man übersieht: Die Sprache der Bibel ist in vielen Fällen nicht wörtlich, sondern bildlich zu verstehen. Die fragliche Theorie ist aus diesem Grunde mit allerlei Schwierigkeiten behaftet. Wenn alle Menschen ohne Ausnahme in den Scheol hinabsteigen, wenn sie sterben, wie kommt es, daß dieses Schicksal als Warnung hingestellt wird (Ps. 9,18; Spr. 5,5; 7,27; 15,24; 23,14)? Wenn es im Scheol keine Schmerzen gibt, wie kann Mose sagen, daß Gottes Zorn dort brennt (5. Mose 32,22)? Und wenn das Alte Testament lehrt, daß alle Menschen im Jenseits ein trübes Schattendasein führen, wie kommt es, daß alttestamentliche Gläubige dem Tod voll freudiger Erwartung entgegengegangen sind (4. Mose 23,10; Ps. 16,9-11; 17,15; 73,24-26)?

Nach einer dritten falschen Ansicht, die auch in evangelikalen Kreisen verbreitet ist, besteht der Scheol oder das »Totenreich« aus zwei Bereichen, für die Gerechten und für die Gottlosen. Im Alten Testament ist jedoch nirgends von einem geteilten Scheol die Rede. Psalm 9,18 sagt nicht, daß die Gottlosen in einen Teilbereich des Scheols hinabfahren müssen, sondern in den Scheol. In Sprüche 15,24 werden wir nicht aufgefordert, einen bestimmten Bereich des Scheols zu meiden, sondern den Scheol selbst. Und wir lesen nirgends, daß Gotteskinder in diesen oder jenen »Bereich« des Scheols kommen, wenn sie sterben. Die Vorstellung, daß der Scheol aus zwei getrennten Bereichen besteht oder bestanden hat, ist auf die heidnische Auffassung von der »Unterwelt« zurückzuführen. Weder »Scheol« im Alten noch »Hades« im Neuen Testament hat jemals diese Bedeutung.

Die vierte falsche Ansicht wurde von Pastor Russell vertreten. Er hatte mit seiner Kritik an der herkömmlichen Bibelübersetzung teilweise recht. Er hat jedoch unrecht, wenn er lehrt, die Übersetzung »Hölle« sei stets falsch. Nach seiner und der Zeugen Jehovas Ansicht ist mit Scheol das Vergessen oder die Nichtexistenz gemeint. Das aber ist völlig falsch.

Sie können das selbst nachprüfen. Was geschieht, wenn man in einem Abschnitt wie 5. Mose 32,22 das Wort Scheol durch »Nichtexistenz« ersetzt? Brennt das Feuer des Zornes Gottes tatsächlich bis in die »unterste Nichtexistenz«? Das ergibt überhaupt einen Sinn. Genauso sinnlos wäre es zu sagen, dieses Feuer brenne bis in das »unterste Grab«.

2. Die meines Erachtens richtige Auffassung

Scheol ist der Zustand oder der Ort, in den der Mensch »hinabsteigt«, ganz gleich, ob dies wörtlich oder bildlich gemeint ist. An sich beinhaltet das Wort eine Vielfalt von Bedeutungen. Darüber, was in jedem Einzelfall gemeint ist, entscheidet der Kontext.

a. Manchmal ist mit »Scheol« der Ort gemeint, wo die Gottlosen bestraft werden. Wo dies der Fall ist, ist »Hölle« eine passende Übersetzung. Siehe 5. Mose 32,22; Psalm 9,18; Psalm 55,16; Sprüche 15,11+24 usw. In Abschnitten dieser Art ist der Scheol der Ort, wo der Zorn Gottes brennt und wohin die Gottlosen — nicht die Gerechten! — nach ihrem Tod »hinabsteigen«.

b. Bei vielen anderen Stellen ist mit »Scheol« wahrscheinlich das Grab gemeint, in das alle Menschen ohne Ausnahme, die Gerechten wie die Gottlosen, dem Leibe nach hinabsteigen, wenn sie sterben. Hier haben wir an Jakobs »graue Haare« zu denken, die in den »Scheol«, d. h. ins Grab, gebracht wurden (1. Mose 44,29+31; vgl. 1. Kön. 2,6+9).

c. In mehreren weiteren Abschnitten ist mit »Scheol« wahrscheinlich der Zustand des Todes oder der »entkörperten Existenz« gemeint. Aber merken Sie sich bitte: Dieser Zustand der Trennung von Leib und Seele wird so dargestellt, als handele es sich um einen Ort (1. Sam. 2,6), der sogar mit »Pforten« ausgestattet ist (Jes. 38,10). Selbstverständlich kommen alle Menschen an diesen Ort — sofern man ihn bildlich auffaßt! Ganz gleich, ob Sie gläubig oder ungläubig sind: Wenn Sie sterben, werden Ihre Seele und Ihr Leib voneinander getrennt. In diesem Sinne kommt jeder Mensch in den Scheol, wenn er stirbt. Nur müssen wir festhalten: An *keiner einzigen Stelle des Alten oder des Neuen Testaments wird gelehrt, daß die Seelen aller Menschen buchstäblich an denselben Ort kommen, wenn sie sterben.* Im Gegenteil, die Bibel lehrt von Anfang bis Ende, daß die Gottlosen nach ihrem Tod für immer verloren und die in Christus Gerechtgesprochenen für immer selig sein werden.

3. Die Bedeutung von »Hades« im Neuen Testament

Im Gleichnis vom reichen Mann und vom armen Lazarus (Lk. 16) ist mit »Hades« nicht etwa die Unterwelt mit ihren zwei Bereichen gemeint, von denen der eine »Abrahams Schoß«, der andere etwas anderes hieße. Im Gegenteil. Mit Hades ist hier die Hölle gemeint. An diesem Ort gibt es »Qual«, »Pein« und »Flammen« (Lk. 16,23+24). Vielleicht sollte »Hades« auch in Matthäus 11,23 und Lukas 10,15 mit »Hölle« übersetzt werden, denn hier wird ein scharfer Gegensatz zwischen dem Hades und dem Himmel herausgestellt; dabei ist »Hölle« wahrscheinlich bildlich aufzufas-

sen («völlige Zerstörung«). In Matthäus 16,18 ist gemeint, daß sämtliche Dämonen, die aus den Pforten der Hölle drängen, niemals in der Lage sein werden, die wahre Gemeinde Jesu zu zerstören. Der Begriff »Hades« wird in Apostelgeschichte 2,27+31 vielfach so ausgelegt, daß Gott die Seele Jesu nicht dem Zustand des Todes (der »entkörperten Existenz«) überlassen hat. Diese Auslegung ist möglicherweise korrekt, aber der Ausdruck »meine Seele« kann auch in Anlehnung an ein bekanntes hebräisches Idiom einfach »mich« bedeuten. So aufgefaßt, weist der ganze Abschnitt (Apg. 2,22-31) auf die Tatsache hin, daß der Leib Jesu — im Gegensatz zu dem Davids — nicht der Verwesung im Grab überlassen, sondern am dritten Tag auf herrliche Weise auferweckt worden ist. An den drei Stellen, wo das Wort »Hades« in der Offenbarung vorkommt (Offb. 1,18; 6,8; 20,13+14), ist wahrscheinlich der Zustand des Todes gemeint. Dieser Zustand wird jedoch auch hier bildlich dargestellt, so, als handelte es sich um einen Ort (dessen Schlüssel Jesus in der Hand hält) oder um eine Person (die dem »Tod« folgt, Offb. 6,8, und die zuletzt in den Feuersee geworfen wird, Offb. 20,13+14).

Fragen zu diesem Kapitel

1. Warum ist es wichtig, daß wir uns über die Bedeutung der Begriffe »Scheol« und »Hades« informieren?
2. Nennen Sie vier falsche Ansichten über die Bedeutung des Wortes »Scheol« und widerlegen Sie sie.
3. Was ist Ihres Erachtens die richtige Auffassung von der Bedeutung des Wortes »Scheol«?
4. Welche Regel muß man befolgen, um die Bedeutung des Wortes »Scheol« in einem beliebigen Abschnitt bestimmen zu können?
5. Welche verschiedenen Bedeutungsnuancen hat das Wort »Hades« im Neuen Testament?

Fragen zum weiteren Nachdenken

1. Wird mit dem Wort »Hades« der Endzustand der Gottlosen nach der Wiederkunft Jesu beschrieben?
2. Wie werden die Begriffe »Scheol« und »Hades« in der Bibelübersetzung wiedergegeben, die Sie normalerweise verwenden? Sind Sie mit dieser Wiedergabe einverstanden?
3. Worum ging es Jesus hauptsächlich, als er das Gleichnis vom reichen Mann und vom armen Lazarus erzählte?
4. Welches Unrecht hatte der reiche Mann begangen? War er ein Mörder, Dieb oder Ehebrecher? Wenn nicht, warum kam er in die Hölle?
5. Wurde Lazarus deshalb von den Engeln in Abrahams Schoß getragen, weil er in diesem Leben arm gewesen ist?

10. Gibt es ein Fegefeuer?

Bibellese: Hebräer 10,11-18

1. Ein krasser Gegensatz

Kurz vor seinem Tod soll ein frommer Katholik ausgerufen haben: »O seliges Fegefeuer!« Kardinal J. Gibbons spricht in diesem Zusammenhang von einer »kostbaren Lehre«. Im Hinblick auf das Gebet für die Seelen, die sich im Fegefeuer befinden, sagt er: »Meines Erachtens ist keine Lehre der christlichen Religion tröstlicher für das menschliche Herz als jener Glaubensartikel, der uns über die Wirksamkeit des Gebets für die im Glauben Verstorbenen unterrichtet. Diese Lehre nimmt dem Tod seinen Stachel« (*The Faith of Our Fathers,* S. 211.223f.).

Andererseits schrieb Pater Charles Chiniquy, der, nachdem er 50 Jahre lang Mitglied der römisch-katholischen Kirche gewesen war (die Hälfte dieser Zeit als Priester), zum evangelischen Glauben übergetreten ist: »O Herr, wie lange soll es der Kirche Roms . . . gestattet sein, sich unter Berufung auf die Lehre vom Fegefeuer — diese grausame, gottlose, heidnische Erfindung — mit den Tränen von Witwen und Waisen zu stärken?« (*Fifty Years in the Church of Rome,* S. 48; dieser Satz fehlt in der deutschen Ausgabe: *Pater Chiniquys Erlebnisse.* Nach dessen eigenen Mitteilungen zusammengestellt und übersetzt von Franz Eugen Schlachter. Baden/Schweiz: Christliche Buchhandlung E. Jucker, o. J.).

Was stimmt nun wirklich? Ist die Lehre vom Fegefeuer »eine kostbare Lehre . . . tröstlich für das menschliche Herz« oder eine »grausame, gottlose, heidnische Erfindung«?

2. Die katholische Lehre vom Fegefeuer

Kardinal Gibbons schreibt: »Die katholische Kirche lehrt uns, daß es im Jenseits neben einem Ort ewiger Qualen für die Gottlosen und einem Ort ewiger Ruhe für die Gerechten auch einen ›Zwischenzustand‹ gibt, einen Ort, wo diejenigen, die in läßlicher Sünde gestorben sind oder der Gerechtigkeit Gottes für bereits vergebene Sünden noch nicht Genüge geleistet haben, vorübergehend bestraft werden. Sie lehrt uns weiter, daß die Seelen in diesem ›Zwischenzustand‹, der im Volksmund ›Fegefeuer‹ genannt wird, sich selbst nicht helfen können, daß ihnen jedoch durch die Fürbitte der Gläubigen, die sich noch auf der Erde befinden, zu helfen ist« (a. a. O., S. 210).

Die römisch-katholische Lehre vom Fegefeuer (auch »Fegfeuer« oder »Purgatorium« genannt) wurde auf dem Konzil zu Trient (1545- 1563) folgendermaßen festgelegt:

»Es gibt ein Fegefeuer, und den darin zurückgehaltenen Seelen kommen die Fürbitten der Gläubigen und vor allem das Sühnopfer des Altars zu Hilfe« (sess. XXV).

»Dieses heilige Konzil gebietet allen Bischöfen, fleißig darüber zu wachen, daß die gesunde Lehre vom Fegefeuer . . . von den Gläubigen bejaht und überall festgehalten, gelehrt und gepredigt wird« (sess. XXV).

Jeder, der diese Lehre ablehnt oder leugnet, wurde von demselben Konzil anathematisiert, d. h. mit einem Bannfluch belegt (sess. VI, can. 30).

Die römisch-katholische Lehre schließt folgende Elemente mit ein:

a. Das Fegefeuer ist ein Ort, wo die Seelen der meisten verstorbenen Gläubigen Qualen erleiden und dadurch allmählich geläutert werden.

b. Auf diese Weise zahlen diese Seelen ihre verbliebene Sündenschuld ab. Im Fegefeuer erdulden sie die restliche zeitliche Strafe für die Sünden, die sie begangen haben, als sie noch auf der Erde lebten.

c. Die Dauer und die Intensität ihres Leidens ist unterschiedlich. Einige müssen mehr leiden, andere weniger. Einige werden längere Zeit gepeinigt, andere verhältnismäßig kurz. Dies hängt bis zu einem gewissen Grad davon ab, was für ein Leben diese Seelen geführt haben, als sie noch auf der Erde waren. Es hängt jedoch auch davon ab, welche Leistungen ihre Freunde, die sich noch auf der Erde befinden, für sie erbringen. Diese Freunde können nämlich Gebete für sie sprechen, Ablässe für sie erwerben und Seelenmessen für sie halten lassen.

d. Die irdischen Freunde müssen diese Seelenmessen bezahlen.

e. Der Papst übt eine gewisse Herrschaftsgewalt über das Fegefeuer aus. Er hat beispielsweise die Macht, die Qualen einer im Fegefeuer zurückgehaltenen Seele durch Gewährung eines Ablasses zu lindern oder sogar zu beenden.

3. Das Fehlen eines Schriftbeweises

Wenn jemand fragt: »Wo finde ich das alles in der Bibel?«, geben Katholiken wie Kardinal Gibbons eine sehr aufschlußreiche Antwort. Gibbons behauptet, diese Lehre sei »ohne Wenn und Aber dem Alten Testament zu entnehmen«, doch führt er nur eine einzige Stelle an. Diese Stelle entstammt einem Buch, das evangelische Christen zu Recht als zu den »Apokryphen« gehörig betrachten: dem 2. Makkabäerbuch »mit seinen augenfälligen Übertreibungen und häufigen Moralismen« (Bruce M. Metzger, *An Introduction to the Apocrypha,* S. 146). Es ist die Stelle in

2. Makkabäer 12,43-45. Aber man kann die katholische Lehre mit Hilfe dieser Verse nicht beweisen, denn hier ist von einem Fürbittegebet für Soldaten die Rede, die sich nicht einer läßlichen Sünde, sondern der Todsünde des Götzendienstes schuldig gemacht hatten.

Gibbons bezieht sich auch auf zwei Abschnitte aus dem Neuen Testament. Als erstes nennt er Matthäus 12,32, wo uns gesagt wird, daß die Sünde wider den Heiligen Geist »weder in dieser noch in jener Welt« vergeben wird. Selbstverständlich ist damit gemeint, daß die betreffende Sünde *niemals* vergeben wird. Es soll hier auf keinen Fall angedeutet werden, daß einige Sünden erst »in jener Welt« (wörtlich: »im zukünftigen Zeitalter«; vgl. Elberf. Übers.) vergeben werden. Aber auch wenn das der Fall wäre, würde es die katholische Lehre nicht unterstützen, denn mit dem »zukünftigen Zeitalter« ist das Zeitalter nach der Wiederkunft Christi gemeint — und die katholische Kirche lehrt, daß es nach der Wiederkunft Christi kein Fegefeuer mehr geben wird.

Der zweite Abschnitt, den Gibbons anführt, ist 1. Korinther 3,12-15. Ich möchte diesen Abschnitt hier nicht im einzelnen auslegen. Folgende Überlegungen machen jedoch deutlich, daß er die Lehre vom Fegefeuer keineswegs unterstützt: Mit dem »Feuer«, das »eines jeglichen *Werk*« prüft und offenbar macht, ist auf gar keinen Fall das buchstäbliche Feuer gemeint, das nach Meinung der Katholiken ihre *Seelen* reinigen wird. Einige Menschen werden laut 1. Korinther 3,15 »*so wie* durchs Feuer hindurch« gerettet — nicht »durch Feuer«. Und als letztes ist zu sagen: Es geht in diesem Abschnitt nicht um den Aufenthaltsort der Toten bis zur Wiederkunft Jesu, sondern um den »Tag« (Vers 13), nämlich dem Tag des Jüngsten Gerichts. Wie wir aber schon gesagt haben, lehrt die katholische Kirche selbst, daß das Fegefeuer zu diesem Zeitpunkt der Vergangenheit angehören wird.

Weitere katholische Theologen haben versucht, die Lehre vom Fegefeuer mit folgenden Bibelstellen zu belegen: Jesaja 4,4; Micha 7,8; Sacharja 9,11; Maleachi 3,2+3; Matthäus 5,22.25+26; Offenbarung 21,27. Aber jede noch so flüchtige Lektüre dieser Abschnitte läßt sofort erkennen, daß sie nicht das geringste mit dem Fegefeuer zu tun haben.

4. Die römische Lehre vom Fegefeuer ist unbiblisch.

a. *Sie verstößt gegen eine gesunde Theologie und Anthropologie* (die biblische Lehre von Gott und vom Menschen). Die Bibel unterstreicht immer wieder, daß der Mensch sich nicht selbst erretten kann (Röm. 3,21-27; 7,14-25; 8,3) und daß das Heil im Grunde ein Werk Gottes ist (Ps. 32,1+2; Röm. 7,24+25; Eph. 2,8-10; Tit. 3,4-7; 1. Petr. 1,19). Im Gegensatz hierzu rückt die Lehre vom Fegefeuer menschliche Leistungen in den Vordergrund. Nach Auffassung der katholischen Kirche muß der Mensch bis zu einem gewissen Grad seine Schuld selbst sühnen, die zeitliche Strafe für seine Sünden selbst erdulden und das Heil selbst verdienen. Die katholische Kirche lehrt sogar, daß einige Men-schen imstande seien, im gegenwärtigen Leben »überschüssige« gute Werke zu vollbringen. Diese ihre »überschüssigen« Verdienste kommen den Seelen im Fegefeuer zugute! Diese Lehre nimmt den Sündenfall nicht ernst und raubt Gott die Ehre, die ihm gebührt (Röm. 11,36).

b. *Sie verstößt gegen eine gesunde Christologie* (die biblische Lehre von Christus). Nach Aussage der Bibel hat Jesus unsere gesamte Schuld bereits getragen. Er hat »durch sein eigen Opfer« für sein Volk »eine ewige Erlösung erworben« (Hebr. 9,12+26). Mit diesem *einen* Opfer hat er »für immer vollendet, die geheiligt werden« (Hebr. 10,14). »Das Blut Jesu Christi, seines Sohnes, macht uns rein von *aller* Sünde« (1. Joh. 1,7; siehe auch Hebr. 4,9; Offb. 1,5). Diese biblische Lehre schließt die katholische Lehre vom Fegefeuer völlig aus.

c. *Sie verstößt gegen eine gesunde Soteriologie* (die biblische Lehre vom Heil). Nach Aussage der Bibel wird der Mensch aufgrund seines Glaubens an die Verdienste Christi »gerechtgesprochen« (Röm. 5,1), nicht aufgrund seiner eigenen Verdienste. Er wird durch den Heiligen Geist »geheiligt« (2. Thess. 2,13), nicht durch das angebliche »Läuterungsgeschehen« im Fegefeuer.

d. *Sie verstößt gegen eine gesunde Ekklesiologie* (die biblische Lehre von der Kirche und von den Sakramenten). Brauchten wir, wie Paulus im Gegensatz zu dieser Lehre Epheser 5,25-27 darstellt (»eine herrliche Gemeinde ohne Flecken oder Runzel oder dergleichen, sondern heilig und untadelig«).

e. *Sie verstößt gegen eine gesunde Eschatologie* (die biblische Lehre von den letzten Dingen). Nach Aussage der Heiligen Schrift kommen die Gottlosen in die Hölle und die Kinder Gottes in den Himmel. Prüfen Sie selbst nach, ob dies stimmt, indem Sie folgende Bibelstellen untersuchen: Psalm 1; Psalm 73; Daniel 12,2; Matthäus 7,13+14; 7,24-27; 25,1-13.31-46; Johannes 3,16; 2. Thessalonicher 1,8-10; Offenbarung 20,11-15; 22,14+15.

Ein Fegefeuer gibt es nicht!

Fragen zu diesem Kapitel

1. Mit welchen Bibelstellen kann die Lehre vom Fegefeuer belegt werden?

2. Wie wird diese Lehre von Pater Charles Chiniquy nach »50 Jahren in der Kirche Roms« beurteilt?

3. Fassen Sie die katholische Lehre vom Fegefeuer zusammen.

4. Zeigen Sie auf, daß die Bibelstellen, auf die sich die katholische Kirche beruft, die Lehre vom Fegefeuer nicht beweisen.

5. Können Sie nachweisen, daß die Lehre vom Fegefeuer ketzerisch ist.

Fragen zum weiteren Nachdenken

1. Woher hat die katholische Kirche ihre Lehre vom Fegefeuer?

2. Ist diese Lehre, wie Kardinal Gibbons behauptet, »tröstlich für das menschliche Herz«? Ist sie den Armen gegenüber gerecht?

3. Auf welche Weise unterscheidet Rom zwischen dem, was Christus für uns getan hat, um uns von der Sünde zu erlösen, und dem, was wir selbst tun müssen?

4. Wie beurteilte Martin Luther die Lehre vom Fegefeuer?

5. Wie würden Sie einen Katholiken zu überzeugen versuchen, daß er sich von dieser offenkundigen Irrlehre abwenden sollte?

11. Werden wir im Jenseits alle gleich sein oder gibt es dort verschiedene Stufen der Seligkeit und der Pein?

Bibellese: Matthäus 25,14-30

1. Die Sehnsucht nach Gleichheit

»Schröpft die Reichen und verschafft den Armen einen höheren Lebensstandard!« »Verteilt das Kapital um, damit alle den gleichen Anteil haben!« Schlagwörter dieser Art sind heute gang und gäbe. Viele Menschen glauben, wie es scheint: Wenn dieses wunderbare Ideal verwirklicht werden könnte, wären alle Probleme gelöst und alle Menschen wunschlos glücklich.

Eine etwas gründlichere Untersuchung macht aber deutlich, daß die »Gleichheit«, um die viele Menschen bemüht sind, eine recht veränderliche, subjektive Größe ist. Gewiß, Müller möchte am Reichtum von Schmidt beteiligt werden, denn Schmidt ist reicher als Müller. Aber Müller kann sich absolut nicht dafür begeistern, seinen eigenen Besitz mit dem ärmeren Meier zu teilen. Außerdem dürfte wohl klar sein: Wenn den Reichen plötzlich das Kapital genommen würde, mit dem sie Arbeitsplätze schaffen, wäre die Folge nicht Wohlstand für alle, sondern Armut für alle. Damit ist nicht gesagt, daß wir den Armen gegenüber gleichgültig sein sollen. Im Gegenteil! Gleichgültigkeit in Wort und Tat ist entschieden unchristlich. Raffgier ist unentschuldbar. Aber die »vollkommene Gleichheit« der Umverteilungsapostel ist als Ideal sowohl unrealistisch als auch unbiblisch (Spr. 6,6-11; 24,30- 34).

2. Gleichheit im Himmel?

Werden wir aber im Himmel alle gleich sein? Meine Antwort lautet: Das stimmt, zumindest in dem Sinn, daß alle, die dorthin kommen, Sünder sind, die »ganz aus Gnaden« errettet wurden. Alle verdanken ihre Erlösung in gleichem Maße dem freien Walten der Liebe Gottes. Und alle haben das gleiche Ziel, nämlich Gott zu verherrlichen und sich auf ewig an ihm zu erfreuen. Dennoch werden wir nicht alle gleich sein. Es wird Unterschiede geben — verschiedene Grade von Seligkeit im Himmel, verschiedene Grade von Pein in der Hölle.

In einem früheren Kapitel haben wir nachgewiesen, daß es aller Wahrscheinlichkeit nach im Himmel ein Wachstum gibt. Die Erlösten werden den sich langsam öffnenden Blättern einer Blume ähneln. Eine Blume hat zunächst nur für einige wenige Tautropfen Platz, aber je mehr sie sich öffnet, desto mehr kann sie aufnehmen. Indessen: Das blaue Vergißmeinnicht wird nie so viele funkelnde Tautropfen aufnehmen wie die Tulpe, die im nächsten Blumenbeet ihr stolzes Haupt erhebt. Das Vergißmeinnicht wird niemals eine Tulpe oder eine Sonnenblume sein. Alle Blumen wachsen und entfalten sich, doch haben sie von vornherein eine unterschiedliche Aufnahmekapazität.

Die Bibel lehrt, daß es im Himmel verschiedene Grade von »Herrlichkeit« geben wird. Wenn Jesus kommt, um seine Knechte zu belohnen, wird einer dieser Getreuen zum Schluß *zehn* »Zentner« (eigentlich *elf,* siehe Mt. 25,28) haben, ein anderer *vier.* Einige Menschen werden im Jenseits einen »Lohn« empfangen, den andere, obwohl errettet, nicht empfangen werden, zumindest nicht in demselben Maße (1. Kor. 3,10-15). Jeder wird »nach seinen Werken« gerichtet werden. Es gibt ja auch Unterschiede zwischen den Engeln. Sind etwa *alle* Engel Erzengel?

3. Wenn wir nicht alle gleich sein werden, wie werden die Unterschiede festgelegt?

Die Unterschiede richten sich nach der Treue, den die Erlösten während ihres irdischen Lebens bewiesen haben. Das ist ein sehr wichtiger Punkt. Aber es gibt noch mehr zu beachten, wie wir im Gleichnis von den anvertrauten »Zentnern« sehen. Von vornherein wurden dem einen Knecht *fünf* Zentner anvertraut, einem anderen nur *zwei.* Es steht uns nicht zu, in Frage zu stellen, wie Gott nach seinem guten Willen und seinem freien Walten seine Gaben verteilt. Und wenn jemand einwendet: »In diesem Gleichnis werden die Zentner ›einem jeden *nach seiner Tüchtigkeit‹* anvertraut«, so muß die Antwort lauten: »Wer ist der Urheber dieser ›Tüchtigkeit‹?« Lesen Sie 1. Korinther 4,7: »Was hast du, das du nicht empfangen hast?« Wir sollten uns mit dem Wissen begnügen, daß *alle* Erlösten ohne Ausnahme vollauf zufrieden sein werden. In der Tat, sie werden sagen: »Siehe, nicht die Hälfte hat man mir gesagt!«

4. Gleichheit in der Hölle?

Auch in der Hölle gibt es graduelle Unterschiede. Es müssen nicht alle gleichermaßen leiden. Die Strafe wird für einige Menschen »erträglicher« ausfallen als für andere (siehe Mt. 11,22+24). Wir wollen im nächsten Kapitel ausführlicher auf dieses Thema eingehen.

Fragen zu diesem Kapitel

1. Was halten *Sie* von dem »Wunsch nach Gleichheit«?
2. Inwiefern werden wir im Himmel alle gleich sein?
3. Inwiefern werden wir im Himmel *nicht* alle gleich sein?

4. Auf welcher Basis werden die unterschiedlichen Grade von Herrlichkeit festgelegt?

5. Gibt es verschiedene Grade der Bestrafung in der Hölle?

Fragen zum weiteren Nachdenken?

1. Sie wollen beweisen, daß es im Himmel verschiedene Grade von Herrlichkeit gibt. Würden Sie sich dabei auf Johannes 14,2 berufen?

2. Lehrt Paulus in 1. Korinther 15,41, daß es unterschiedliche Grade von Herrlichkeit gibt?

3. Können wir aus diesen unterschiedlichen Graden von Herrlichkeit schließen, daß wir auch unterschiedliche Aufgaben haben werden?

4. Denken Sie über die Regel nach, die uns in Matthäus 25,29 vor Augen geführt wird. Ist diese Bestimmung gerecht?

5. Welche praktische Lektion enthält das Gleichnis von den anvertrauten Zentnern? Inwiefern unterscheidet sich dieses Gleichnis von dem Gleichnis von den »Pfunden« (Lk. 19,11-27)?

12. Werden Menschen, die niemals das Evangelium gehört haben, errettet?

Bibellese: Amos 3,1+2; Lukas 12,47+48

1. Es wird gesagt: »Die Lehre von der ewigen Verdammnis ist grausam. Sie lehrt, daß Gott zahllose unschuldige Heiden, die niemals das Evangelium gehört haben, in die tiefste Hölle schickt.«

Erwiderung:

a. »In die *tiefste* Hölle?« Dabei ist zu beachten, daß es in der Hölle verschiedene Stufen der Bestrafung gibt. Wenn die »Kinder des Bundes« sich weigern, dem Bund Gottes entsprechend zu leben, werden sie nach 3. Mose 26,28 um ihrer Sünden willen »siebenfältig mehr« bestraft. Amos 3,2 lehrt, daß Gott Israel mit entsetzlichen Strafen heimsuchen wird, weil es dem Herrn trotz seiner besonderen Vorrechte den Rücken gekehrt hat. Aus Lukas 12,47+48 geht hervor, daß Menschen, die den Willen des Herrn kannten, aber nicht danach handelten, viele Schläge bekommen werden, während andere, die den richtigen Weg nicht kannten, aber Schläge verdienten, besser davonkommen werden. Römer 2,12-16 beweist: Wer ohne Gesetz gesündigt hat, wird auch ohne Gesetz verlorengehen; wer unter dem Gesetz gesündigt hat, wird durch das Gesetz verurteilt werden. Und nach Hebräer 10,29 haben Menschen, die den Sohn Gottes mit Füßen treten, eine »ärgere Strafe« verdient als solche, die das Gesetz Moses übertreten. Vgl. Matthäus 11,20-24; Lukas 10,12-15; 11,31+32.

Die Heilige Schrift lehrt von Anfang bis Ende, daß der Mensch nach dem Grad der Erkenntnis gerichtet wird, den er empfangen hat. Damit ist nicht gesagt, daß Menschen, die aus Unwissenheit sündigen, völlig schuldlos sind. Es bedeutet vielmehr, daß ein gerechter Gott die Privilegien und Gelegenheiten, die eine Person genossen oder nicht genossen hat, durchaus berücksichtigt. Siehe auch Lukas 23,34; Apostelgeschichte 3,17; 1. Timotheus 1,13.

Die Behauptung, Gott werfe Menschen, die in heidnischer Verblendung leben und sterben, in die »tiefste Hölle«, ist einfach nicht schriftgemäß. Nicht die verblendeten Heiden, sondern die »Kinder des Reichs« werden ihres Ungehorsams wegen »hinausgeworfen in die äußerste Finsternis« (Mt. 8,12; Einheitsübers.).

b. »*Unschuldige* Heiden?« Dabei vergißt man, daß eben diese verblendeten Heiden keinesfalls unschuldig sind. Unehrlichkeit, Grausamkeit, Sklaverei, Folter, Kannibalismus, Kindesmord, Sodomie und viele andere Verbrechen gibt es massenhaft unter den angeblich »unschuldigen« Heiden. Das alles ist darauf zurückzuführen, daß sich alle in Adam im Zustand der Verdammnis befinden (Röm. 5,12.17+18). Von Natur aus sind alle Menschen »Kinder des Zornes«, »unter die Sünde verkauft«, und stehen unter der Macht des Bösen (Eph. 2,3; Röm. 7,14; 1. Joh. 5,19). Und lehrt nicht Römer 1,18-32, daß die Heiden hartnäckig die Wahrheit unterdrücken und verdrehen? Lesen Sie unbedingt den ganzen Abschnitt. Ob Sie dann noch der Meinung sind, die Heiden seien »unschuldig«?

2. Ein weiterer Einwand: »Die Heiden sind nicht alle gottlos. Es gibt Heiden, die, obwohl sie das Gesetz nicht haben, doch von Natur tun, was das Gesetz fordert (Röm. 2,14). Diese Menschen müssen errettet werden, auch wenn sie das Evangelium nie gehört haben.«

Erwiderung:

In der Tat, das »Licht der Vernunft«, das uns befähigt, uns nach außen hin einigermaßen tugendhaft oder anständig zu verhalten, kommt bei einigen Menschen weit stärker zum Tragen als bei anderen. Dieses »Licht« reicht jedoch nicht aus, selbst den anständigsten Heiden dahin zu bringen, daß er Gott kennenlernt und sich wirklich bekehrt. Gott sieht nicht nur das äußere Verhalten des Menschen, sondern auch sein Herz an. Der Mensch ist stolz auf seine guten Werke. Dies zeigt, daß er nicht einmal fähig ist, von dem »Licht«, das er empfangen hat, zur rechten Erkenntnis und Lebenshaltung zu finden. »Alle unsre Gerechtigkeit ist wie ein beflecktes Kleid« (Jes. 64,6). Es ist sicherlich wahr, daß einige Heiden weit gottloser sind als andere. Diese »anderen« erhalten in der Hölle eine wesentlich mildere Strafe. Das Heil empfangen wir aber allein aufgrund der Gnade Gottes, nicht aufgrund unserer guten Werke. Wenn jemand bezweifelt, daß der Glaube an Jesus Christus der einzige Weg ist, errettet zu werden, der lese folgende Bibelstellen: Johannes 3,16; 5,21; 14,6; 15,5; Apostelgeschichte 4,12; Römer 3,23+24; 1. Korinther 3,11. Apostelgeschichte 16,14 und Römer 10,9-15 machen deutlich, wie ein Mensch üblicherweise zum Glauben an Christus kommt und errettet wird.

3. Ein letzter Einwand: »Wenn nur Menschen, die das Evangelium gehört haben, errettet werden, warum sorgt Gott nicht dafür, daß alle Menschen es hören?«

Erwiderung:

Man könnte hinzufügen: Warum gibt Gott nicht allen Menschen vermöge seiner Allmacht und Vorsehung Wohlstand, Gesundheit und Glück? Dr. Herman Bavinck schreibt: »Wir beobachten um uns herum so viele Tatsachen, die uns unverständlich sind, so viele rätselhafte Katastrophen, eine so ungleiche und unerklärliche Verteilung von Schicksalen und einen so ungeheuren Gegensatz zwischen den Extremen der Freude und des Leids, daß jeder, der über diese Dinge nachdenkt, gezwungen wird, eine Wahl zu treffen: Entweder er betrachtet das Universum als vom blinden Willen eines böswilligen Gottes beherrscht oder er betrachtet es auf der Basis der Schrift und des Glaubens als auf dem absoluten und frei waltenden, — und sei dies noch so unbegreiflich — weisen und heiligen Willen dessen gegründet, der eines Tages das volle Licht des Himmels über diese Geheimnisse des Lebens aufgehen lassen wird« (*The Doctrine of God,* S. 396). Siehe Römer 9,20; ferner: Hiob 11,7; Jesaja 55,8+9. Fest steht jedenfalls: Der Mensch ist in Adam verloren, fügt seiner bisherigen Schuld jeden Tag weitere Sünden hinzu und hat weder ein angeborenes Recht auf das Heil noch darauf, vom Heilsweg zu hören. Wenn er dennoch davon hört, ist das reine Gnade. Die Not der Heiden darf uns nicht veranlassen, Kritik an Gott zu üben, sondern sollte uns mit einem anhaltenden Eifer erfüllen, den Missionsbefehl auszuführen. Es ist zweifellos die Regel, daß Heiden, die Christus nicht kennen, »verlorengehen« (Röm. 1,32; 2,12; Offb. 21,8). *Rettet die Verlorenen! (Joh. 3,16).*

Fragen zu diesem Kapitel

1. Welches Argument bringt der Gegner als erstes vor?
2. Was kann man darauf erwidern?
3. Welches Argument bringt er als nächstes vor?
4. Was kann man diesmal darauf erwidern?
5. Welches Argument führt er zuletzt an, und was kann man darauf erwidern?

Fragen zum weiteren Nachdenken

1. »Die Heiden sind begierig nach dem Evangelium.« Stimmen Sie diesem Satz zu?
2. Glauben Sie, daß ein Ungläubiger unmöglich errettet werden kann, wenn ihm nicht zuvor das Evangelium verkündigt wird? Könnte ihm Gott nicht das Evangelium in einem Traum oder in einer Vision oder vielleicht auf irgendeine andere Weise offenbaren? Wie steht es um Menschen, die geistig so zurückgeblieben sind, daß es ihnen gar nichts nutzen würde, wenn sie das Evangelium hörten?
3. Glauben Sie, daß Sokrates und Platon errettet werden?
4. Halten Sie eine »Theodizee« für sinnvoll? (Eine »Theodizee« ist der Versuch einer Rechtfertigung Gottes angesichts des von ihm zugelassenen wahrnehmbaren Übels oder Bösen. Der Begriff geht auf den deutschen Philosophen Leibniz zurück.)
5. Inwiefern macht dieses Kapitel die Dringlichkeit des Missionsauftrags deutlich? Wie können wir unseren Kindern und Jugendlichen dieses große Anliegen ans Herz legen?

13. Werden alle Kinder, die in ihrer Kindheit sterben, errettet?

Bibellese: Jona 4,6-11; 1. Korinther 7,14

1. Die Tragweite dieses Themas

Bis vor wenigen Jahren hat ein sehr hoher Prozentsatz der Menschheit nie das Erwachsenenalter erreicht. Unzählige Menschen sind bereits in ihrer Kindheit gestorben. Diese tragische Situation hat sich erst in letzter Zeit gebessert. Heute wird weltweit darauf hingearbeitet, die hohe Kindersterblichkeit einzudämmen und den Gesundheitszustand der Völker zu verbessern. Ich denke hier insbesondere an die Bemühungen der Weltgesundheitsorganisation (WHO), die 1946 vom Wirtschafts- und Sozialrat der Vereinten Nationen ins Leben gerufen wurde, aber auch an viele andere Organisationen in aller Welt. Ihre erklärten Ziele haben sie freilich noch nicht erreicht.

An dieser Stelle erhebt sich die Frage: Wo befinden sich die Seelen der vielen Millionen Menschen, die in ihrer Kindheit gestorben sind? Wo befinden sich jetzt die Menschen, die nur einige wenige Jahre, Monate, Wochen, Tage, Stunden oder gar Minuten oder Sekunden auf dieser Erde gelebt haben? Sie machen einen überraschend großen Teil der gesamten Menschheit aus. Müssen wir annehmen, daß die meisten unter ihnen die ewige Verdammnis erleiden?

2. Falsche Ansichten

Da ist zunächst die Ansicht, die man wohl als die herrschende Meinung innerhalb der römisch-katholischen Kirche bezeichnen darf, daß alle ungetauften Kinder verlorengehen. Wenn sie sterben, kommen sie in den »Limbus infantium«, einen Vorraum am Rand der Hölle. Hier erleiden sie das Fehlen einer »beseligenden Gottesschau«.

Diese Auffassung enthält zwar ein Körnchen Wahrheit — hier wird zu Recht erkannt, daß der Mensch je nach den sich ihm bietenden Gelegenheiten zur Rechenschaft gezogen wird -, dennoch ist sie aus zwei Gründen abzulehnen: 1. Die Bibel schreibt dem Taufritus nirgends eine so große Bedeutung zu; 2. sie weiß nichts von der Existenz eines »Limbus infantium«.

Dem gegenüber steht die Auffassung derer, die Kinder samt und sonders für »unschuldig« halten. Nach Ansicht dieser Leute ist die »Erbsünde«, sofern überhaupt noch davon die Rede sein kann, nur in Verbindung mit tatsächlichen Übertretungen strafbar. Da Kleinkinder nicht imstande sind, selbst zu sündigen, sondern »unschuldig« sind, werden sie, sofern sie in ihrer Kindheit sterben, ausnahmslos errettet. Heute vertreten viele evangelikale Christen diesen oder einen ähnlichen Standpunkt. Ich glaube aber nicht, daß die Argumente, mit denen sie ihren Standpunkt begründen, schriftgemäß sind. Auch Kinder sind in Adam schuldig geworden; sie sind daher nicht »unschuldig« (siehe Hiob 14,4; Ps. 51,7; Röm. 5,12.18+19; 1. Kor. 15,22; Eph. 2,3). Wenn sie tatsächlich errettet werden, geschieht es nicht, weil sie etwa »unschuldig« sind, sondern weil ihnen die Verdienste Christi zugerechnet werden.

3. Eine amtliche Verlautbarung

Das Glaubensbekenntnis von Westminster aus dem Jahre 1647 gibt keine eindeutige Antwort auf die Frage, ob alle Kinder, die in ihrer Kindheit sterben, errettet werden. Es räumt jedoch die Möglichkeit ein, daß einige Kinder nicht erwählt sind und auch nicht errettet werden. »Die erwählten Kinder, die in ihrer Kindheit sterben, sind wiedergeboren und selig durch Christus vermittels des Geistes, der wirkt, wann und wo und wie es ihm gefällt« (Kapitel 10, Absatz 3; zitiert nach: Bekenntnisse der Kirche. Bekenntnistexte aus zwanzig Jahrhunderten. Herausgegeben von Hans Steubing in Zusammenarbeit mit J. F. Gerhard Goeters, Heinrich Karpp und Erwin Mülhaupt. Wuppertal: Theologischer Verlag R. Brockhaus, 1970). Indessen: Die Presbyterianische Kirche hat im Jahre 1903 diesen Artikel »interpretiert«. Sie verabschiedete eine Erklärung mit folgendem Wortlaut:

». . . Nach unserem Dafürhalten lehrt Kapitel 10, Absatz 3 des Glaubensbekenntnisses [von Westminster] nicht, daß irgendwelche Kinder, die in ihrer Kindheit sterben, verlorengehen. Wir glauben, daß alle, die in ihrer Kindheit sterben, in der Gnadenwahl mit eingeschlossen sind und daß sie wiedergeboren und errettet sind durch Christus vermittels des Geistes, der wirkt, wann und wo und wie es ihm gefällt.«

4. Kurze Auszüge aus den Schriften einiger konservativer Theologen

»Alle, die in ihrer Kindheit sterben, werden errettet. Das folgern wir aus dem biblischen Vergleich zwischen Adam und Christus (Röm. 5,18+19). . . . Die Schrift schließt nirgends eine Gruppe von Kindern, ob getauft oder ungetauft, ob in einem christlichen oder einem heidnischen Land geboren, ob gläubiger oder ungläubiger Eltern, von den Segnungen der Erlösung in Christus aus« (Charles Hodge, Systematic Theology, Bd. 1, S. 26).

»Ihr Schicksal wird ohne Rücksicht auf ihre persönliche Entscheidung durch einen bedingungslosen göttlichen

Beschluß bestimmt, dessen Ausführung von keinem Willensakt ihrerseits abhängig ist; sie werden vor und getrennt von jeglichem Akt ihres eigenen Willens errettet durch die bedingungslose Anwendung der Gnade Christi auf ihre Seelen vermittels des sofortigen und unwiderstehlichen Wirkens des Heiligen Geistes. . . . Damit ist am Ende nur gesagt, daß sie vor Grundlegung der Welt bedingungslos zum Heil vorherbestimmt worden sind« (Benjamin B. Warfield, Two Studies in the History of Doctrine, S. 230).

»Die meisten reformierten Theologen sind der Ansicht, daß Kinder, die in ihrer Kindheit sterben, ausnahmslos errettet werden. . . . Es gibt jedenfalls im calvinistischen System nichts, was uns daran hindern könnte, dies zu glauben. Solange nicht bewiesen werden kann, daß es Gott nicht möglich war, alle Kinder, die er nach seinem Wohlgefallen in ihrer Kindheit in die Ewigkeit abberuft, zum ewigen Leben vorherzubestimmen, ist es uns gestattet, diese Ansicht zu vertreten« (Loraine Boettner, The Reformed Doctrine of Predestination, S. 143f.).

Dennoch äußern sich nicht alle konservativen Theologen so eindeutig. Einige heben hervor, daß es ihrer Ansicht nach einen Unterschied gibt zwischen Kindern aus gläubigem Elternhaus und allen anderen Kindern. »Wenn Kinder, die zum Bund gehören, sterben, kommen sie in den Himmel, ganz gleich, ob sie getauft worden sind oder nicht; aber was das Schicksal anderer Kinder betrifft, ist uns so wenig offenbart worden, daß wir uns am besten eines Urteils enthalten« (Herman Bavinck, Gereformeerde Dogmatiek, 3. Aufl., Bd. IV, S. 711).

Louis Berkhof vertritt eine ähnliche Auffassung. Was die Kinder gläubiger Eltern betrifft, stimmt er voll und ganz mit den Beschlüssen der Generalsynode von Dordrecht (1618-1619) überein: Wenn es Gott gefällt, diese Kinder in ihrer Kindheit aus diesem Leben abzuberufen, werden sie errettet. Aber mit Blick auf alle anderen Kinder schreibt Berkhof: »Die Schrift gibt uns keinerlei Hinweise, die zu der Hoffnung berechtigen, daß . . . heidnische Kinder, die das Alter der freien Willensbestimmung noch nicht erreicht haben, errettet werden« (Systematic Theology, S. 638.693).

5. Was die Bibel lehrt

a. Wenn Kinder, die in ihrer Kindheit sterben, errettet werden, dann geschieht dies nicht, weil sie unschuldig sind, sondern auf Grund der freiwaltenden Gnade Gottes, die ihnen in Christus zugerechnet wird (siehe oben, Punkt 2).

b. Daß Gott sich nicht nur um die Kinder gläubiger, sondern auch ungläubiger Eltern kümmert, ja sogar um solche, die »nicht wissen, was rechts oder links ist«, geht eindeutig aus Jona 4,11 hervor.

c. »Der Herr ist allen gütig und erbarmt sich aller seiner Werke« (Ps. 145,9). »Gott ist Liebe« (1. Joh. 4,8). Die Liebe, Güte und Freundlichkeit Gottes übersteigen bei weitem unser Fassungsvermögen.

d. Kleinkinder haben nicht in gleichem Maße gesündigt wie Erwachsene, die die Verkündigung des Evangeliums abgelehnt oder schwer gegen die Stimme des eigenen Gewissens gesündigt haben.

e. Die Bibel lehrt nicht ausdrücklich, daß die Kinder ungläubiger Eltern errettet werden, wenn sie in ihrer Kindheit sterben. Auch wenn jemand aufgrund von b., c. und d. fest davon überzeugt ist, daß diese Kinder errettet werden, darf er nicht behaupten, daß die Bibel seine Ansicht eindeutig oder ausdrücklich für wahr erklärt.

f. Gott hat den Gläubigen »und ihren Nachkommen« die Zusagen gegeben, die in 1. Mose 17,7 und Apostelgeschichte 2,38+39 nachzulesen sind. Vgl. auch 1. Korinther 7,14. Aus diesem Grunde wurde auf der Dordrechter Synode folgender Beschluß angenommen: »Da wir uns aus dem Wort Gottes ein Urteil über seinen Willen bilden sollen, und da dieses Wort bezeugt, daß die Kinder der Gläubigen nicht von Natur, sondern vermöge des Gnadenbundes, der sowohl ihre Eltern als auch sie selbst umfaßt, heilig sind, sollten gläubige Eltern die Erwählung und die Errettung ihrer Kinder nicht in Zweifel ziehen, wenn es Gott gefällt, sie in ihrer Kindheit aus diesem Leben abzuberufen« (I,17).

Fragen zu diesem Kapitel:

1. Warum hat dieses Thema eine so große Tragweite?
2. Beschreiben Sie zwei falsche Ansichten.
3. Welchen Wortlaut hat die amtliche Verlautbarung der Presbyterianischen Kirche?
4. Welchen Standpunkt vertraten Charles Hodge und Benjamin Warfield? Inwiefern unterscheidet sich dieser Standpunkt von den Ausführungen Herman Bavincks und Louis Berkhofs?
5. Was hat die Bibel über dieses Thema zu sagen?

Fragen zum weiteren Nachdenken

1. Sie wollen beweisen, daß zumindest einige Kinder aus ungläubigem Elternhaus errettet werden, wenn sie in ihrer Kindheit sterben. Können Sie sich dabei auf 1. Könige 14,13, Sacharja 8,5 oder Markus 10,14 stützen?
2. Halten Sie Charles Hodges Erklärung von Römer 5,18+19 für zutreffend?
3. Beweist 4. Mose 16,31-33, daß Kinder aus gläubigem Elternhaus verlorengehen können, wenn sie in ihrer Kindheit sterben?
4. Welchen Standpunkt vertrat Martin Luther (oder Huldrych Zwingli oder Johannes Calvin) in dieser Frage?
5. »Satan bekommt die meisten Seelen.« Stimmt das?
6. Was meinen wir, wenn wir vom »Alter der freien Willensbestimmung« sprechen? Wann erreicht ein Kind dieses Alter? Inwiefern sollten wir Kindern ihre Verantwortung Gott gegenüber nahelegen — und wann?

Biographische Notizen über die zitierten Theologen

Herman Bavinck (1854-1921) wurde in Hoogeveen in den Niederlanden geboren. Er war von 1882 bis 1902 Professor der Theologie in Kampen, danach lehrte er bis zu seinem Tod Dogmatik an der Freien Universität Amsterdam. Zu seinen wichtigsten Veröffentlichungen zählen neben seiner vierbändigen Gereformeerde Dogmatiek (1. Aufl. 1895-1899) zwei Schriften, die ins Deutsche übersetzt wurden: Christliche Weltanschauung (1907) und Philosophie der Offenbarung (1909; beide Titel im Verlag Carl Winter, Heidelberg, erschienen).

Louis Berkhof (1873-1957) lehrte von 1906 bis 1944 Altes Testament, Neues Testament und Dogmatik am Calvin Theological Seminary in Grand Rapids, Michigan. Sein Buch Systematic Theology (1939) ist ein Klassiker der evangelikalen Dogmatik und hat im englischsprachigen Raum zahlreiche Auflagen erlebt. Eine Zusammenfassung ist 1990 unter dem Titel Grundriß der biblischen Lehre im Verlag der Francke-Buchhandlung, Marburg, erschienen (TELOS Nr. 2189).

Loraine Boettner wurde im Bundesstaat Missouri geboren. Er studierte Agrarwirtschaft an der Universität Missouri und Theologie in Princeton und erhielt jeweils 1933 und 1957 einen Doktortitel. Boettner unterrichtete am Pikeville College in Kentucky und verfaßte zahlreiche Bücher und Artikel, darunter einen Beitrag zu dem von R. Clouse herausgegebenen Symposium Das tausendjährige Reich: 4 Standpunkte (in der Reihe »Die aktuelle Runde«; Marburg: Verlag der Francke-Buchhandlung, 1983).

Charles Hodge (sprich: Hodsch) war von 1822 bis 1878 Professor für orientalische und biblische Literatur an der Universität Princeton, wo er sich intensiv sowohl mit der Dogmatik als auch mit biblischer Exegese befaßte. Er reiste 1826 nach Deutschland, wo er sich zwei Jahre lang zusammen mit Friedrich August Tholuck und Ernst-Wilhelm Hengstenberg ausschließlich dem Studium der biblischen Schriften widmete. Zu seinen bekanntesten Veröffentlichungen zählen seine dreibändige Systematic Theology sowie Kommentare zum Römerbrief (1835) und zu den beiden Korintherbriefen (1857/1859).

Benjamin Breckinridge Warfield gilt als »eine der größten Kapazitäten auf dem Gebiet der Dogmengeschichte« (J. G. Machen) und als »der großartigste Verfechter, Ausleger und Verteidiger des klassischen reformierten Glaubens im 20. Jahrhundert« (D. M. Lloyd-Jones). In seinem Hauptwerk The Inspiration and Authority of Scripture (1948) verteidigte er die Lehre von der Verbalinspiration der Bibel.

14. Werden Menschen, die unerrettet sterben, danach eine Gelegenheit bekommen, sich zu bekehren?

Bibellese: Matthäus 25,1-13

1. Worum geht es genau?

Wir müssen uns unbedingt vor zwei falschen Auffassungen in acht nehmen. Da sind einerseits jene, die bestreiten, an eine »*zweite* Bewährungsprobe« oder »*zweite* Chance« zu glauben. Sie argumentieren folgendermaßen: »Wie auch viele andere Menschen haben die Heiden noch keine echte Chance gehabt, errettet zu werden. Wenn sie im Jenseits eine Gelegenheit bekommen, sich zu bekehren, dann handelt es sich eigentlich nicht um eine *zweite,* sondern um ihre *erste* Chance.« Darum habe ich bei der Formulierung der Frage, die als Kapitelüberschrift dient, bewußt auf die Wendung »zweite Chance« verzichtet.

Andererseits machen sich hier auch einige ausgezeichnete Lehrbücher eines Versäumnisses schuldig. Ihre Verfasser behandeln diesen ganzen Fragenkreis, als beträfe er ausschließlich den »Zwischenzustand« (den Zeitraum zwischen dem Tod eines Menschen und der Auferstehung). Das ist nicht ganz korrekt. Gewiß, beim Studium der Dogmengeschichte stoßen wir auf viele Einzelpersonen und Glaubensgemeinschaften, die die Möglichkeit, »sich noch im Jenseits zu bekehren«, auf den »Zwischenzustand« beschränken, aber das trifft nicht auf alle diese Gruppen zu. Die Zeugen Jehovas glauben beispielsweise, daß die Verstorbenen zwar »aufgehört haben zu existieren«, daß sie aber eines Tages »neu geschaffen werden«. Sie erscheinen »zum Abschluß der Geschichte« mit denselben Gedanken und denselben Worten wie im Augenblick ihrer »Auflösung«. Im Tausendjährigen Reich bekommen sie dann eine Gelegenheit, sich zu bekehren.

Ob nun eine Glaubensgemeinschaft oder eine Einzelperson glaubt, daß es während des »Zwischenzustands« oder bei der Auferstehung eine Gelegenheit geben wird, sich zu bekehren — auf jeden Fall ist man überzeugt, daß es irgendwann *nach dem Tode* eine solche Gelegenheit geben wird.

2. Die Argumente derer, die von einer künftigen Bewährungsprobe ausgehen

Nicht jede Gruppe führt die gleichen Argumente ins Feld, je nachdem, welche Theorie sie vertreten. Sie alle freilich legen großen Wert auf folgenden Gedanken: Die Gerechtigkeit Gottes verlangt, daß er den Menschen nach ihrem Tod eine Gelegenheit gibt, sich zu bekehren. Einige sind überzeugt, daß niemand verdammt werden wird, der das Heilsangebot nicht bewußt abgelehnt hat. Die Vertreter der Ansicht, daß zumindest einigen Menschen die Chance eingeräumt werden wird, sich im »Zwischenzustand« zu bekehren, berufen sich im allgemeinen auf 1. Petrus 3,18+19 und 1. Petrus 4,6. Diese Verse werden dann folgendermaßen ausgelegt: Christus sei zwischen seinem Tod und seiner Auferstehung in die Unterwelt hinabgestiegen und habe dort die Geister der Verlorenen aufgefordert, sich zu bekehren.

Schließlich gibt es solche, die die Gelegenheit, sich zu bekehren, mit der Auferstehung zum Abschluß der Weltgeschichte in Verbindung bringen. Sie beziehen »Schriftstellen, in denen es um die Wiederherstellung Israels geht«, auf die künftige Wiederherstellung und Prüfung aller Menschen — eine Auslegung, die allerdings aus der Luft gegriffen ist. Sie fügen meistens hinzu, daß die Auferweckung all dieser Menschen ihnen eine Gelegenheit geben wird, aus ihrer früheren Erfahrung Nutzen zu ziehen. »Diese frühere Erfahrung wird einerseits abschreckend wirken, andererseits als Anreiz zu Besserem dienen.« Wenn sie sich aber dazu entschließen, in der Sünde zu verharren, werden sie mit »Vernichtung« bestraft.

3. Der Schriftbeweis dafür, daß es sich um eine Irrlehre handelt

a. Nach Aussage der Heiligen Schrift steht es uns nicht zu, Gott vorzuschreiben, was gerecht oder ungerecht ist. Der Mensch ist in Adam verloren, fügt seiner bisherigen Schuld jeden Tag weitere Sünden hinzu und hat weder ein angeborenes Recht auf das Heil noch darauf, vom Heilsweg zu hören. Siehe z.B. Daniel 4,32; Römer 9,20.

b. Es ist nicht wahr, daß ein Mensch erst verdammt wird, wenn er das Heilsangebot abgelehnt hat (Röm. 1,32; 2,12; Offb. 21,8).

c. Betrachten wir 1. Petrus 3,18+19. Bei der Auslegung, die von den Verfechtern einer künftigen Bewährungsprobe vertreten wird, handelt es sich »um eine sehr fragwürdige Interpretation dieses äußerst schwierigen Abschnitts vom ersten Petrusbrief« (A. T. Robertson, *Word Pictures,* Bd. VI, S. 117). Selbst wenn ihre Auslegung korrekt wäre, würde sie nicht ausreichen, um die betreffende Theorie zu beweisen — es sei denn, man nimmt an, daß im »Reich der verstorbenen Gottlosen« *fortwährend* missioniert wird. Es ist auch schwer einzusehen, warum Christus unzählige Verlorene übergangen, aber die in der Sintflut Umgekommenen zum Gegenstand seiner missionarischen Tätigkeit in der Unterwelt erwählt haben soll, obwohl gerade sie bereits in diesem Leben Gelegenheit hatten, Buße zu tun (1. Mose 6,3 — Luthertext 1914; Hebr. 11,7). Was 1. Petrus 4,6 betrifft, so weist der Kontext (siehe Vers 5) eindeutig darauf hin, daß es sich bei den »Toten«, denen das Evangelium gepredigt wird, um Menschen handelt, die tot sein werden, wenn Jesus als Richter wiederkommt. Dieser Text bedeutet also nicht, daß das Evangelium Menschen gepredigt wird, die sich im Zustand des Todes (im »Zwischenzustand«) befinden.

d. Der gedankliche Sprung von der Wiederherstellung Israels zu einer künftigen Bewährungsprobe für die gesamte Menschheit ist exegetisch unhaltbar.

e. Nach Aussage der Schrift kann am Zustand verstorbener Ungläubiger nichts mehr geändert werden. Im Gleichnis Lukas 16,19-31 erhält der reiche Mann nach seinem Tod keine weitere Gelegenheit, sich zu bekehren. Die Gottlosen werden zur Strafe bis zum Tag des Jüngsten Gerichts »aufbewahrt« (2. Petr. 2,4+9). Ihnen ist »das Dunkel der Finsternis« vorbehalten, und zwar »in Ewigkeit« (Jud. 13).

f. Wenn der Bräutigam kommt, gehen die, die bereit sind, mit ihm zusammen hinein zur Hochzeit. Alle anderen werden die Tür verschlossen finden (Mt. 25,10-13). Dieses Ausgeschlossensein gilt für alle Ewigkeit (Mt. 25,46). Die Auferstehung geschieht entweder »zum Leben« oder »zum Gericht«, aber nicht »zur Bewährungsprobe« (Joh. 5,28+29). Die Auferweckten werden nicht nach dem gerichtet, was sie im Jenseits, sondern nach dem, was sie »bei Leibesleben« getan haben (Mt. 7,22+23; 10,32+33; 25,34-46; Lk. 12,47+48; 2. Kor. 5,9+10; Gal. 6,7+8; 2. Thess. 1,8+9).

g. Nach dem Tod gibt es keine Bewährungsprobe, sondern das Gericht (Hebr. 9,27).

h. Die Schrift macht deutlich: Der Tag des Heils ist »jetzt« und nicht irgendwann in der Zukunft, also weder im »Zwischenzustand« noch zum Abschluß der Weltgeschichte (Ps. 95,7+8; 2. Kor. 6,2).

Fragen zu diesem Kapitel

1. Manche Glaubensgemeinschaften sind der Überzeugung, daß Menschen, die unerrettet sterben, im Jenseits eine Gelegenheit erhalten werden, sich zu bekehren. Sind sie sich aber darin einig, daß diese »künftige Bewährungsprobe« dem »Zwischenzustand« zwischen Tod und Auferstehung zuzuordnen ist?

2. Welche Argumente führen die an, die in der einen oder anderen Form die Überzeugung vertreten, daß die Verstorbenen eine Gelegenheit bekommen werden, sich zu bekehren?

3. Steht es uns zu, Gott vorzuschreiben, was gerecht oder ungerecht ist? Belegen Sie Ihre Antwort aus der Bibel.

4. Ist es wahr, daß niemand verdammt wird, der nicht vorher das Heilsangebot Gottes abgelehnt hat?

5. Nennen Sie weitere Argumente, aus denen hervorgeht, daß Menschen, die gestorben sind, keine Gelegenheit mehr erhalten werden, sich zu bekehren.

Fragen zum weiteren Nachdenken

1. Wie deuten Sie 1. Petrus 3,18+19?

2. Wie wirkt sich die Lehre von einer »künftigen Bewährungsprobe« auf Mission und Evangelisation aus?

3. Kennen Sie die Lebensgeschichte von Pastor Russell, dem Gründer der Zeugen Jehovas?

4. Zählen Sie, sofern es Ihnen möglich ist, die Hauptlehren der Zeugen Jehovas auf. Wie verhält man sich am besten gegenüber Zeugen Jehovas?

5. Was ist die wichtigste Lektion, die wir aus dem Gleichnis von den fünf weisen und den fünf törichten Jungfrauen ziehen können?

Allgemeine Eschatologie

IV. DIE ENDZEITZEICHEN

1. Welche Gruppe hat die richtige Einstellung — die Laodizäer, die Thessalonicher oder die Leute von Smyrna?

Bibellese: Offenbarung 3,14-22; 2. Thessalonicher 2,1+2; 3,6-12; Offenbarung 2,8-11

1. Der Herr ist nahe

Paulus teilte den Thessalonichern mit, daß ihr Herr »wie ein Dieb in der Nacht« wiederkommen werde (1. Thess. 5,2).

Später wurde den Gemeinden in Kleinasien mitgeteilt, daß Jesus »mit den Wolken« kommen werde und daß die Zeit nahe sei (Offb. 1,3+7).

Die Gemeinde lebt seit den Tagen der Menschwerdung Jesu in der »Endzeit«. Und wenn die »Zeichen der Zeit« (Mt. 16,3) schon während der irdischen Wirksamkeit Jesu deutlich zu erkennen waren — die Pharisäer und Sadduzäer erhielten einen Tadel, weil sie nicht darauf achteten —, dann sind sie sicherlich auch heute erkennbar.

Aber die Menschen beurteilen diese Zeichen unterschiedlich, Männer von Laodizäa, *einige* in Thessalonich, und die Einstellung der Gemeinde in Smyrna.

2. Die Laodizäer

Die Einstellung der Laodizäer wird als »Lauheit« bezeichnet. Sie waren zu sehr mit irdischen Angelegenheiten beschäftigt, um sich um geistliche Dinge zu kümmern (vgl. Lk. 17,26-32), schon gar nicht um die »selige Hoffnung«. Wenn jemand den Laodizäern die völlige Befreiung von Sünde und Fluch in Aussicht stellte, rief diese frohe Botschaft bei ihnen weder Dankbarkeit noch Lobpreis hervor. Sie machten sich kaum Gedanken über ihre eigene Sündhaftigkeit. Sie waren doch schon längst am Ziel!

Jesus fühlte sich von der Lauheit der Laodizäer angewidert. Weit davon entfernt, die reichen Leute zu sein, für die sie sich halten, sind sie in Wirklichkeit sehr arm.

Obwohl er ihr fehlendes Interesse an geistlichen Dingen verabscheut, ermahnt er sie dennoch mit eindringlichen Worten: »Welche ich lieb habe, die strafe und züchtige ich. So mache dich auf und tue Buße! Siehe, ich stehe vor der Tür und klopfe an. So jemand meine Stimme hören wird und die Tür auftun, zu dem werde ich eingehen und das Abendmahl mit ihm halten und er mit mir« (Offb. 3,19+20).

Gleichgültigkeit gegenüber geistlichen Dingen, Lauheit im Hinblick auf die Zeichen der Zeit — diese Einstellung haben noch viele Menschen. Der Herr richtet seinen eindringlichen Bußruf auch an sie.

3. Einige Menschen in Thessalonich

Aus geistlicher Perspektive betrachtet, stand es im großen und ganzen gut um die Gemeinde in Thessalonich. Das galt jedoch nicht für *alle* Mitglieder der Gemeinde. Was Paulus über die herrliche Wiederkunft Christi zu sagen hatte, führte bei einigen zu einem verkehrten Verhalten. Sie waren beunruhigt — vergleichbar den Schiffen, die von Wind und Wellen umhergeworfen werden. Einige gaben sogar ihre Arbeit auf! Es ging ihnen nur noch um die zukünftigen Dinge.

Die Meinung dieser Leute mußte richtiggestellt, ihr unordentliches Verhalten streng getadelt werden.

Auch heute gibt es schwärmerische Menschen, die lieber Spekulationen über die Zukunft anstellen als ihren gegenwärtigen Pflichten nachzugehen. Sie sind sensationslustig, begierig nach »Endzeitthemen«. Für sie hat nur noch das »prophetische Wort« Bedeutung und Wert. Diese Einstellung der Thessalonicher ist fast genauso schlimm wie die Lauheit der Laodizäer. Sie sollten sich die Worte zu Herzen nehmen, die Paulus an die Philipper richtete: »Der Herr ist nahe! Sorgt euch um nichts« (Phil. 4,5+6).

4. Die Leute von Smyrna

Die Gemeinde in Smyrna hatte die richtige Einstellung. Sie war weder von Lauheit noch von Nervosität und Sensationslust, sondern von *Treue* geprägt. Die Leute von Smyrna erlitten zwar Armut und Trübsal und mußten erbitterten Widerstand von denen hinnehmen, die von sich behaupteten, die Synagoge Gottes zu sein, aber in Wirklichkeit die Synagoge Satans waren; dennoch hielten sie ihrem Herrn und Heiland Jesus Christus die Treue. Sie waren deshalb trotz ihrer materiellen Armut reich im Geist. Der Teufel wird einige von ihnen ins Gefängnis werfen, und sie werden zum Zweck der tieferen Heiligung eine kurze Periode der Prüfung überstehen müssen, aber am Ende wartet die Krone des Lebens auf sie. Sie sollen an ihrer Treue festhalten, auch wenn es sie das Leben kostet. Kein Geringerer als der Herr selbst wird ihnen ihre Krone überreichen.

Wie auch die besseren Glieder der Gemeinde in Thessalonich »warteten« die Leute von Smyrna »auf Gottes Sohn vom Himmel« (1. Thess. 1,10). Sie waren sich der letzten Dinge voll und ganz bewußt, gingen aber zugleich ihren geistlichen Pflichten im Hier und Jetzt mit einer solchen Hingabe nach.

Dies ist auch heute die einzig richtige Einstellung. Aus vielen Begebenheiten wird deutlich, daß das Kommen des Herrn immer näher rückt. Wir sollten die Aussagen der Heiligen Schrift zu diesem Thema sorgfältig studieren. Lukas 21,28 zeigt die richtige Haltung: »Wenn aber dieses anfängt zu geschehen, so sehet auf und erhebet eure Häupter, darum daß sich eure Erlösung naht.«

5. Kurze Zusammenfassung unserer Besprechung der »Zeichen«

A. *Die zwei einleitenden Zeichen:*

1. Das erste Zeichen: das Zeitalter des Evangeliums, d. h. die Verkündigung des Evangeliums unter allen Völkern. Dies fällt zusammen mit dem Tausendjährigen Reich auf Erden bzw. mit der Bindung Satans.
2. Das zweite Zeichen: Satans »kleine Zeit«. Unter diese Überschrift gehören folgende Punkte:
a. Der große Abfall
b. Die große Trübsal
c. Die Herrschaft des Antichristen
d. Weitere Zeichen

B. *Das letzte große Zeichen:* Das Erscheinen des Menschensohnes auf Wolken der Herrlichkeit mit weiteren erschütternden Zeichen im Bereich der Natur.

C. *Fragen bezüglich der Gründung des Staates Israel und der Bekehrung der Juden.* Viele halten auch diese Ereignisse für Zeichen der Wiederkunft Christi.

D. *Das Tausendjährige Reich.* Da das Tausendjährige Reich nach Offenbarung 20 der Wiederkunft Jesu *vorausgeht,* müßten wir, um die logische Reihenfolge einzuhalten, das Tausendjährige Reich zuerst besprechen und danach erst die Wiederkunft. Hinzu kommt, daß das Zeitalter des Evangeliums und das Tausendjährige Reich auf Erden deckungsgleich sind (siehe oben, A 1). Es handelt sich um eines der beiden einleitenden Zeichen. Das Tausendjährige Reich hat jedoch auch einen himmlischen Aspekt. Es gibt ein Tausendjähriges Reich im Himmel, bei dem die Heiligen (bzw. ihre Seelen) die Herrschaft ausüben. Dies kann kaum für die Menschen, die noch auf der Erde leben, ein »Zeichen« sein. Darum habe ich es vorgezogen, das Tausendjährige Reich erst am Ende dieses Abschnitts zu besprechen.

Fragen zu diesem Kapitel

1. Nennen Sie die drei Einstellungen gegenüber den »Zeichen der Zeit«.
2. Beschreiben Sie den Zustand und die Einstellung der Laodizäer.
3. Beschreiben Sie die Einstellung einiger Glieder der Gemeinde in Thessalonich.
4. Beschreiben Sie die Situation und die Einstellung der Leute von Smyrna.

5. Zählen Sie noch einmal die Punkte auf, die in der Zusammenfassung unserer Besprechung aufgeführt wurden.

Fragen zum weiteren Nachdenken

1. Welche Botschaft über die Wiederkunft des Herrn enthalten folgende Verse: Matthäus 24,48; Hebräer 10,37; Offenbarung 22,7? Siehe auch Matthäus 24,42; 25,13; Offenbarung 16,15.
2. Die Wiederkunft Jesu rückt immer näher. Können wir daraus schließen, daß sie unmittelbar bevorsteht?
3. Hat Jesus gewußt oder sogar gelehrt, daß noch einige Zeit bis zu seiner Wiederkunft vergehen würde? Siehe Matthäus 25,5; 25,19.
4. Hat Paulus gewußt, daß noch einige Zeit bis zur Wiederkunft Jesu vergehen würde? Siehe 2. Thessalonicher 2,2. Hat Petrus es gewußt? Siehe 2. Petrus 3,3-9.
5. Meint Jesus, wenn er von seinem »Kommen« spricht, stets seine Wiederkunft am Ende des gegenwärtigen Zeitalters? Belegen Sie Ihre Antwort aus der Schrift.

2. Das erste Zeichen: Das Zeitalter des Evangeliums. Was ist damit gemeint?

Bibellese: Matthäus 24,14; Epheser 2,11-20

1. Der Rahmen

Es ist der Dienstag in der Karwoche. Jesus und seine Jünger sind im Begriff, den Tempelhof zu verlassen (Mt. 24,1). Die Jünger machen Jesus darauf aufmerksam, wie prachtvoll das Gotteshaus gebaut ist: »Meister, siehe, was für Steine und was für Bauten!« (Mk. 13,1). Jesus macht daraufhin eine erstaunliche Voraussage: Der Tempel wird zerstört werden (Mt. 24,2).

Ein wenig später sitzt Jesus mit seinen Jüngern auf dem Ölberg. Sie sehen zu dem wunderschönen Tempel auf der anderen Seite vom Tal hinüber. Kaum vorstellbar, daß er völlig zerstört werden wird! Petrus, Jakobus, Johannes und Andreas stellen Jesus eine Frage: »Sage uns, wann wird das geschehen? Und welches wird das Zeichen sein deines Kommens und des Endes der Welt?« (Mt. 24,3). Sie setzen die Zerstörung Jerusalems mit dem Ende der Welt gleich. Damit haben sie aber unrecht. Die Zerstörung Jerusalems ist zwar ein Schattenbild auf das Ende der Welt, aber sie ist nicht der Auftakt zum Ende der Welt.

Im weiteren berichtigt Jesus ihren Irrtum. Er sagt ihnen, das Auftreten falscher Propheten oder Erscheinungen wie Kriege und Kriegsgeschrei seien nur »der Anfang der Wehen«. Er denkt bei diesem Ausspruch nicht in erster Linie an das Ende der Welt, sondern an die Zerstörung Jerusalems und des Tempels. Dies geht sehr deutlich aus der Erklärung hervor, die uns im Lukasevangelium überliefert ist:

»Wenn ihr aber hören werdet von Kriegen und Empörungen, so entsetzt euch nicht. Denn solches muß zuvor geschehen; aber das Ende ist noch nicht so bald da. Dann sprach er zu ihnen: Ein Volk wird sich erheben wider das andere und ein Reich wider das andere, und es werden geschehen große Erdbeben und hin und her Pestilenz und teure Zeit; auch werden Schrecknisse und große Zeichen vom Himmel geschehen ... Wenn ihr aber sehen werdet *Jerusalem* belagert von einem Heer, so merket, daß herbeigekommen ist seine Verwüstung« (Lk. 21,9-20; Kursivschrift hinzugefügt).

Jesus sagt hier mit anderen Worten: Kriege und Kriegsgeschrei, Hungersnöte, Erdbeben usw. mögen zwar Zeichen sein, aber sie sind nicht das Zeichen dafür, daß die Zerstörung Jerusalems unmittelbar bevorsteht. Das entscheidende Zeichen ist die Belagerung Jerusalems durch ein ausländisches Heer.

2. Das Zeichen selbst

Die Jünger hatten folgende Frage gestellt: »Sage uns, wann wird das geschehen? Und welches wird das Zeichen sein deines Kommens und des Endes der Welt?« Jesus hatte zunächst auf den ersten Teil der Frage eine Antwort gegeben. Im weiteren beantwortete er auch den zweiten Teil. Siehe Matthäus 24,14+21. Welche Zeichen würden das Kommen Christi und das Ende der Welt anzeigen? Der Herr Jesus macht hier deutlich, daß seiner Wiederkunft zwei große Zeichen vorausgehen werden. Es sind: *a. »die Verkündigung des Evangeliums in der ganzen Welt zum Zeugnis für alle Völker«; b. »eine große Trübsal, wie sie nicht gewesen ist von Anfang der Welt bisher und auch nicht wieder werden wird«.* Deshalb wissen wir ohne jeden Zweifel, daß Jesus erst dann wiederkommen wird, wenn diese beiden Voraussagen in Erfüllung gegangen sind.

Wenn Jesus sagt, das Evangelium werde unter »allen Völkern« verkündigt werden, meint er damit nicht, daß »jeder Mensch eine Gelegenheit bekommen wird, sich zu bekehren«. Er verspricht nur, daß die Völker der Welt irgendwann im Verlauf der Menschheitsgeschichte eine Gelegenheit bekommen werden, das Evangelium zu hören. Es wird ihnen zudem »zum Zeugnis« verkündigt: Ihre Entscheidung, es anzunehmen oder abzulehnen, wird endgültig über ihr Schicksal bestimmen. Eine »zweite Chance« wird ihnen nicht in Aussicht gestellt. Es wird nicht *zwei* Zeitalter des Evangeliums geben, eines jetzt und das andere in der Zukunft, nach der Wiederkunft Jesu. Was ein Volk im Diesseits aus seiner großen Gelegenheit macht, entscheidet darüber, wie es diesem Volk in der Ewigkeit ergehen wird. Das »Zeitalter des Evangeliums« ist mit dem »Tausendjährigen Reich auf Erden« gleichzusetzen (siehe Seite 77).

Die Feststellung, die Jesus hier trifft, ist von sehr großer Tragweite. Gewiß, es war schon zur Zeit des alten Bundes offenbart worden, daß das heilbringende Evangelium eines Tages den Völkern der Welt verkündigt werden würde. Gott hatte Abraham zugesagt: »In dir sollen gesegnet werden alle Geschlechter auf Erden« (1. Mose 12,3). Der Psalmist hatte eine Zeit beschrieben, in der der Messias »herrschen wird von einem Meer bis ans andere, und von dem Strom bis zu den Enden der Erde« (Ps. 72,8). Vgl. Psalm 87. Und Jesaja hatte infolge einer prophetischen Vision die herrlichen, trostreichen Worte geschrieben: »Und die Heiden werden zu deinem Lichte ziehen und die Könige zum Glanz, der über dir aufgeht« (Jes. 60,3). Vgl. Jesaja 54,1-3;

Amos 9,11+12; Micha 4,1+2; Maleachi 1,11. Aber erst zur Zeit des Neuen Bundes wurde vollkommen deutlich, daß die Heiden in großer Anzahl in das Reich Gottes eingehen (Mt. 8,11; 13,31+32; Lk. 2,32) und dabei die gleiche Stellung haben wie diejenigen, die aus dem alttestamentlichen Bundesvolk kommen werden, da die »Scheidewand« abgebrochen worden ist. Außerdem begannen diese Prophetien erst zur Zeit der Apostel in Erfüllung zu gehen (Apg. 15,14; Eph. 1,9-14; 2,11-20).

Wir müssen an dieser Stelle unterstreichen, daß die weltweite Missionsbewegung in den letzten 200 Jahren (insbesondere seit 1792) große Fortschritte gemacht hat. Die Botschaft vom Heil in Jesus Christus, die vor nicht allzu langer Zeit nur in bestimmte Gebiete vorgedrungen war, ist fast um die ganze Welt gegangen. Jesus sagt uns, daß das Evangelium in der ganzen Welt gepredigt werden wird zum Zeugnis für alle Völker. *Und dann wird das Ende kommen.* Die Erfüllung dieser Verheißung rückt immer näher. Wir sollten dies zur Kenntnis nehmen und uns darum bemühen, durch Gebet und Arbeit die vollständige Erfüllung herbeizuführen.

Fragen zu diesem Kapitel

1. Aus welchem Anlaß und in welchem Rahmen machte Jesus die Voraussagen, die wir in diesem Kapitel besprochen haben?
2. Welche beiden großen Zeichen werden der Wiederkunft Jesu vorausgehen?
3. Können wir aus dem ersten dieser beiden Zeichen schließen, daß jeder einzelne Mensch eine Gelegenheit bekommen wird, sich zu bekehren? Wenn nicht, was ist hier gemeint?
4. Wird es zwei »Zeitalter des Evangeliums« geben, eines jetzt und ein zweites nach der Wiederkunft Jesu?

Fragen zum weiteren Nachdenken

1. Machen Sie sich mit der Geschichte der Missionsbewegung vertraut.
2. Zeigen Sie auf, daß das erste große Zeichen dabei ist, vor unseren Augen in Erfüllung zu gehen, so wie es seit Pfingsten stets dabei war, in Erfüllung zu gehen. Aber heute mehr denn je!
3. Beschreiben Sie die Fortschritte, die in diesem Jahrhundert im Bereich der Bibelübersetzung und Bibelverteilung erzielt worden sind. Wie können wir diese wichtige Arbeit unterstützen?
4. Warum sollten wir gerade in der heutigen Zeit alles in unserer Macht Stehende tun, um das Werk der Mission und Evangelisation voranzubringen?
5. Kann man aus dem evangelistischen Eifer einer Gemeinde oder Denomination folgern, daß sie eine gesunde und reine Lehre verkündigt? Ist es vorgekommen, daß ein wachsender Missionseifer mit einem Rückgang der reinen Lehre einhergegangen ist? Nennen Sie, falls es Ihnen möglich ist, ein Beispiel. Welche Lektion können wir daraus lernen?

3. Das zweite Zeichen: Satans »kleine Zeit«. Was ist der »große Abfall«?

Bibellese: Lukas 17,26-37

1. Die Beziehung zwischen der »großen Trübsal«, dem »großen Abfall« und der »Herrschaft des Antichristen«

Während des »Zeitalters des Evangeliums« wird die Botschaft des Heils in der ganzen Welt gepredigt zum Zeugnis für alle Völker. Darauf folgt eine Zeit beispielloser Not. Echte Christen werden während dieser Zeit »große Trübsal« erleiden und grausam verfolgt werden. Der Grund hierfür ist, daß zahllose Menschen von dem Glauben »abfallen« werden, zu dem sie sich eine Zeitlang bekannt hatten. Es wird einen »großen Abfall« oder eine »große Apostasie« geben. Lesen Sie selbst in 2. Thessalonicher 2,3. Die Abgefallenen werden anfangen, die Menschen zu verfolgen, die am Glauben festhalten.

An der Spitze dieser »Abtrünnigenbewegung« steht ein sehr gottloser Führer, der Antichrist. Siehe S. 64ff. Demnach sind die »große Trübsal«, der »große Abfall« und die »Herrschaft des Antichristen« drei Bezeichnungen für einen abschließenden Geschichtsabschnitt, der der glorreichen Wiederkunft Christi unmittelbar vorausgeht. Dieser Geschichtsabschnitt wird auch als »Satans kleine Zeit« bezeichnet (Offb. 20,3.7+8).

Der Abschnitt, in dem vom kommenden »Abfall« die Rede ist, lehrt keineswegs, daß Gotteskinder »aus der Gnade fallen« werden. Einen solchen »Abfall« gibt es nicht (Joh. 10,27+28). Gemeint ist, daß der Glaube der Väter — ein Glaube, an dem die Nachkommen eine Zeitlang der Form halber festhalten — von vielen aufgegeben wird. In diesem Sinn wird es sich um ein echtes »Abfallen« handeln. Es wird auf breiter Ebene stattfinden: »Dann werden *viele* der Anfechtung erliegen ... Und es werden sich *viele* falsche Propheten erheben und werden *viele* verführen ... Und weil der Unglaube wird überhandnehmen, wird die Liebe in *vielen* erkalten« (Mt. 24,10-13). Die Geschichte wiederholt sich; oder vielmehr: Prophetien gehen mehrfach in Erfüllung, wie wir bereits festgestellt haben. Was gegen Ende der alttestamentlichen Heilszeit unter der Herrschaft des gottlosen Antiochus Epiphanes (175-164 v. Chr.) und noch einmal während der schrecklichen Belagerung Jerusalems im Jahre 70 n. Chr. geschah, wird gegen Ende der neutestamentlichen Heilszeit ein weiteres Mal in noch größerem Umfang geschehen.

2. Zwei Merkmale des »großen Abfalls«

a. *Falsche Sicherheit und Materialismus, gefolgt von plötzlichem, unerwartetem Verderben.*
Das sagt Lukas 17,26-33 aus. In dieser Passage werden die Menschen dieses letzten Geschichtsabschnitts beschrieben. Sie werden essen und trinken, heiraten und sich heiraten lassen, kaufen und verkaufen, pflanzen und bauen, geradezu wie in den Tagen Noahs oder Lots. Wie damals, so wird es auch in der Endzeit sein: Das Verderben wird so plötzlich über sie hereinbrechen, daß, wer auf dem Dach sein wird, nicht mehr ins Haus zurückkehren kann, um seine Schätze in Sicherheit zu bringen. Wer auf dem Felde sein wird, der wird nicht mehr nach Hause zurückkehren können, um von seinem Besitz etwas zu retten. Lots Frau, die zurückschaute, dient als warnendes Beispiel.

Aber was ist denn daran so verwerflich, daß man ißt und trinkt, heiratet und sich heiraten läßt, kauft und verkauft, pflanzt und baut? Aktivitäten dieser Art sind an sich nicht verkehrt, wir können sogar Gott durch sie verherrlichen (1. Kor. 10,31); aber wenn sie zum Selbstzweck werden, so daß die Seele ganz davon in Anspruch genommen wird und ihre geistlichen Bedürfnisse vernachlässigt, werden sie zum Fluch und sind nicht länger ein Segen.

b. *Ein scharfer Gegensatz zwischen den »Abgefallenen« einerseits und den echten Christen andererseits.*
Natürlich haben viele, die dem Glauben der Väter voll und ganz den Rücken gekehrt haben, weiterhin den Wunsch, als Christen zu gelten Aber ihr Leben zeigt, daß sie keine echten Christen sind. Überdies wird das Gericht, das sie bei der Wiederkunft Christi so plötzlich überfallen wird, offenbar machen, daß sie nicht zur Schar der Erwählten gehören. Dies geht aus Lukas 17,35-37 sehr deutlich hervor. Wenn Jesus in Herrlichkeit wiederkommt, kann es sein, daß Zwei das gleiche tun: Sie liegen auf *einem* Bett. Oder wiederum: Zwei verrichten gemeinsam die gleiche Arbeit — sie mahlen Getreide. In beiden Fällen wird jedoch *einer* (der wahre Christ) angenommen, um dem Herrn in der Luft zu begegnen, während der andere (der »Namenschrist«, der »Abgefallene«) seinem schrecklichen Schicksal überlassen wird: dem ewigen Verderben. Und dies wird nicht nur an einem bestimmten Ort geschehen. Überall, wo Abtrünnige zu finden sind, wird das Verderben sie überfallen. Im ganzen gesehen, werden die Abtrünnigen mit einem Aas verglichen (siehe Mt. 24,28). Es handelt sich hier um eine Metapher, eine Bildrede. Adler und Geier sind nicht sehr wählerisch, was den Ort betrifft, an dem sie solch ein Aas finden. Ganz gleich, wo es ist, sie verschlingen es.

Fragen zu diesem Kapitel

1. Wir nennen den letzten Geschichtsabschnitt, in dessen Verlauf es eine schreckliche Christenverfolgung geben wird, die »große Trübsal«. Welche weiteren Bezeichnungen gibt es hierfür?

2. Wenn es stimmt, daß Christen nicht »aus der Gnade fallen«, wie kann es zu einem »großen Abfall« — einer weitverbreiteten Apostasie vom christlichen Glauben — kommen?

3. Welche Merkmale des »großen Abfalls« werden in Lukas 17,26- 37 deutlich? Beschreiben Sie sie ausführlich!

4. Erklären Sie das Bibelwort: »Wo das Aas ist, da sammeln sich auch die Geier.«

5. Wer wird die große »Abtrünnigenbewegung« anführen?

Fragen zum weiteren Nachdenken

1. Erkennen Sie in der heutigen Christenheit Anzeichen dafür, daß der »große Abfall« bald eintreten könnte? Entdecken Sie beispielsweise falsche Sicherheit, Materialismus oder Rebellion gegen die Gebote Gottes?

2. Was können wir für unsere Kinder tun, damit sie nicht von der rasch nahenden Flut des Bösen mitgerissen werden?

3. Hat es eine Lockerung der Maßstäbe gegeben im Zusammenhang mit der Ehe, mit weltlichen Vergnügungen oder mit unserem Bekenntnis zur Unfehlbarkeit der Schrift? Sind heutige Gemeinden so wachsam, daß sie diese Übel merken und dagegen vorgehen können?

4. Sind Gemeindeglieder sich heute ebensosehr der Gefahr der Apostasie bewußt wie Christen einer früheren Generation?

5. Wird Gnade vererbt?

4. Das zweite Zeichen: Satans »kleine Zeit«. Was ist die »große Trübsal«?

Bibellese: Matthäus 24,15-30

1. Die Trübsal darf nicht ausschließlich auf die Zerstörung Jerusalems bezogen werden.

Der »große Abfall« und die »große Trübsal« treffen natürlich zusammen. Mit der »großen Trübsal« ist hier nicht — wie beispielsweise in Johannes 16,33 und Offenbarung 7,14 — Trübsal im allgemeinen gemeint, sondern eine ganz bestimmte Trübsalsperiode. Jesus spricht von der »Trübsal jener Zeit«. Er macht sehr deutlich, was er meint. So sagt er beispielsweise, daß es eine so schreckliche Trübsal geben werde, »wie sie nicht gewesen ist von Anfang der Welt bisher und auch nicht wieder werden wird«, und daß diese Tage um der Auserwählten willen verkürzt würden.

Was will Jesus damit sagen? Bezieht er sich auf eine Zeit der Angst und der grausamen Verfolgung, die dem Ende der Welt unmittelbar vorausgeht, oder meint er hier ausschließlich die Schrecken, die Jerusalem 70 n. Chr. erleiden mußte, als die Stadt und ihr wunderschöner Tempel zerstört wurden?

An der Überzeugung, daß der Herr in Matthäus 24,15-30 auch an die Trübsal dachte, die über Jerusalem kommen sollte, wird niemand etwas auszusetzen haben. Er sagt ja selbst: »Alsdann fliehe auf die Berge, wer im jüdischen Land ist.« Siehe auch Lukas 21,20-24. Manche beziehen allerdings die Trübsal allein auf die Zerstörung Jerusalems. Dieser Standpunkt ist exegetisch unhaltbar. Man kann folgende Einwände dagegen erheben:

a. Wenn wir die Bedeutung des Abschnitts auf diese Weise einschränken, dann hat Jesus den zweiten Teil der Frage, die die Jünger ihm gestellt hatten, nicht beantwortet und ist nicht auf das »Zeichen seines Kommens und des Endes der Welt« eingegangen.

b. Der »Trübsalsabschnitt« (Verse 15-30) kommt erst nach der Voraussage Jesu, daß das Evangelium in der ganzen Welt gepredigt werden wird (Vers 14). Diese Voraussage bildet gewissermaßen eine Trennlinie.

c. Aus Vers 29 geht sehr deutlich hervor, daß die Trübsal, an die Jesus denkt, seinem zweiten Kommen unmittelbar vorausgeht, bei dem alle Geschlechter auf Erden wehklagen werden, wenn sie den Menschensohn auf den Wolken des Himmels kommen sehen.

d. Die erhabene Sprache von Vers 36 steht der Auslegung, nach der lediglich die Zerstörung Jerusalems gemeint ist, entschieden entgegen. Jesus wollte uns gewiß nicht zu verstehen geben, daß weder die Engel im Himmel noch der Sohn den Zeitpunkt der Zerstörung Jerusalems wußten.

e. Die Kapitel 24 und 25 gehören zusammen. Bezieht sich die erhabene Sprache von Matthäus 24,29-31 lediglich auf die Zerstörung Jerusalems im Jahre 70 n. Chr., dann müssen dementsprechend die sehr ähnlichen Worte des Abschnitts Matthäus 25,31-46 ebenfalls als Bezugnahme auf die Zerstörung Jerusalems ausgelegt werden. In beiden Abschnitten heißt es, daß der Menschensohn in Herrlichkeit erscheint und daß die Völker vor ihm versammelt werden. Matthäus 25,46 beweist aber, daß das Ende des Zeitalters gekommen ist, denn die Gottlosen gehen in die ewige Pein, aber die Gerechten in das ewige Leben.

Aber wie kann sich Jesus gleichsam in einem Atemzug sowohl auf die Not Judäas als auch auf die »große Trübsal« während der Herrschaft des Antichristen am Ende der Menschheitsgeschichte beziehen? Die Antwort ist einfach. Bei seiner prophetischen Schilderung der kurzen Epoche der »großen Trübsal« am Ende der Geschichte verwendet Jesus Bilder, die auf die Zerstörung Jerusalems durch die Römer zutreffen. Die Katastrophe, die bald über die Stadt hereinbrechen sollte, ist ein Schattenbild, das auf die Trübsal am Ende der Geschichte hinweist. (Hier gilt das, was wir früher über »prophetische Verkürzung« und »mehrfaches In-Erfüllung-Gehen« gesagt haben.)

2. Die »große Trübsal« geht der Parusie (der Wiederkunft Jesu) voraus.

Es gibt eine weitere Schwierigkeit. Meinungsverschiedenheiten bestehen auch unter denen, die der Überzeugung sind, diese Voraussage beziehe sich auf die »Endzeit«. Viele »Dispensationalisten« glauben beispielsweise nicht, daß die »große Trübsal« der Wiederkunft («Parusie«) des Herrn vorausgeht; ihrer Ansicht nach findet sie erst nach der Wiederkunft statt, nachdem die Gemeinde dem Herrn entgegen in die Luft »entrückt« worden ist. Nach dieser Sichtweise gelten die Tage der »großen Trübsal« auf Erden nicht der Gemeinde, sondern den Juden. Es handelt sich um »die Zeit der Angst für Jakob« (Jer. 30,7).

Aber diese Erklärung ist unbefriedigend. Der Leser möge dies anhand einer näheren Untersuchung der entsprechenden Bibelstellen selbst nachprüfen. In Matthäus 24 spricht der Herr Jesus über sein »Kommen« — hier wird sogar das Wort »parousia« verwendet — am »Ende der Welt« (Mt. 24,3). Genau dasselbe Wort («parousia«) verwendet er auch später im selben Kapitel (Verse 37+39). Wenn er also in Vers 30 davon spricht, daß »der Menschensohn auf den Wolken des Himmels mit großer Kraft und Herrlichkeit *kommt*«, ist es logisch, daraus zu schließen, daß er über dasselbe »Kommen« spricht wie auch an anderer Stelle in dem Kapitel? Man beachte: Im 29. Vers wird uns deutlich gesagt, daß die »Trübsal jener Zeit« diesem »Kommen« vorausgeht. *Das Kommen Jesu erfolgt unmittelbar nach der Trübsal.* Demnach ist die Trübsal ein *Zeichen* der Wiederkunft. Gleicherweise sagt auch Paulus in 2. Thessalonicher 2,3, daß der »Abfall« (oder die »Apostasie«) und das Offenbarwerden des Antichristen, der die Kinder Gottes verfolgt, der Wiederkunft Jesu vorausgehen. Die zwei Zeugen aus Offenbarung 11 werden während der »dreieinhalb Tage«, die ihrer Entrückung und der Wiederkunft Jesu vorausgehen, verfolgt, überwunden und getötet. Ebenso wird Satan nach Offenbarung 20 für eine »kleine Zeit«, die der Wiederkunft des Herrn zum Gericht vorausgeht, losgelassen. Die vernünftigste Erklärung für alle diese Stellen ist sicherlich die, den »großen Abfall«, die »Herrschaft des Antichristen«, die »große Trübsal« und Satans »kleine Zeit« (während der er losgelassen wird) auf denselben kurzen Zeitabschnitt zu beziehen, der der Wiederkunft unseres Herrn in Wolken der Herrlichkeit vorausgeht. So wie dem *ersten* Kommen Christi eine Trübsal unter Antiochus Epiphanes vorausging, so wird eine weitere Trübsal, nur schlimmer als die erste, dem *zweiten* Kommen Christi vorausgehen. Zudem ist klar, daß nicht nur die Juden, sondern in besonderer Weise die »Auserwählten« (Mt. 24,22+24) von der Trübsal betroffen sein werden, und es gibt »Auserwählte«, die keine Juden sind! Die Trübsal trifft das ganze Volk Gottes »an den vier Enden der Erde« (abzuleiten aus Offb. 20,8).

An dieser Stelle erhebt sich die Frage: Gibt es heute schon Anzeichen dafür, daß diese »große Trübsal«, die sich auf die ganze Gemeinde auswirken wird, näher rückt? Ist es möglich, daß einige Gebiete der Erde diese Trübsal jetzt schon erleben? Wie steht es um die Gläubigen in den Ländern, in denen es eine antichristliche Regierung gibt? Auch in sogenannten »christlichen« Ländern werden Christen unter Druck gesetzt. So werden ihnen beispielsweise Sendezeiten im Rundfunk vorenthalten. Man macht es ihnen in vielen Gegenden schwer, Gemeinden zu gründen und Kirchen zu bauen. Christen werden gezwungen, sich Organisationen anzuschließen, mit deren Praktiken sie überhaupt nicht einverstanden sind.

Muß man unbedingt davon ausgehen, daß die »große Trübsal« überall zur gleichen Zeit einsetzt? Ist es nicht denkbar, daß der letzte Teil vom »Zeitalter des Evangeliums« und der Anfang der »großen Trübsal« ineinander übergehen? Dann sähe der wahre Ablauf nicht so aus:

Zeitalter des Evangeliums	Die »große Trübsal«	W i e d e r k u n f t

sondern so:

Zeitalter des Evangeliums

Die »große Trübsal«

Fragen zu diesem Kapitel

1. Hat Jesus, als er über die kommende Trübsal sprach, ausschließlich an die Zerstörung Jerusalems gedacht? Begründen Sie Ihre Antwort!
2. Wird die »große Trübsal« der Wiederkunft Christi vorausgehen oder ihr folgen? Begründen Sie Ihre Antwort!
3. Wird sich die »große Trübsal« auf die ganze Gemeinde oder nur auf die Juden auswirken?
4. Gibt es heute irgendwelche Anzeichen dafür, daß die »große Trübsal« näher rückt?
5. Muß das »Zeitalter des Evangeliums« überall auf der Welt abgeschlossen sein, ehe die »große Trübsal« an einem Ort einsetzen kann?

Fragen zum weiteren Nachdenken

1. Wie sollten sich die Gemeinden auf die »große Trübsal« vorbereiten?
2. Bezieht sich Offenbarung 7,14 auf die »große Trübsal«, von der in Matthäus 24 die Rede ist?
3. Enthält die Bibel irgendwelche Hinweise darauf, wie lang diese Trübsal am Ende des Zeitalters dauern wird?
4. Wie werden Gläubige während dieser Trübsal getröstet?
5. Warum läßt der Herr zu, daß sein Volk in diese Trübsal kommt?

5. Das zweite Zeichen: Satans »kleine Zeit«. Der Antichrist — was für ein Mensch wird er sein? Was wird er tun?

Bibellese: 2. Thessalonicher 2,1-5

1. Wer ist der Antichrist?

Dieses Buch ist kein wissenschaftlicher Kommentar. Wer eine ausführliche Erklärung des angegebenen Bibelabschnitts lesen möchte, findet sie in meinem Buch *New Testament Commentary on I and II Thessalonians* (Grand Rapids: Baker, 1955), S. 167-186.

In 2. Thessalonicher 2 warnt der Apostel seine Leser vor Unbesonnenheit, als sei das Ende der Welt schon da (siehe Verse 1+2). Paulus habe niemals etwas gesagt oder geschrieben, um diesen Irrglauben zu unterstützen (vgl. Vers 5). Der Wiederkunft Jesu werden zwei Ereignisse vorausgehen: a. der »Abfall« (die Apostasie); b. die Ankunft des »Menschen der Sünde«.

Anscheinend wird der im vorletzten Kapitel besprochene »Abfall« bereits fortgeschritten sein, wenn der »Mensch der Sünde« auftritt. Er übernimmt von diesem Zeitpunkt an die »Leitung« und alles wird noch viel schlimmer. Mit ihm erhält die Bewegung der Abtrünnigen einen ehrgeizigen, rücksichtslosen »Führer«. Er wird hier als »der Mensch der Sünde« (wörtlich: »Mensch der Gesetzlosigkeit«) bezeichnet — nicht, weil ihm das Gesetz Gottes unbekannt wäre, sondern weil er sich offen darüber hinwegsetzt. Derselbe Mensch, den der Apostel Johannes als den »Antichristen« bezeichnet (1. Joh. 2,18.22; 4,3; 2. Joh. 7), wird bei Paulus »der Mensch der Sünde« (in der rev. Lutherbibel von 1984: »Mensch der Bosheit«) genannt.

Wenn man die Frage stellt: »Wer ist der Antichrist?«, bekommt man die unterschiedlichsten Antworten zu hören. Einige sagen: »Satan«, andere: »Das Tier aus dem Meer« (nach Offb. 13+17). Wieder andere sind der Ansicht, es handele sich nicht um eine bestimmte Person, sondern um mehrere Personen, die zusammen als die »Menschen der Sünde« bezeichnet werden. Einige sprechen von einer »Abfolge römischer Kaiser« oder vom »zum Leben erweckten Nero« (*Nero redivivus*). Verbreitet ist die Vorstellung, daß der Papst der Antichrist sei oder ein mächtiger Diktator.

Aus 2. Thessalonicher 2 und Daniel 7 jedoch geht eindeutig hervor, daß es sich beim »letzten« Antichristen, wie er hier von Paulus geschildert wird, um eine ganz bestimmte endzeitliche Gestalt handelt, um einen Menschen, in dem sich die Rebellion gegen das Gesetz Gottes gleichsam verkörpert. Er wird der große Gegner Gottes sein, der schreckliche »Widersacher«, der sowohl gegen das Gesetz als auch gegen das Volk Gottes vorgehen wird.

Dieser Mensch wird »der Antichrist« genannt — nicht nur, weil er sich Christus widersetzt, sondern weil er ein Rivale Christi sein wird. Er wird die Ehre für sich in Anspruch nehmen, die allein Jesus Christus zusteht.

2. Die Merkmale des Antichristen nach 2. Thessalonicher 2,1-4

a. *Sein verkehrtes Wesen (Vers 3b)*
Er wird zu allem Bösen entschlossen sein und den Geist des Widerstands gegen das Gesetz Gottes in sich selbst verkörpern.

b. *Seine gegen Gott gerichtete Tätigkeit (Vers 4)*
Er wird bestrebt sein, Gott zu entthronen und sich selbst auf den Thron zu erheben. In seiner Dreistigkeit, Rücksichtslosigkeit und maßlosen Überheblichkeit wird er sich nicht nur über Gott und alle sogenannten Götter hinwegsetzen, sondern auch über alle Gegenstände der Verehrung. Er wird versuchen, die Herrschaft über das Volk Gottes an sich zu reißen; die Christen werden deshalb eine Zeitlang in große Bedrängnis geraten. Das Urbild des Antichristen finden wir im König von Babel (Jes. 14), im König von Tyrus (Hes. 28) und in Antiochus Epiphanes — sie alle wollten selbst Gott sein. Zur Zeit des Apostels Johannes gab es »viele Antichristen«, d. h. viele Menschen, deren rebellischer Geist als Hinweis auf das Wesen des letzten und schrecklichsten Antichristen verstanden werden konnte.

Fragen zu diesem Kapitel

1. Was für ein Problem hatten die Gläubigen in Thessalonich? Warum waren sie so erschrocken?
2. Welche beiden Ereignisse werden nach Paulus der glorreichen Wiederkunft Jesu vorausgehen? Handelt es sich dabei um zwei getrennte, aufeinanderfolgende Ereignisse oder gehen sie so ineinander über, daß sie zusammen ein großes Ereignis bilden?
3. Wie nennt Paulus den Menschen, den Johannes als den »Antichristen« bezeichnet?
4. Beschreiben Sie den Charakter des Antichristen.
5. Beschreiben Sie seine Handlungsweise.

Fragen zum weiteren Nachdenken

1. Die Ansichten über die Wiederkunft Christi hatte die Gläubigen in Thessalonich »wankend gemacht in ihrem Sinn«; sie waren verwirrt und unsicher. Müssen wir Christen damit rechnen, daß es uns ebenso ergeht, wenn wir uns mit dem zweiten Kommen Christi befassen?

2. Die Gläubigen in Thessalonich waren der Ansicht, daß Jesus »jeden Moment« wiederkommen kann. Was hatte sie zu dieser irrigen Vorstellung verleitet?

3. Ist der Papst der Antichrist? Nennen Sie die Gründe, weshalb Sie (nicht) überzeugt sind, daß er der Antichrist ist.

4. Was oder wer ist in Daniel 7 mit dem »kleinen Horn« gemeint? Und was oder wer ist in Daniel 8 mit dem »kleinen Horn« gemeint? Wer war Antiochus Epiphanes, und was tat er?

5. Gibt es auch heute »viele Antichristen«? Wenn ja, wie können wir gegen sie vorgehen? Und was sollte uns wichtiger sein — der kommende Antichrist oder die heutigen Antichristen?

6. Das zweite Zeichen: Satans »kleine Zeit«. Der Antichrist — wie wird er offenbart werden? Wie wird es ihm zuletzt ergehen? In welcher Beziehung steht er zu Satan und zu den Anhängern Satans?

Bibellese: 2. Thessalonicher 2,6-12

1. Sein gegenwärtiges Verborgensein und künftiges Offenbarwerden (Verse 6-8a)

Nach den Worten des Paulus wird der »Mensch der Sünde« zur Zeit der Abfassung dieses Briefes noch »aufgehalten«. Irgend etwas und irgend jemand hindert ihn am Auftreten auf der Bühne der Weltgeschichte. Paulus schrieb die Verzögerung sowohl einer Sache als auch einer Person zu. Er sagt in Vers 6: »Ihr wisset, was ihn noch aufhält« — hier ist von einer Sache die Rede. Aber in Vers 7 heißt es: »der es jetzt aufhält« — hier muß es sich um eine Person handeln. Vielleicht ist mit der Sache »Gesetz und Ordnung« gemeint und mit der Person der, der sie durchzusetzen hat (der Kaiser und andere Herrscher, die im Lauf der Geschichte aufkommen werden). So lautet jedenfalls einer der ältesten Deutungsversuche. Er tut dem Kontext keine Gewalt an und wird heute noch von manchen Bibelauslegern vertreten. Der Geist der Gesetzlosigkeit birgt in seinem Schoß den »gesetzlosen Menschen«. Der Teufel kann den Tag kaum abwarten, an dem er den endzeitlichen Antichristen auftreten lassen wird. Wenn Gesetz und Ordnung, die auf Gerechtigkeit basieren, zu Beginn des »großen Abfalls« endgültig hinweggetan werden, dann wird der gesetzlose »Mensch der Sünde« offenbar. Dies ist eine logische Erklärung.

2. Seine entscheidende Niederlage (Vers 8b)

Der Herr Jesus kommt auf den Wolken wieder und greift zugunsten seines Volkes ein. Schon allein der »Hauch« (Atem) des Messias, der erste Schimmer seines Kommens, wird ausreichen, um den »Menschen der Sünde« zu vernichten. Das wird im Nu geschehen. Es wird keinen sich lange hinziehenden Kampf geben. Der Herr Jesus wird dem Antichristen und seinem endzeitlichen Programm ein plötzliches Ende bereiten.

3. Seine Beziehung zu Satan und zu dessen Macht, die Menschen irrezuführen (Verse 9+10a)

Das Auftreten des großen »Widersachers« wird von erstaunlichen Wundern begleitet werden. Ihr Zweck wird sein, die Massen auf ihrem Weg ins Verderben irrezuführen. Durch den »Menschen der Sünde« werden teuflische Kräfte wirksam werden.

4. Seine abgefeimten Anhänger und deren Schicksal (Verse 10b-12)

Die Anhänger des Antichristen werden als Menschen beschrieben, die »die Liebe zur Wahrheit nicht angenommen haben zu ihrer Rettung«. Weiter heißt es: »Darum sendet ihnen Gott auch kräftige Irrtümer, daß sie glauben der Lüge, auf daß gerichtet (verurteilt) werden alle, die der Wahrheit nicht geglaubt haben, sondern hatten Lust an der Ungerechtigkeit.«

Wenn es heißt, daß Gott diesen Menschen »kräftige Irrtümer sendet«, empfinden wir das vielleicht als eine »harte Rede«. Ich möchte dazu bemerken: Gott ist Liebe. Er ist kein grausames Ungeheuer, das die Menschen mit heimlicher Schadenfreude auf die ewige Verdammnis vorbereitet. Im Gegenteil, er warnt sie, läßt ihnen das Evangelium verkündigen und drängt sie sogar, die Liebe zur Wahrheit anzunehmen. Aber wenn die Menschen ihn von sich aus nach wiederholten Warnungen ablehnen und seine Botschaft zurückweisen, dann — und erst dann — verhärtet er sie, damit die, die nicht Buße tun *wollten,* nicht mehr Buße tun *können,* sondern der Lüge glauben, daß der »Mensch der Sünde« der einzige Gott ist und daß alle Menschen ihm gehorchen sollten. Alle, die sich irreführen lassen, werden beim Jüngsten Gericht verurteilt. Dieses Verdammungsurteil wird in jeder Hinsicht gerecht sein; denn statt der erlösenden Wahrheit Gottes zuzustimmen, hatten die Verurteilten tatsächlich Freude an ihrem Gegenteil, der Ungerechtigkeit.

Fragen zu diesem Kapitel

1. Paulus verwendet in 2. Thessalonicher 2,6+7 die Ausdrücke »was ihn noch aufhält« und »der es jetzt aufhält«. Was ist wahrscheinlich damit gemeint?
2. Wie wird es dem Antichristen und seinem Programm ergehen, wenn Jesus wiederkommt?

3. Warum werden sich so viele Menschen vom Antichristen irreführen lassen?

4. Beschreiben Sie die Anhänger des Antichristen.

5. Was wird mit den Anhängern des Antichristen geschehen? Ist dies gerecht?

Fragen zum weiteren Nachdenken

1. Wie weit wird die Herrschaft des Antichristen reichen? (Vgl. Offb. 20,7+8). Was halten Sie von der Meinung, daß Gott der ist, »der es jetzt aufhält«? Verschiedene Ausleger haben sich diesbezüglich auch für den Heiligen Geist, für den Erzengel Michael, für den Teufel und für die allgemeine Gnade Gottes ausgesprochen. Wie beurteilen Sie diese Ansichten?

2. Was ist mit den »dreieinhalb Tagen« gemeint, während deren die Bewohner der Erde in der Endzeit die Kinder Gottes verfolgen werden? Warum werden es dreieinhalb und nicht sieben Tage sein? Siehe Offenbarung 11.

3. Fällt es dem Antichristen heute leichter als vor 100 Jahren, die Herrschaft über die ganze Welt an sich zu reißen? Wenn ja, ist dies ein Hinweis darauf, daß die Wiederkunft Christi immer näher rückt?

4. Womit können sich Christen trösten, wenn sie an das Auftreten des Antichristen und an seine schreckliche Herrschaft denken? Siehe Lukas 21,28; Jesaja 43,1-7.

5. Wird die Ära der »großen Trübsal« für Christen plötzlich anbrechen oder sich allmählich einstellen? Kann es sein, daß Christen in einigen Ländern jetzt schon in der »großen Trübsal« leben?

7. Welche weiteren Zeichen gibt es?

Bibellese: Matthäus 24,1-13

1. Die Schwierigkeiten

Wir haben den geschichtlichen Rahmen von Matthäus 24 bereits auf S. 62 erläutert. Bei einer näheren Untersuchung des vorliegenden Abschnitts fällt ins Auge, daß Kriege, Kriegsgeschrei, Erdbeben, Hungersnöte (nach Lk. 21,11 auch Seuchen) und das Auftreten vieler falscher Propheten vorausgesagt werden. Wir haben schon darauf hingewiesen, daß hier in erster Linie von den Ereignissen die Rede ist, die der Zerstörung Jerusalems vorausgehen sollten. Bei unserer Auslegung müssen wir dieser Tatsache gerecht werden. Wir dürfen diese Prophetie nicht aus ihrem Zusammenhang reißen. Deshalb ist folgende Frage durchaus erlaubt: »Wenn Kriege, Kriegsgeschrei, Erdbeben usw. die baldige Zerstörung Jerusalems ankündigen, wie können sie in irgendeinem Sinn Zeichen der Wiederkunft Christi sein?«

Wer sie als Zeichen des nahen Weltendes auffassen will, steht vor einer weiteren Schwierigkeit: Die hier erwähnten Ereignisse sind im Verlauf der Menschheitsgeschichte wiederholt aufgetreten. Es hat unendlich viele Kriege, Kriegsgerüchte, Erdbeben, Hungersnöte und dergleichen gegeben. Nach Angabe eines Historikers hat es in den letzten 300 Jahren allein in Europa 300 Kriege gegeben. War jeder einzelne von ihnen ein Zeichen der unmittelbar bevorstehenden Wiederkunft Christi? Im Verlauf der Jahrhunderte hat es auch viele gewaltige Erdbeben gegeben. Allein im 19. Jahrhundert soll die Erde 7000mal gebebt hat. Robert Hooke schrieb im 17. Jahrhundert eine »Abhandlung von den Erdbeben«. Sie traten schon damals recht häufig auf. Aber auch die Geschichtsschreiber der Antike, von denen einige vor Christi Geburt lebten, berichten, daß es zur damaligen Zeit entsetzlich viele Erdbeben gegeben hat. Wir sind also zu der Frage berechtigt: Kann ein Krieg oder ein Erdbeben ein sicheres Zeichen der Wiederkunft Christi sein?

2. Wie diese Schwierigkeiten zu überwinden sind

Diese Schwierigkeiten sind nicht unüberwindlich. Was die erste betrifft, so ist zu bedenken (siehe S. 62f.), daß die Zerstörung Jerusalems hier als Schattenbild betrachtet wird, das auf das Ende der Welt hinweist. Lesen Sie Matthäus 24,9.21.29. Jesus spricht zunächst von der Trübsal, die im Zusammenhang mit der Eroberung Jerusalems aufkommen wird, geht aber sofort zu der »großen Trübsal« am Ende der Menschheitsgeschichte über. Er kann nicht an das eine denken, ohne gleichzeitig auch das andere vor Augen zu haben. Darum: Wenn Kriege und Kriegsgeschrei, Erdbeben, Hungersnöte usw. der Zerstörung Jerusalems vorausgegangen sind, können wir logischerweise annehmen, daß sie auch der Wiederkunft Jesu vorausgehen werden.

Auch die zweite Schwierigkeit ist nicht unlösbar. Gewiß, ein Krieg kann an und für sich nie ein Zeichen des Endes sein, denn niemand weiß, *welcher* Krieg das entscheidende Zeichen ist. Aber Jesus hat uns in Matthäus 24,33 einen Schlüssel gegeben. Er sagte: »Wenn ihr *das alles* sehet, so wisset (bzw. dann wisset ihr), daß es nahe vor der Tür ist.« Mit anderen Worten: Gegen Ende des gegenwärtigen Zeitalters werden die Kriege, Kriegsgerüchte, Erdbeben, Hungersnöte und Seuchen *gleichzeitig* auftreten, und das im Zusammenhang mit der »großen Trübsal«. Aus diesem Grund können wir von »zusammentreffenden« Zeichen sprechen. Wahrscheinlich werden sie schlimmer sein und weiter verbreitet als bisher. Darum ist bei Lukas (21,11) nicht nur von Erdbeben, sondern ausdrücklich von *großen* Erdbeben die Rede. Matthäus sagt voraus (24,11), daß *viele* falsche Propheten auftreten werden. Diese Zeichen dürfen also nicht jedes für sich allein betrachtet werden. Aber wenn sie in Verbindung mit der »großen Trübsal« auftreten, werden die Kinder Gottes merken, was sie zu bedeuten haben.

3. Diese Lösung ist aus einem weiteren Grund logisch.

Ist es nicht überaus vernünftig, im Zusammenhang mit dem Aufstieg des Antichristen schreckliche Kriege zu erwarten? Werden Kriege nicht oft von Hungersnöten und Seuchen begleitet? Ist es nicht ebenso vernünftig anzunehmen, daß es eine Verbindung geben wird zwischen dem »großen Abfall« und den unheimlichen Machenschaften vieler falscher Propheten?

Fragen zu diesem Kapitel

1. Worauf bezog sich Jesus in erster Linie, als er Kriege, Kriegsgeschrei, Hungersnöte usw. voraussagte?

2. Mit welchen beiden Schwierigkeiten müssen wir fertig werden, wenn wir diese Ereignisse als Zeichen der Wiederkunft Jesu einstufen?

3. Wie kann man die erste Schwierigkeit überwinden?

4. Wie kann man die zweite Schwierigkeit überwinden?

5. Sind die Zeichen, die Jesus hier ankündigt, mit seinen

Voraussagen über den »großen Abfall« und die Herrschaft des Antichristen vereinbar?

Fragen zum weiteren Nachdenken

1. Hat es in der Zeit unmittelbar vor der Zerstörung Jerusalems tatsächlich Kriege und Kriegsgerüchte, Hungersnöte, Erdbeben usw. gegeben? Sind damals auch falsche Propheten aufgetreten?
2. Hatte Jesus seinen Jüngern schon einmal gesagt, daß er irgendwann nach seinem Weggang wiederkommen werde?
3. Warum sprach Jesus vom »Anfang der Wehen«?
4. Gibt es irgendwelche Hinweise darauf, daß Hungersnöte und Erdbeben heute häufiger auftreten als früher?
5. Kann man aus Matthäus 24,11-13 ableiten, daß Christen aus der Gnade fallen und endgültig verlorengehen können?

8. Was ist das letzte große Zeichen?

Bibellese: Matthäus 24,3.29+30; Lukas 21,25-28

Die Jünger fragten nach einem Zeichen. Jesus sagte ihnen, daß Kriege und Kriegsgeschrei, Hungersnöte, Erdbeben u. dgl. folgendermaßen zu deuten seien: »Es ist noch nicht das Ende.« Er sagte wörtlich: »Das alles ist der Anfang der Wehen.« Es wird erst der Anfang sein, nicht das Ende. Er fügte hinzu: »Wenn ihr aber sehen werdet Jerusalem belagert von einem Heer, so merket, daß herbeigekommen ist seine Verwüstung« (Lukas 21,20). Soviel also zu der Zerstörung Jerusalems und des Tempels, die ein Schattenbild auf das Ende der Welt war.

Anschließend nannte der Herr die beiden »einleitenden« Zeichen für das Ende der Welt, die wir bisher erläutert haben. Das erste Zeichen war »die Verkündigung des Evangeliums in der ganzen Welt zum Zeugnis für alle Völker«. Das zweite war eine »große Trübsal«, die, von einigen weiteren Zeichen begleitet, der glorreichen Wiederkunft Christi unmittelbar vorausgehen wird. Wie wir gesehen haben, steht diese »große Trübsal« in einem engen Zusammenhang mit dem »großen Abfall« und erreicht ihren Gipfel während der Herrschaft des letzten, endzeitlichen Antichristen.

Dem Leser wird aufgefallen sein, daß wir bislang erst von zwei »einleitenden« Zeichen gesprochen haben. Vom letzten großen Zeichen war noch nicht die Rede. Die Jünger hatten sich nach *dem* Zeichen (Einzahl) erkundigt. Ihnen lag nichts an *den* Zeichen (Mehrzahl). Und in Matthäus 24,29+30 weist der Herr Jesus auf dieses eine große, herrliche Zeichen hin. Im selben Abschnitt und in Lukas 21,25-28 macht er zudem auf die Erschütterungen im Bereich der Natur aufmerksam, die dieses letzte große Zeichen begleiten werden.

1. Die Erschütterung der Natur

Wir haben es hier mit einem sehr temperamentvoll gezeichneten Bild zu tun. Während die Erde bei der schrecklichsten Christenverfolgung aller Zeiten mit dem Blut der Heiligen getränkt wird, verfinstert sich mit einemmal die Sonne. Der Mond hört auf zu leuchten. Die Sterne weichen von ihrer Bahn ab und stürzen in den Untergang; sie »fallen vom Himmel«. Die Kräfte des Himmels kommen ins Wanken. Furchterregende Geräusche sind zu hören. »Das Meer und die Wasserwogen brausen« und rufen bei den Menschen Bestürzung hervor. Die Leute »verschmachten vor Furcht«, weil sie ahnen, was mit der Erde geschehen wird.

Von einer streng wörtlichen Auslegung dieses apokalyptischen Bildes ist abzuraten. Vermutlich wird erst danach offenbar, welche Elemente davon wörtlich und welche bildlich zu nehmen sind, wenn dieses prophetische Panorama sich in der Geschichte bereits realisiert haben wird. Es ist allerdings zu beachten, daß die hier beschriebenen Erschütterungen die Menschheit nicht auslöschen werden. Heute will man uns in sensationellen Büchern und Artikeln weismachen, daß diese oder jene gewaltige Bombe die gesamte Menschheit vernichten werde. Einige Wissenschaftler vertreten zudem die Ansicht, daß die Sonne allmählich ihre Masse — und daher ihre Anziehungskraft — verlieren und daß die Erde sich folglich immer weiter von ihrer Wärmequelle entfernen werde. Nach dieser Theorie werden eisige Winde und peitschende Schneestürme dafür sorgen, daß die ganze Menschheit erfriert. Nach einer anderen Theorie rast eines Tages ein Himmelskörper — nennen wir ihn einen Stern oder einen »Sternsplitter« — auf unseren Planeten zu. Noch bevor er die Erde berührt, gehen überall die Häuser und Wohnungen in Flammen auf, und die Menschen werden allesamt verbrannt. Die Bibelstellen jedoch, mit denen wir uns hier befassen als auch 1. Thessalonicher 4,17 machen deutlich, daß es noch Menschen auf der Erde geben wird, wenn Jesus wiederkommt! Die Seelen, die bereits im Himmel sind, werden mit ihren Leibern wiedervereinigt und schließen sich unmittelbar den Kindern Gottes an, die sich noch auf der Erde befinden.

2. Das Zeichen selbst

Plötzlich erstrahlt ein Licht vom Himmel und »das Zeichen« erscheint: »Und alsdann wird erscheinen das Zeichen des Menschensohnes am Himmel.« Aber worum handelt es sich bei diesem letzten großen Zeichen, an dem die Kinder Gottes die Absicht Jesu erkennen werden, seine Kinder sofort zu sich zu holen? Einige Ausleger vertreten die Ansicht, es werde am Himmel ein besonderes Sinnbild oder Zeichen erscheinen, beispielsweise ein riesiges Kreuz. Aber das wird hier nicht einmal angedeutet. Weitaus einleuchtender ist die Erklärung, daß das Erscheinen des Menschensohnes auf Wolken der Herrlichkeit selbst das Zeichen sein wird — vom irdischen Standpunkt her das letzte große Zeichen. Die helleuchtende Selbstoffenbarung Christi wird »Zeichen« dafür sein, daß er im Begriff steht *herab*zusteigen, um seinem Volk zu begegnen, das zu dieser Begegnung in der Luft *auf*steigt. Diese Erklärung wird durch Matthäus bestätigt: »Und alsdann wird erscheinen *das Zeichen des Menschensohnes* am Himmel«;

Markus und Lukas lassen das Wort »Zeichen« weg und schreiben einfach: »Und alsdann werden sie sehen *des Menschen Sohn* kommen in den Wolken mit großer Kraft und Herrlichkeit« (oder: »in einer Wolke mit Kraft und großer Herrlichkeit«). Ebenfalls zu bedenken ist, daß Jesus seinen Jüngern gesagt hat: Kriege und Kriegsgerüchte, Hungersnöte und Erdbeben würden nicht das Zeichen für den sofortigen Untergang Jerusalems sein. Erst das *sichtbare Erscheinen* eines feindlichen Heeres, das Jerusalem belagert, werde deutlich machen, »daß herbeigekommen ist seine Verwüstung« (Lukas 21,20). Wir haben es also in beiden Fällen mit einem plötzlichen, sichtbaren Ereignis zu tun.

Wenn Jesus in königlicher Pracht auf Wolken der Herrlichkeit erscheint, von einem unzähligen Heer von Engeln umgeben, wird dies auch in ganz anderer Hinsicht für sein Volk ein »Zeichen« sein. Es wird nicht nur anzeigen, daß die »Hochzeit des Lammes« stattfindet, sondern auch, daß Jesus wirklich der in den prophetischen Schriften angekündigte Messias ist; denn die Herrlichkeit seines Erscheinens wird dem genau entsprechen, was über den Messias vorausgesagt worden ist (Dan. 7,13+14; vgl. Mt. 26,64). Diese Herrlichkeit, das besondere Kennzeichen seines Erscheinens, wird ein unwiderlegbarer Beweis dafür sein, daß Gott an seinem Sohn Wohlgefallen hat und daß die Sache dessen, der einst als »der Allerverachtetste und Unwerteste« auftrat, die gerechte Sache ist.

Fragen zu diesem Kapitel

1. Beschreiben Sie die Erschütterungen, die im Bereich der Natur stattfinden werden, wenn Jesus wiederkommt.
2. Muß man das alles wörtlich nehmen?
3. Wird die gesamte Menschheit durch diese Erschütterung der Natur ausgelöscht werden?
4. Was ist mit dem Satz gemeint: »Und alsdann wird erscheinen das Zeichen des Menschensohnes am Himmel«?
5. Nennen Sie einen alttestamentlichen Propheten, der die glorreiche Wiederkunft Jesu vorausgesagt hat. In welchem Kapitel seines Buches ist diese Prophetie zu finden?

Fragen zum weiteren Nachdenken

1. Wird es hell oder dunkel sein, wenn der Herr Jesus erscheint?
2. Warum wird Jesus hier als »der Menschensohn« bezeichnet?
3. Was ist mit dem Satz gemeint: »Und alsdann werden heulen (oder wehklagen) alle Geschlechter auf Erden«? Werden die Menschen nur bestürzt und verzweifelt sein, oder ist dieses »Heulen« als ein Zeichen echter Buße aufzufassen?
4. Wie können Menschen auf beiden Seiten des Erdballs den Menschensohn auf den Wolken des Himmels kommen sehen?
5. Zu welcher Tageszeit wird Jesus wiederkommen? Die Antwort steht in Markus 13,35-37. Welchen praktischen Nutzen können wir aus diesen Versen ziehen?

9. Sind bei der Gründung des Staates Israel Prophetien in Erfüllung gegangen?

Bibellese: 5. Mose 30,1-10

1. Die Frage

In den letzten 150 Jahren hat die rettende Botschaft von Jesus Christus immer weitere Kreise gezogen. Das sollte uns aufhorchen lassen. Ebenso die Tatsache, daß bestimmte Gegebenheiten in der heutigen Welt, auch in den sogenannten »christlichen Ländern«, es dem Antichristen leichter machen werden als je zuvor, die Herrschaft über die ganze Welt anzutreten. Es ist kaum zu bezweifeln, daß die Voraussetzungen für den »großen Abfall« bereits geschaffen worden sind. Wir haben es bei all diesen Entwicklungen mit »Zeichen der Zeit« zu tun.

Viele aufrichtige Christen sind jedoch überzeugt, daß es noch ein weiteres Zeichen gibt — ein deutliches, unverkennbares Anzeichen dafür, daß die Wiederkunft Jesu sehr nahe bevorsteht. Für sie ist dieses Zeichen die Gründung des Staates Israel am 14. Mai 1948. Ein christlicher Schriftsteller schreibt: »Die Rückkehr der Juden in ihr angestammtes Land ist von größter Bedeutung, auch wenn sie noch ungläubig sind.« Mit dem Ausdruck »von größter Bedeutung« will er andeuten, daß biblische Prophetien dabei in Erfüllung gegangen sind. Eine solche Prophetie wäre beispielsweise 5. Mose 30,1-10.

Es werden allerlei ähnliche Gedanken geäußert; so beispielsweise, daß die Juden »gemäß den prophetischen Schriften« nach Palästina zurückkehren werden (bzw. schon zurückgekehrt sind); daß sie sich kurz vor der Wiederkunft Jesu in großer Zahl bekehren werden; und daß wir an diesem Geschehen erkennen werden, daß die Wiederkunft Jesu vor der Tür steht.

Demnach sind hier zwei Gedanken zu erörtern: *Die Wiederherstellung Israels* als einer von Gott besonders gesegneten Nation und *die Bekehrung Israels*. Im vorliegenden Kapitel wollen wir uns mit dem ersten dieser beiden Gedanken befassen. Dem zweiten wenden wir uns im nächsten Kapitel zu.

Die unbestreitbare Tatsache, daß eine Anzahl Juden den Staat Israel neu gegründet hat, steht gegenwärtig im Mittelpunkt des allgemeinen Interesses. Deshalb wollen wir unsere erste Frage wie folgt formulieren: »Sind bei der Gründung des Staates Israel wirklich Prophetien in Erfüllung gegangen?«

2. Die Antwort

a. Niemand wird leugnen, daß in vielen Prophetien von einer »Wiederherstellung Israels« die Rede ist; die Rückkehr der Juden in ihr angestammtes Land und die Neugründung des Staates Israel werden an vielen Stellen vorausgesagt (so beispielsweise in 5. Mose 30,1-10; 1. Kön. 8,46-52; Jer. 18,5-10; 29,12-14; Hes. 36,33; Hos. 11,10). Der springende Punkt ist jedoch: Sofern diese Prophetien sich auf die buchstäbliche Wiederherstellung des jüdischen Staates beziehen, gingen sie schon einmal in Erfüllung, als die Juden in Schüben aus ihrer babylonisch-assyrischen Gefangenschaft zurückkehrten und sich wieder in ihrem eigenen Land ansiedelten. Das alles geschah vor sehr langer Zeit, Jahrhunderte vor der Geburt Jesu.

Es wundert mich, daß so viele Christen damit Probleme haben. Dazu ein Beispiel: Nehmen wir an, daß Schmidt, ein Verbrecher, zu einer einjährigen Haftstrafe verurteilt worden ist. Ein Bekannter namens Müller besucht ihn im Gefängnis und tröstet ihn mit dem Gedanken, daß er ganz gewiß entlassen werden wird. Will Müller mit diesen Worten sagen: »Schmidt, du wirst in 30 Jahren entlassen werden, nachdem du eine weitere Haftstrafe abgesessen hast«? Ein solcher »Trost« ist unsinnig! Wenn die alttestamentlichen Propheten die Befreiung der Juden aus der Gefangenschaft, ihre Rückkehr in ihr angestammtes Land und die Neugründung ihres Staates ankündigten, meinten sie damit die nahe bevorstehende Befreiung aus der babylonisch-assyrischen Gefangenschaft und nicht eine über 2000 Jahre später einsetzende Rückkehr aus der Zerstreuung! Wir haben bereits an anderer Stelle deutlich gemacht: Alttestamentliche Prophetien müssen von ihrem geschichtlichen Hintergrund her gedeutet werden.

b. Gott belohnt nicht den Ungehorsam, sondern den Gehorsam. Die Befreiung, die die Propheten ankündigten, war deshalb an eine *Bedingung* geknüpft. Die Propheten wollten sagen: »Israel wird nur wiederhergestellt werden, wenn es Buße tut. Geschieht das, so wird ihm seine Sündenschuld erlassen werden. Dann wird Gott den Juden erlauben, in ihr angestammtes Land zurückzukehren.«

Schlagen Sie die bereits angeführten Bibelstellen auf und lesen Sie selbst: 5. Mose 30,1-10; 1. Könige 8,46-52; Jeremia 18,5-10; 29,12-14; Hesekiel 36,33; Hosea 11,10. Dort steht u. a.:

»*Wenn* du dich bekehrst zu dem Herrn, deinem Gott, so wird der Herr, dein Gott, deine Gefangenschaft wenden.«

»Der Herr wird sich wieder über dich freuen, dir zugut, *wenn* du dich bekehrst zu dem Herrn, deinem Gott, von ganzem Herzen und von ganzer Seele.«

»*Wenn* sie sich's zu Herzen nehmen im Lande, in dem sie gefangen sind, und bekehren sich und flehen zu dir und sprechen: Wir haben gesündigt und übelgetan und sind gottlos gewesen, und *wenn* sie sich zu dir bekehren von ganzem Herzen und von ganzer Seele im Lande ihrer Feinde, die sie weggeführt haben, so wollest du ihr Gebet und Flehen hören und wollest vergeben deinem Volk und wollest sie Erbarmen finden lassen.«

»*Wenn* das Volk sich bekehrt von seiner Bosheit, so reut mich auch das Unheil, das ich ihm gedachte zu tun.«

»*Wenn* ihr mich von ganzem Herzen suchen werdet, so will ich mich von euch finden lassen, spricht der Herr, und will euch sammeln aus allen Völkern . . . und will euch wieder an diesen Ort bringen, von wo ich euch habe wegführen lassen.«

»So spricht Gott der Herr: *Zu der Zeit, wenn ich euch reinigen werde von allen euren Sünden,* will ich die Städte wieder bewohnt sein lassen, und die Trümmer sollen wieder aufgebaut werden.«

»Alsdann wird man *dem Herrn nachfolgen;* und so werden zitternd herbeikommen seine Söhne vom Westen her.« Daß dieser Geist der Buße zur Zeit der Rückkehr der Juden aus ihrer babylonisch-assyrischen Gefangenschaft wirklich vorhanden war, geht eindeutig aus folgenden Stellen hervor: Daniel 9,1+2.5+6; Esra 3,5.10+11; 6,16-22; 7,10; 8,35; 10,10-12; Nehemia 1,4-11; Haggai 1,12+13 usw. *Die Juden jedoch, die am 14. Mai 1948 den Staat Israel gründeten, haben nicht Buße getan!* Die meisten unter ihnen sind, was ihren Glauben betrifft, Humanisten. Sie setzen ihr Vertrauen auf sich selbst und auf harte Arbeit. Dr. G. Ch. Aalders schreibt:

»Was auch immer in den letzten Jahren in Palästina geschehen ist und noch geschehen mag, *es hat nicht das geringste mit biblischer Prophetie zu tun.*« Er will damit sagen, daß es sich nicht um »die Wiederherstellung Israels« handelt.

Fragen zu diesem Kapitel

1. Welche Bedeutung schreiben viele Christen der Gründung des Staates Israel am 14. Mai 1948 zu?
2. An welche Befreiung haben die Propheten gedacht, wenn sie die Rückkehr der Juden in ihr angestammtes Land ankündigten?
3. Weisen Sie aus der Schrift nach, daß der verheißene Segen für Israel an eine Bedingung geknüpft ist (und daß Gott den Gehorsam belohnt — und nicht den Ungehorsam).
4. Erfüllt der heutige Staat Israel diese Bedingung?
5. Ist es demnach logisch, wenn behauptet wird, daß der heutige Staat Israel die biblischen Prophetien erfülle und deshalb ein Zeichen vom Ende der Welt sei?

Fragen zum weiteren Nachdenken

1. Wie viele Juden gibt es heute in aller Welt? In welchem Land leben die meisten Juden?
2. Was geschah mit vielen Tausenden von Arabern, als die Juden den Staat Israel gründeten? Finden Sie das richtig?

3. Manchmal wird behauptet, daß Bibelstellen wie Jesaja 11,11 (»Und der Herr wird zu der Zeit *zum zweitenmal* seine Hand ausstrecken, daß er den Rest seines Volkes loskaufe«) eine nationale Wiederherstellung Israels in neutestamentlicher Zeit ankündigen. Lesen Sie diesen Vers im Kontext und zeigen Sie auf, daß der Prophet etwas anderes gemeint hat. Was er mit der ersten und der zweiten Rückkehr meint, geht ganz eindeutig aus Vers 16 hervor.
4. Hat Jeremia im 29. Kapitel seines Buches eine Wiederherstellung vorausgesagt, die bis heute noch nicht eingetroffen ist? Siehe Jeremia 29,10; Daniel 9,2.
5. Kann man aus Daniel 9,27 (siehe den letzten Teil dieses Verses) ableiten, daß die Juden irgendwann in der Zukunft wieder eine besondere heilsgeschichtliche Stellung als das gesegnete Gottesvolk einnehmen werden? Wer gehört heute zu diesem besonders gesegneten »Volk des Eigentums«? Siehe 1. Petrus 2,9+10.

10. Was bedeutet die Stelle: »Und alsdann wird das ganze Israel gerettet werden«?

Bibellese: Römer 11,17.22-27

1. Eine falsche Sichtweise

Meiner Ansicht nach ist folgende Sichtweise falsch: Das Handeln Gottes in der Heilsgeschichte bezieht sich auf zwei Gruppen, die Juden und die Heiden. Jetzt handelt Gott eine lange Zeit insbesondere, aber nicht ausschließlich, an den Heiden. Es wird jedoch eine Zeit kommen, in der Gott sich wieder den Juden zuwenden wird. Folglich werden sich die Juden in großen Mengen — man könnte sogar sagen: die Juden als Nation — bekehren.

Gegen diese Auslegung habe ich folgende Einwände:

a. Sie steht im Widerspruch zum Kontext von Römer 11. Nirgendwo ist in diesem Zusammenhang von Massenbekehrungen oder sogar von der Bekehrung eines ganzen Volkes die Rede. Im Gegenteil, hier lesen wir von der »Verstockung« der Massen und von der Bekehrung eines »Überrestes«.

b. Der Herr Jesus hat nirgendwo die Bekehrung des ganzen jüdischen Volkes vorausgesagt. Jesus liebte die Juden. Er selbst war ein Sohn Abrahams, Isaaks, Jakobs und Judas. Wenn Massenbekehrungen unter den Juden ein Endzeitzeichen wären, hätte Jesus es sicherlich gesagt, besonders dann, als die Jünger ihn nach dem »Zeichen seines Kommens und des Endes der Welt« fragten. Aber er sagte genau das Gegenteil. Er weist überall darauf hin, daß die Vorrechte, die einst dem alttestamentlichen Bundesvolk zustanden, auf eine neue Nation (nämlich die Gemeinde), bestehend aus herausgerufenen Juden und Heiden, übertragen würden (siehe Lk. 19,43+44; Mt. 8,11+12; 21,32).

c. Für den Apostel Paulus gibt es im neutestamentlichen Zeitalter keine besonderen Verheißungen oder Vorrechte für diese oder jene Nation oder Rasse — sagen wir, für die Juden, die Deutschen oder die Amerikaner. Lesen Sie selbst: Römer 10,12+13; Galater 3,28; Epheser 2,14.

d. Gott belohnt nicht den Ungehorsam!

e. In Römer 11,26a heißt es nicht (wie in manchen Ausgaben der Lutherbibel): »Und *alsdann* wird das ganze Israel gerettet werden«, als würde sich der Herr zuerst den Heiden und danach, wenn er mit ihnen abgeschlossen hat, wieder den Juden zuwenden. Die richtige Übersetzung lautet: »Und so wird ganz Israel gerettet werden«. Was das Wort »so« hier bedeutet, muß dem Kontext entnommen werden.

2. Die richtige Sichtweise

Die richtige Auslegung ist meines Erachtens aus dem Kontext sehr deutlich zu erkennen. Paulus bespricht in diesem Kapitel die Frage, wie die Verheißungen Gottes an Israel damit in Einklang zu bringen sind, daß Gott einen Großteil der Juden »verstoßen« hat (siehe Vers 1). Der Apostel antwortet sinngemäß: »Denkt daran: Diese Verheißungen haben sogar zur Zeit des Alten Bundes nur den wahren Gläubigen gegolten. Und das ist heute — unter dem Neuen Bund — noch genauso.« Er sagt: »Gott hat sein Volk nicht verstoßen, welches er sich zuvor ersehen hat . . . die siebentausend Mann zur Zeit Elias . . . ein Überrest nach der Wahl der Gnade« (Verse 2.4.5). Man hätte erwartet, daß Gott die Juden bestraft, indem er sie entweder völlig vernichtet oder sie allesamt »verstockt«. Dies hätten sie sicherlich verdient — schließlich begingen sie die Sünde, den Messias ans Kreuz zu nageln. Aber das »große Geheimnis« ist, daß diese Verstockung immer nur einem Teil Israels widerfährt (Vers 25). In jeder Generation hat Gott sich einen »Überrest« aus den Juden erwählt, der errettet wird, bestimmte »Zweige«, die in den eigenen Ölbaum wieder eingepfropft werden. Beachte jedoch: nur *bestimmte* Zweige, nur einen *Überrest.* Alle diese »Überreste« zusammengenommen machen »das ganze Israel« aus. Einerseits wird »die Vollzahl der Heiden« (das ist die volle Anzahl der erwählten Heiden) das Heil erlangen. Andererseits wird gleichzeitig »das ganze Israel« (das sind alle erwählten Juden) gerettet werden. »Und so« — nämlich als »Überrest«, soweit es das rettende Handeln Gottes betrifft, und »durch den Glauben«, was die Verantwortung des Menschen angeht (siehe Vers 23) — »wird *das ganze Israel* gerettet werden.« So und nicht anders; also *nicht* als ganzes Volk, sondern als Summe der Überreste aus jeder Generation; *nicht* dadurch, daß sie »im Unglauben bleiben«, sondern indem sie Jesus Christus im Glauben annehmen. Jesus ist in die Welt gekommen, um »das ganze Israel« an diesem Heil teilhaben zu lassen (Verse 26+27).

Zum Abschluß noch einige Zitate aus den Schriften dreier Theologen, deren Ansichten ich sehr schätze:

Dr. Herman Bavinck schreibt in seinem monumentalen Werk *Gereformeerde Dogmatiek:* »Demnach bedeutet der Ausdruck ›das ganze Israel‹ nicht, daß sich das Volk der Juden in der Endzeit in großer Anzahl bekehren wird, noch ist die aus Juden und Heiden zusammengesetzte Gemeinde gemeint; vielmehr ist hier von dem Pleroma (der ›Fülle‹) die Rede, das im Verlauf der Jahrhunderte aus Israel herausgerufen wird. Paulus sagt voraus, daß Israel als Volk neben den Heiden weiterhin bestehen wird; daß es weder vernichtet werden noch von der Erde verschwinden wird;

und daß es bis ans Ende bestehen, sein Pleroma ebenso wie die Heidenvölker zum Reich Gottes beitragen und seine besondere Aufgabe und Stellung im Hinblick auf dieses Reich beibehalten wird.«

Professor Louis Berkhof schreibt in seinem meisterhaften Werk *Systematic Theology:* »Unter ›das ganze Israel‹ ist nicht die ganze Nation zu verstehen, sondern die Vollzahl der Erwählten aus dem alttestamentlichen Bundesvolk.« Und Dr. S. Volbeda verteidigt in seinem Buch *De intuitieve philosophie van James McCosh* (S. 415) erfolgreich die These: »Unter ›das ganze Israel‹ (Röm. 11,26a) ist die vollständige Anzahl der aus Israel Erwählten zu verstehen.«

Den Aussagen Bavincks, Berkhofs und Volbedas stimme ich voll und ganz zu.

Fragen zu diesem Kapitel

1. Auf welche Weise wird Römer 11,26a falsch interpretiert?
2. Zeigen Sie auf, warum diese Sichtweise falsch ist.
3. Was bedeutet dieser Text wirklich?
4. Was bedeutet hier das Wort »so« (in einigen Ausgaben der Lutherbibel fälschlich mit »dann« oder »alsdann« wiedergegeben)?
5. Nennen Sie drei evangelikale Theologen, die diese Sichtweise teilen.

Fragen zum weiteren Nachdenken

1. Inwiefern zeigt sich sowohl die Güte als auch die Strenge Gottes an den heutigen Juden (siehe Röm. 11,22)?
2. Inwiefern spornt uns die hier offenbarte Wahrheit zu missionarischer Arbeit unter den Juden an?
3. Erklären Sie die Bildrede vom Ölbaum und seinen Zweigen (Röm. 11,16-24).
4. Welcher Unterschied besteht zwischen menschlicher »Herzenshärtigkeit« und gottgewirkter »Verstockung«?
5. Welchen praktischen Nutzen können wir aus dem Handeln Gottes an den Juden für unser eigenes Leben ziehen?

11. Das Tausendjährige Reich: Was ist mit der »Bindung« Satans gemeint?

Bibellese: Offenbarung 20,1-3

1. Die Reihenfolge der Ereignisse nach Offenbarung 20

Daß unsere Besprechung des Tausendjährigen Reiches unbedingt in diesen Abschnitt über die »Endzeitzeichen« gehört, wird noch deutlich werden. In Offenbarung 20 geht das Tausendjährige Reich der Wiederkunft Jesu voraus. Auch wir wollen uns an diese Reihenfolge halten.

Wenn Sie in Ihrer Bibel Offenbarung 20 studieren, dürfte Ihnen diese Sache keine Schwierigkeiten bereiten. Sie lesen dort als erstes etwas über die »tausend Jahre«. Dieser Ausdruck wird zum erstenmal in Vers 2 verwendet, dann wieder in den Versen 3.4.5.6 und 7. Es ist also völlig falsch, wenn jemand sagt: »Ich glaube nicht an die tausend Jahre oder an ›das Millenium‹ (was dasselbe bedeutet).« Diese Lehre steht schwarz auf weiß in der Bibel, und wir sollten sie akzeptieren! (Damit ist allerdings nicht gesagt, daß wir jede beliebige Auslegung vom Tausendjährigen Reich für bare Münze nehmen sollten.)

Achten Sie jetzt auf die Reihenfolge der Ereignisse: Auf die tausend Jahre folgt Satans »kleine Zeit«, denn wir lesen: »Und wenn die tausend Jahre vollendet sind, wird der Satan los werden aus seinem Gefängnis« (Vers 7). Er kommt nur für »eine kleine Zeit« los (Vers 3). Darum sprechen wir von »Satans kleiner Zeit«. Auf diese »kleine Zeit« folgt die glorreiche Wiederkunft Jesu, bei der Jesus auf einem »großen, weißen Thron« sitzen wird und die Toten, »beide, groß und klein«, auferstehen werden. Wir lesen: »Und ich sah einen großen, weißen Thron und den, der darauf saß; und vor seinem Angesicht floh die Erde und der Himmel, und ihnen ward keine Stätte gefunden. Und ich sah die Toten, beide, groß und klein, stehen vor dem Thron, usw.« (Verse 11+12). Auf die glorreiche Wiederkunft Jesu folgt hier in Offenbarung 20 — wie überall sonst in der Bibel — das Jüngste Gericht: »Und sie wurden gerichtet, ein jeglicher nach seinen Werken« (Vers 13).

Wir entdecken hier also schlicht und einfach folgende Reihenfolge:
1. Das Tausendjährige Reich;
2. Satans »kleine Zeit«;
3. Die Wiederkunft Jesu und die Auferstehung aller Toten;
4. Das Jüngste Gericht.

Diese Reihenfolge sollten wir nicht umkehren. Es wird häufig gelehrt, daß das Tausendjährige Reich erst *nach* der Wiederkunft Jesu stattfindet. Die Vertreter dieser Ansicht sind zweifellos unsere Brüder und unterstützen uns vielfach im Kampf gegen die moderne Theologie. Aber wenn sie sich »Prämillenialisten« nennen — womit sie meinen, daß Jesus nach ihrer Überzeugung *vor* (lat. prae) dem Tausendjährigen Reich wiederkommen wird —, mißachten sie die biblische Reihenfolge. Wir sollten die Bibel wörtlich nehmen. Wir haben keine Angst vor Offenbarung 20. Wir lieben dieses Kapitel! Wir glauben es so, wie es da steht!

2. Die Vision von Offenbarung 20,1-3

Beginnen Sie nicht sogleich, diese Verse zu vergeistigen oder zu interpretieren. Nehmen Sie die Vision zunächst wörtlich, genau so, wie Johannes sie sah.

Johannes sieht einen Engel vom Himmel herabsteigen. Der Engel trägt einen Schlüssel, mit dem er den Abgrund verschließen wird. Beim Abgrund handelt es sich um ein tiefes Loch oder vielmehr um einen Schacht. Oben darauf liegt ein Deckel, der aufgeklappt, verschlossen und sogar versiegelt werden kann. Auf der Hand des Engels liegt eine Kette, deren zwei Enden lose herabhängen. Der Engel hat offensichtlich vor, jemanden mit dieser Kette zu fesseln, damit er ihn in den Abgrund sperren kann.

Und was geschieht? Johannes erblickt mit einemmal den Drachen. Dieser ist stark, listig und häßlich. Er ist mit der »alten Schlange« identisch, einem durchtriebenen, hinterhältigen Wesen. Johannes beobachtet, wie der mächtige Engel den Drachen überwältigt. Er bindet ihn fest — so fest, daß die »alte Schlange« tausend Jahre gebunden bleibt. Nachdem der Engel die Schlange gefesselt hat, wirft er sie in den Schacht und verschließt den Deckel. Er versieht den Deckel sogar mit einem Siegel.

3. Was mit der »Bindung« des Drachen gemeint ist

Der Drache ist der Teufel. Seine »Bindung« geschieht im Blick auf die Nationen und tangiert nicht nur ein bestimmtes Volk. Abschnitte wie Matthäus 12,29; Lukas 10,17+18 und Johannes 12,20-32 zeigen deutlich, was gemeint ist. Aus Matthäus 12,29 (bitte den Kontext beachten!) geht hervor, daß Jesus in Verbindung mit seinem ersten Kommen — seinem Sieg über Satan bei der Versuchung in der Wüste, seinem Tod am Kreuz, seiner Auferstehung und seiner Himmelfahrt — den »Starken«, nämlich Beelzebub, den Teufel, gebunden hat. In welchem Sinne? Lukas 10,17+18 und Johannes 12,20-32 machen deutlich, daß Jesus der Macht Satans Einhalt geboten hat, so daß er die Verbreitung des Evangeliums in aller Welt nicht verhindern kann.

Als die siebzig *Missionare* zurückkamen, sagte Jesus: »Ich sah den Satan vom Himmel fallen wie einen Blitz.« Als einige *Griechen* Jesus gerne sehen wollten, rief er: »Nun wird der Fürst dieser Welt ausgestoßen werden. Und ich, wenn ich erhöht werde von der Erde, so will ich alle zu mir ziehen.« Beachte: Mit dem Wort »alle« gibt uns Jesus zu verstehen, daß er nicht nur Juden, sondern auch Griechen zu sich ziehen will.

Unter dem alten Bund war das Heil fast ausschließlich auf die Juden begrenzt. Jetzt wird alles anders. Die Gemeinde breitet sich unter den Nationen aus; sie wird international. Das Evangelium vom Heil wird weit und breit gepredigt, und die Erwählten Gottes in aller Welt werden der Gemeinde hinzugetan. Dieses Zeitalter des Evangeliums ist das erste der beiden »einleitenden Zeichen« (siehe S. 58).

Die tausendjährige »Bindung« Satans bedeutet also folgendes: Der Teufel ist während des gegenwärtigen Milleniums oder »Zeitalters des Evangeliums«, das mit dem ersten Kommen Jesu begann und, was diese Erde betrifft, fast bis zu seiner Wiederkunft andauert, gebunden, und zwar in dieser einen Hinsicht, daß er nicht in der Lage ist, die missionarische Tätigkeit der Gemeinde und ihre Ausbreitung unter allen Völkern der Welt zu unterbinden. Er ist ebensowenig in der Lage, die Gemeinde als mächtige missionarische Institution von den Nationen — der Welt im allgemeinen — ausrotten zu lassen. Die Vorstellung, daß die ganze Welt sich mit der Zeit bekehren oder daß schließlich durch bessere Gesetze, Umverteilungsprogramme usw. »Himmel auf Erden« sein wird, lehne ich strikt ab. Satan wird immer viel Schaden anrichten. Obwohl gebunden, tobt er wie ein wütender Hund und richtet, soweit seine »Kette« es ihm erlaubt, viel Unheil an. Außerhalb dieses Bereichs jedoch kann er nichts tun. Offenbarung 20 lehrt also, daß der Teufel zwar viel Unheil anrichten kann, aber in *einer* Hinsicht fest angebunden ist: Er kann während des »Zeitalters des Evangeliums« die Erwählten aus allen Völkern und Nationen nicht davon abhalten, seine Lügen zurückzuweisen und die Wahrheit, die Gott in seinem Wort offenbart hat, anzunehmen. Es wird allerdings eine »kleine Zeit« geben, in der das weltweite missionarische Wirken der Gemeinde vereitelt werden wird. Das ist die Zeit der Herrschaft des Antichristen, über die wir bereits gesprochen haben. Auf sie folgt die Wiederkunft Jesu.

Fragen zu diesem Kapitel

1. Was bedeutet das Wort »Millenium«?
2. Geben Sie die Reihenfolge der Ereignisse nach Offenbarung 20 an.
3. Welches kommt nach Offenbarung 20 zuerst: die Wiederkunft Jesu oder das tausendjährige Gebundensein Satans?
4. Beschreiben Sie die Vision, die Johannes hatte.
5. Was bedeutet die tausendjährige »Bindung« Satans?

Fragen zum weiteren Nachdenken

1. Was für ein Tausendjähriges Reich erwarten die Prämillenialisten? Weisen Sie nach, daß ihre Konzeption nicht mit der Schrift im Einklang steht.
2. Welche Lehre wird in den Anmerkungen der »Neuen Scofield- Bibel« vertreten? Sind Prämillenialisten notwendigerweise auch »Dispensationalisten«? (Für einen schnellen Überblick über die Lehre des »Dispensationalismus« — aus dispensationalistischer Sicht — siehe Alfred Thompson Eade, *Bibel-Panorama*. Dillenburg: Christliche Verlagsgesellschaft, 1974.)
3. Was versteht man unter den Begriffen »Postmillenialismus« und »Amillenialismus«? Sind Sie mit der Bezeichnung »Amillenialist« als Beschreibung Ihres eigenen Standpunkts zufrieden? Wenn nicht, warum nicht? Würden Sie sich dann als »Postmillenialist« bezeichnen? Wenn nicht, warum nicht? Gibt es verschiedene Arten von Postmillenialismus?
4. Wie würden Sie folgendes Argument widerlegen: »Der gegenwärtige Anstieg der Kriminalität, das Aufbegehren innerhalb der Gesellschaft, die Ausschreitungen gegen Ausländer, die gespannte politische Lage, die große Gleichgültigkeit gegenüber dem Glauben und die weitverbreitete Ablehnung der christlichen Gemeinde — das alles macht überdeutlich, daß der Teufel im gegenwärtigen Zeitalter keinesfalls gebunden ist«?
5. Gehen wir davon aus, daß Satan in unserer heutigen Zeit in *einer* Hinsicht gebunden ist. Wie sollten wir diesen großen Vorteil praktisch nutzen?

Buchtip zum Thema: Robert G. Clouse (Hrsg.), *Das Tausendjährige Reich: Bedeutung und Wirklichkeit*. Mit Beiträgen von George Eldon Ladd, Herman A. Hoyt, Loraine Boettner und Anthony A. Hoekema (Marburg: Verlag der Francke-Buchhandlung, 1983). Zum Thema »Tausendjähriges Reich« hat Professor Robert Clouse vier Theologen mit vier verschiedenen Betrachtungsweisen zusammengebracht. Jeder einzelne stellt jeweils seinen Standpunkt zum Thema dar, worauf die anderen drei aus ihrer Sicht heraus Stellung beziehen.

12. Das Tausendjährige Reich: Was ist mit der »Herrschaft der Heiligen« gemeint?

Bibellese: Offenbarung 20,4-6

1. Der Zusammenhang zwischen der »Bindung Satans« und der »Herrschaft der Heiligen«

Das Millenium auf Erden bezeichnen wir als die »Bindung Satans«, das Millenium im Himmel als die »Herrschaft der Heiligen«. Von der »Bindung Satans« ist in den Versen 1-3, über die wir uns im vorigen Kapitel Gedanken gemacht haben, die Rede; um die »Herrschaft der Heiligen« geht es in den Versen 4-6. Mit »Heiligen« sind hier die Erlösten im Himmel gemeint.

Selbstverständlich besteht zwischen diesen beiden Aspekten des Milleniums — der »Bindung Satans« und der »Herrschaft der Heiligen« — ein sehr enger Zusammenhang. Wie wir gesehen haben, wird Satan in Verbindung mit der persönlichen Herrschaft unseres Mittlers, des Gott-Menschen Jesus Christus, gebunden. Dadurch wird seine Macht auf Erden in *einer* Hinsicht beschnitten. Und in Verbindung mit der persönlichen Herrschaft Jesu im Himmel und vom Himmel her »herrschen« droben auch die Seelen der verstorbenen Gläubigen.

Im Zusammenhang mit der tausendjährigen Herrschaft, von der in den Versen 4-6 die Rede ist, will ich versuchen, folgende vier Fragen zu beantworten:

1. *Wann* findet sie statt?
2. *Wo* findet sie statt?
3. *Welcher* Art ist diese Herrschaft?
4. *Wer* nimmt daran teil?

2. Wann findet sie statt?

Wir haben festgestellt, daß sich das Tausendjährige Reich auf Erden über die Zeitspanne vom ersten bis zum zweiten Kommen Jesu erstreckt. Indessen: Wenn wir es ganz genau nehmen, hört das Tausendjährige Reich auf Erden kurz vor der Wiederkunft Jesu auf. Wir müssen nämlich Platz lassen für Satans »kleine Zeit«, die Periode, in der die Gemeinde Jesu »große Trübsal« erleidet und der Antichrist seine Herrschaft ausübt. Auf diese Periode folgt sofort die glorreiche Wiederkunft Jesu. Natürlich kann sich diese »kleine Zeit« nicht auf den Himmel beziehen. Daraus folgt, daß sich die »Herrschaft der Heiligen« über die ganze Zeit vom ersten bis zum zweiten Kommen Jesu erstreckt. Länger dauert sie natürlich nicht. Warum nicht? Werden denn die Heiligen nicht mit Christus im Himmel weiterregieren, nachdem er zum Gericht wiedergekommen ist? Sicherlich, aber wenn Sie die Verse 4-6 sorgfältig lesen, werden Sie merken, daß diese Herrschaft der Heiligen nur eine Herrschaft ihrer »Seelen« ist. Doch bei der Wiederkunft Jesu werden die Heiligen auferstehen und danach nicht nur als »Seelen« regieren! Aus diesem Grund währt das Tausendjährige Reich im Himmel bis zur Wiederkunft Jesu und zur Auferstehung und nicht länger.

3. Wo findet sie statt?

Die Antwort lautet: dort, wo die Throne sind. Denn wir lesen: »Und ich sah Throne, und sie setzten sich darauf.« Der Thron Christi und seines Volkes befindet sich hier — wie auch sonst in der Offenbarung — im Himmel. Weiter: dort, wo die Seelen der Märtyrer in ihrem körperlosen Zustand leben. Denn wir lesen: »Und ich sah die Seelen derer, die enthauptet sind um des Zeugnisses Jesu willen.« Johannes sieht *Seelen* und keine Leiber. Diese körperlosen Seelen leben im Himmel, nicht auf der Erde. Weiter: dort, wo Jesus ist. Denn wir lesen: »Diese lebten und regierten mit Christus tausend Jahre.« Das Lamm lebt nach Darstellung der Apokalypse im Himmel. Somit findet die tausendjährige Herrschaft im Himmel statt.

4. Welcher Art ist diese Herrschaft?

Es handelt sich bei dieser Herrschaft um ein »Leben mit Christus«: »Diese lebten und regierten.« Diese im Himmel lebenden Seelen beteiligen sich an allen Aktivitäten des Meisters. Sie stehen zusammen mit ihm auf dem himmlischen Berg Zion. Sie folgen ihm — bildlich gesprochen — »auf weißen Pferden« (Offb. 19,14). Sie sprechen mit ihm Recht und preisen ihn ständig für seine gerechten Urteile («Denn wahrhaftig und gerecht sind deine Gerichte«, Offb. 19,2). Sie haben Anteil an seiner königlichen Herrlichkeit. Daher sitzen sie mit ihm auf seinem Thron. Sie haben seinen Namen an ihrer Stirn geschrieben. Nicht allein er, sondern auch sie empfangen eine goldene Krone, die sie anbetend vor seinem Thron niederwerfen.

5. Wer nimmt daran teil?

Erstens: die Seelen der Märtyrer («derer, die enthauptet sind um des Zeugnisses Jesu willen«). Zweitens: alle anderen Gläubigen, nachdem sie in Jesus entschlafen («und die nicht angebetet hatten das Tier« usw.).

Fragen zu diesem Kapitel

1. Nennen Sie die beiden Aspekte des Tausendjährigen Reiches nach Offenbarung 20 und erklären Sie, wie sie zusammenhängen.
2. *Wann* findet die »Herrschaft der Heiligen« statt?
3. *Wo* findet sie statt?
4. *Welcher* Art ist diese Herrschaft?
5. *Wer* nimmt daran teil?

Fragen zum weiteren Nachdenken

1. Wie würden Sie folgendes Argument widerlegen: »Bei den ›Seelen‹ handelt es sich um Menschen, aus Leib und Seele, die während des Tausendjährigen Reiches *auf der Erde* leben; denn in der Bibel wird das Wort ›Seele‹ manchmal im Sinne von ›Mensch‹ verwendet — siehe beispielsweise 1. Mose 46,26: ›Alle Seelen des Hauses Jakob, die nach Ägypten kamen, waren siebzig‹«?
2. Was bedeutet der Satz: »Dies ist die erste Auferstehung« (Offb. 20,5)?
3. Was haben wir unter dem »zweiten Tod« zu verstehen? Und was bedeutet der Satz: »über diese hat der zweite Tod keine Macht«?
4. Wie deuten Sie die Aussage: »Die andern Toten aber wurden nicht lebendig (wörtlich: lebten nicht), bis daß die tausend Jahre vollendet wurden.«
5. Wird das Ende der »Herrschaft der Heiligen« (als »Seelen« im Himmel) für sie ein »Zeichen« sein? Wenn ja, wovon?

V. DIE WIEDERKUNFT JESU

1. Die »selige Hoffnung« — was ist damit gemeint?

Bibellese: Titus 2

1. Zusammenfassung des Kapitels

Das Thema dieses Kapitels ist die Heiligung der zwischenmenschlichen Beziehungen, insbesondere innerhalb der christlichen Familie. Lehre und Leben müssen übereinstimmen. Titus soll deshalb die älteren Männer auffordern, nüchtern und ehrbar zu sein usw.; die älteren Frauen, sich würdevoll zu verhalten; die jungen Männer, Selbstbeherrschung zu üben (wobei Titus selbst mit gutem Beispiel vorangehen soll); und die Sklaven, ihren Herren zu gehorchen, gefällig und absolut zuverlässig zu sein. Paulus sagt außerdem, daß die älteren Frauen die jüngeren dazu anhalten sollen, ihre Männer und Kinder zu lieben, besonnen, zuchtvoll, häuslich, gütig zu sein und sich ihren Männern unterzuordnen. Alle diese Personengruppen sollten von dem Wunsch erfüllt sein, das Wort Gottes in Ehren zu halten, der gesunden Lehre entsprechend zu leben und die Feinde der Wahrheit zu beschämen.

Niemand sollte sich dem Geist Gottes und der durch ihn gewirkten Heiligung entziehen. Ist nicht die Gnade Gottes erschienen, um ihnen allen das Heil zu bringen? Diese Gnade ist:

a. *der große Durchbrecher,* der in das Reich der Finsternis eingedrungen ist und Licht gebracht hat, nämlich das Licht der Erkenntnis, der Heiligung, der Freude und des Friedens («das Heil»);

b. *der weise Pädagoge,* der uns lehrt, weltliche Begierden zu kreuzigen und ein Leben der Hingabe an Christus zu führen;

c. *der fähige Zubereiter,* der uns auf die Erfüllung unserer »seligen Hoffnung« hinweist, auf das Erscheinen der Herrlichkeit unseres großen Gottes und Retters Christus Jesus; und

d. *der gründliche Reiniger,* der uns in Christus von aller Ungerechtigkeit erlöst und uns zu einem Volk macht, das Gott als besonderes Eigentum gehört und voll Eifer danach strebt, das Gute zu tun.

Titus soll ständig über dieses herrliche Leben in der Heiligung lehren, an dem alle teilhaben sollen. Es sollte Gott dargebracht werden als Dankopfer für seine herrliche Gnade. Titus soll also darauf achten (indem er selbst ein solches Leben führt), daß niemand ihn oder seine Worte geringachtet.

2. Die Bedeutung der »seligen Hoffnung« (Titus 2,13)

Der Apostel sagt uns, daß wir, von der Gnade Gottes unterwiesen, in dieser Welt ein Leben führen sollen, das von Selbstbeherrschung, Fairneß und Hingabe geprägt ist, »während wir auf die selige Hoffnung warten, das Erscheinen der Herrlichkeit unseres großen Gottes und Retters Christus Jesus.«

So habe ich diesen Vers in meinem *New Testament Commentary on I and II Timothy and Titus* (Grand Rapids: Baker, 1957) übersetzt. Nähere Einzelheiten der Auslegung sind diesem Kommentar zu entnehmen.

Die Gläubigen warten auf die »selige Hoffnung«. Mit dem Ausdruck »die selige Hoffnung« ist die Erfüllung dieser Hoffnung gemeint. »Hoffnung« als solches bedeutet: ein ernsthaftes Verlangen, eine vertrauensvolle Erwartungshaltung und geduldiges Ausharren. Diese Hoffnung wird als »selig« bezeichnet, weil sie Bereitschaft, Glück, Freude, Wonne und Herrlichkeit vermittelt.

Sogar *die Ausübung dieser Hoffnung* ist »selig«, weil sie ein unerschütterliches Fundament hat (1. Tim. 1,1+2; Hebr. 6,19), einen herrlichen Urheber (Röm. 15,13), ein wunderbares Ziel (das ewige Leben, das Heil, die Herrlichkeit, Tit. 1,2; 3,7), wertvolle Auswirkungen (Ausdauer, 1. Thess. 1,3, Reden in Freimut, 2. Kor. 3,12, Reinheit des Lebens, 1. Joh. 3,3) und immerwährenden Bestand (1. Kor. 13,13).

Also wird *die Erfüllung dieser Hoffnung* mit Sicherheit auch »selig« sein! Die Erfüllung dieser Hoffnung ist aber das »Erscheinen in Herrlichkeit (oder die Erscheinung der Herrlichkeit) unseres großen Gottes und Retters Christus Jesus«. Was diesen letzten Ausdruck betrifft, ist die Wiedergabe der revidierten Lutherbibel («des großen Gottes und unsers Heilandes Christus Jesus«) ziemlich verwirrend. Sie stellt nicht klar genug heraus, daß Paulus Jesus hier *Gott* nennt. Es muß hervorgehoben werden, daß der Apostel nicht von zwei Personen spricht, sondern von *einer* Person. Er sagt, daß Christus Jesus »unser großer Gott und Retter« ist. Eine korrekte Wiedergabe bieten die Elberfelder Bibel, die Einheitsübersetzung und die Jerusalemer Bibel.

Im Licht des ganzen Kontexts betrachtet, will der Apostel also folgendes sagen: Die Tatsache, daß wir das herrliche Erscheinen unseres großen Gottes und Retters Christus Jesus freudig erwarten, bereitet uns effektiv auf das Leben mit ihm vor. Wie geschieht nun diese Vorbereitung? Erstens: Die Wiederkunft Jesu wird so über alle Maßen herrlich sein, daß die Gläubigen sie auf keinen Fall verpassen möchten, sondern »mit Christus in Herrlichkeit offenbar werden« wollen (Kol. 3,4). Zweitens: Diese freudige Erwartung erfüllt die Gläubigen mit Dankbarkeit, und Dankbarkeit wirkt durch Gottes Gnade Bereitsein. Wenn jemand Ihnen eine große Wohltat erwiesen hat, werden Sie darauf bedacht sein, ihm in einem tipptopp aufgeräumten Haus einen herzlichen Empfang zu bereiten. Wenn wir daran denken, wie der Jesus, der unsere Seele erneuert hat, auch unseren Leib erneuern wird, so daß er seinem herrlichen Auferstehungsleib gleicht; wie er uns in Empfang nehmen wird, wenn wir in die Luft entrückt werden, ihm entgegen; wie er uns beim Jüngsten Gericht freisprechen wird; wie wir für immer mit ihm in einem herrlichen, erneuerten Universum leben werden; und wenn wir zudem bedenken, daß wir die ewige Verdammnis, aber keineswegs diese Herrlichkeit verdient haben, dann werden wir uns durch seine Gnade sehr sorgfältig darauf vorbereiten, ihm bei seiner Wiederkunft zu begegnen!

Fragen zu diesem Kapitel

1. Wie würden Sie Titus 2 zusammenfassen?
2. Was bedeutet das Wort »Hoffnung« in Titus 2,13 — das Hoffen als solches oder die Verwirklichung des Erhofften?
3. Beweist Titus 2,13, daß Jesus Gott ist? Begründen Sie Ihre Antwort.
4. Wie bereitet uns unsere freudige Erwartung der Wiederkunft Christi darauf vor, mit ihm zu leben?
5. Was bedeutet das Wort »selig« in dem Ausdruck »die selige Hoffnung«?

Fragen zum weiteren Nachdenken

1. Sind Sie in der Lage, den Inhalt dieses Buches (siehe das Inhaltsverzeichnis) so zusammenzufassen, daß die biblische Lehre von den letzten Dingen für Sie selbst ein zusammenhängendes Ganzes ergibt? Versuchen Sie es.
2. Wenn Sie einen Gast erwarten, werden Sie bis zu seiner Ankunft alles vorbereitet haben: das Gästezimmer, das, was Sie gemeinsam unternehmen wollen, usw. Übertragen Sie dies auf die Vorbereitungen, die wir im Hinblick auf die Wiederkunft Jesu treffen.
3. Aus welchem Grund beharrte Paulus darauf, Jesus als »unseren großen Gott und Retter« zu bezeichnen?
4. Zielt die Hoffnung des Gläubigen auf Menschen oder auf Gott? Mit anderen Worten: Geht es uns bei dieser Hoffnung nur um die Freude, die wir in der Ewigkeit haben werden, oder sind wir auch auf die Ehre Gottes bedacht, die sich in unserer völligen Erlösung erweisen wird? Könnte es sein, daß letzteres sogar wichtiger ist?
5. Was können wir tun, um sowohl bei uns als auch bei anderen diese herrliche Erwartung der »seligen Hoffnung« zu entfachen und zu intensivieren?

2. Wer wird wiederkommen?
Wie oft wird er wiederkommen?
Wann wird er wiederkommen?

Bibellese: Apostelgeschichte 1,6-11; Matthäus 24,36

In diesem wie im nächsten Kapitel wollen wir über die Wiederkunft Jesu sprechen. Hierzu gibt es viele angrenzende Themen wie die Auferstehung, Harmagedon, die Entrückung, das Jüngste Gericht, der neue Himmel und die neue Erde. Auf diese Themen kommen wir später zu sprechen.

Folgende sechs Fragen dienen als Einstieg in das Thema:

Wer wird wiederkommen?
Wie oft wird er wiederkommen?
Wann wird er wiederkommen?
Woher und wohin wird er wiederkommen?
Wie wird er wiederkommen?
Wozu wird er wiederkommen?

Wir werden uns in diesem Kapitel mit den drei ersten Fragen befassen; auf die drei letzten gehen wir im nächsten Kapitel ein.

1. Wer wird wiederkommen?

»Jesus, natürlich«, antworten Sie. Und wenn ich fragte: »Ja, aber in welcher Eigenschaft?«, würden Sie wohl erwidern: »Als Richter, natürlich.« Und Ihre Antwort wäre vollkommen richtig. Meine Frage hätten Sie damit allerdings noch nicht erschöpfend beantwortet.

Für den Christen ist es sicherlich tröstlich, sich ihn als den wiederkommenden *Menschensohn* vorzustellen (Mt. 24,30; 25,31), als den, der durch Leiden zur Herrlichkeit gelangt ist und daher zutiefst mit seinem Volk mitleidet — einem Volk, das durch die Jahrhunderte und besonders durch Satans »kleine Zeit« der »großen Trübsal« hindurch um Jesu willen schwer gelitten haben wird. Es wird ihn wiederkommen sehen in Herrlichkeit, wie von Daniel und von Jesus selbst, als er vor Kaiphas stand, vorausgesagt. Ferner kommt er als der *Herr* wieder, der seine Diener belohnen wird (Mt. 25,21+23).

Er kommt weiterhin als der *Bräutigam,* um seine Braut zu sich zu holen.

Und im angegebenen Abschnitt aus der Apostelgeschichte kommt sehr gut zum Ausdruck, daß *derselbe Jesus* (»dieser Jesus«) wiederkommen wird, der damals »gen Himmel« gefahren ist. Zu beachten wäre auch Lukas 24,51: »Und es geschah, da er sie *segnete,* schied er von ihnen.« Sie können sicher sein: Wenn Jesus seine Jünger segnend verlassen hat, dann wird er auch segnend wiederkommen. Denn »dieser Jesus, welcher von euch ist aufgenommen gen Himmel, wird *so* kommen, wie ihr ihn habt gen Himmel fahren sehen«.

2. Wie oft wird er wiederkommen?

Christen, die Dispensationalisten sind, sprechen von mindestens zwei »Wiederkünften«: einer ersten Wiederkunft *für* die Heiligen, einer zweiten Wiederkunft *mit* den Heiligen. Sie sprechen ebenfalls von drei leiblichen Auferstehungen; von drei, vier, fünf oder sechs Gerichten; von mehreren »Orten der Qual«; von zwei auserwählten Völkern; von mehreren Kategorien böser Wesen; von sieben Zeitaltern; und von acht Bündnissen (obwohl nicht alle Dispensationalisten sich, was diese Zahlen betrifft, einig sind). Das alles macht die Bibel zu einem sehr schwierigen Buch. An dieser Stelle möchte ich die Frage stellen: »Wie oft ist Jesus gen Himmel gefahren?« Sie antworten: »Nur einmal, natürlich.« Gut, dann können wir auch feststellen, wie oft Jesus wiederkommen wird: »Dieser Jesus, welcher von euch ist aufgenommen gen Himmel, wird *so* kommen, wir ihr ihn habt gen Himmel fahren sehen.« Wenn er nur *einmal* gen Himmel gefahren ist, wird er auch nur *einmal* wiederkommen. Nirgendwo deutet die Bibel an, daß es mehr als eine glorreiche Wiederkunft geben wird.

3. Wann wird er wiederkommen?

Wir wissen, daß er erst dann kommen wird, wenn das Evangelium in aller Welt gepredigt (Mt. 24,14) und der »Mensch der Sünde« offenbart worden ist (2. Thess. 2,3), wie schon an anderer Stelle erklärt. Wir wissen ebenfalls, daß er erst wiederkommen kann, wenn die Juden und Heiden in voller Zahl das Heil erlangt haben; das heißt, er wird dann kommen, »wenn die Zahl der Erwählten vollständig ist« (2. Petr. 3,9; vgl. Confessio Belgica, Kap. XXXVII). Ansonsten wissen wir nur: »Von dem Tage aber und von der Stunde weiß niemand, auch die Engel nicht im Himmel, auch nicht der Sohn, sondern allein der Vater.«

Fragen zu diesem Kapitel

1. Wie lauten die sechs Fragen, die in diesem und im nächsten Kapitel besprochen werden?
2. *Wer* wird wiederkommen? Mit welchen trostreichen Bezeichnungen wird er in der Schrift bedacht?
3. *Wie oft* wird Jesus wiederkommen?

4. Inwiefern haben Dispensationalisten die Bibel zu einem schwerverständlichen Buch gemacht?

5. *Wann* wird Jesus wiederkommen?

Fragen zum weiteren Nachdenken

1. Wir haben über die trostreichen Bezeichnungen des wiederkommenden Herrn gesprochen. Aber gibt es nicht auch schreckeneinflößende Bezeichnungen, aus denen hervorgeht, wie er mit den Gottlosen umgehen wird?

2. Einige Christen begegnen dem Dispensationalismus ziemlich gleichgültig. Sie sagen: »Über dieses Thema ist das letzte Wort noch nicht gesprochen.« Ist diese Haltung richtig?

3. Welche falschen Vorstellungen über die Errichtung des Königreichs hatten die Jünger nach Apostelgeschichte 1,6-8? Und was wollte Jesus ihnen mit seiner Antwort (Verse 7+8) zu verstehen geben?

4. Ist Jesus wirklich allwissend? Weshalb heißt es denn in Matthäus 24,36, daß der Sohn »weder Tag noch Stunde« weiß?

3. Woher und wohin wird er wiederkommen? Wie wird er wiederkommen? Wozu wird er wiederkommen?

Bibellese: 2. Thessalonicher 1

1. Woher und wohin wird er wiederkommen?

Um die Frage: »Woher wird Jesus wiederkommen?« richtig beantworten zu können, müssen wir zunächst einmal feststellen, wohin er bei seiner Himmelfahrt ging. Darüber drückt sich die Bibel sehr klar aus. Der Herr Jesus fuhr vor fast 2000 Jahren leiblich und sichtbar vom Ölberg aus in den Himmel (Apg. 1,12). »Und da er solches gesagt, ward er aufgehoben zusehends, und eine Wolke nahm ihn auf vor ihren Augen weg« (Apg. 1,9). ». . . und fuhr auf gen Himmel« (Lk. 24,51). Er »durchschritt die Himmel« (Hebr. 4,14) und setzte sich »zur Rechten Gottes im Himmel über alle Reiche, Gewalt, Macht, Herrschaft und was sonst genannt mag werden« (Eph. 1,20+21).

Es ist bei einer solchen Beschreibung schwer, zwischen dem Physischen und dem Geistlichen, zwischen dem wörtlich und dem bildlich Gemeinten zu unterscheiden. Eines ist jedoch klar: Der Himmel ist ein Ort und nicht nur ein Zustand. Fest steht ebenfalls: Als die menschliche Natur Jesu im Himmel ankam, breitete sich sein Leib weder über den ganzen Himmel aus noch wurde er »allgegenwärtig«. Deshalb wird der Herr Jesus bei seiner Wiederkunft von dem Platz aus zurückkehren, an dem er sich bis dahin aufgehalten hat. Er wird herabsteigen und, auf den Wolken kommend, gesehen werden. Von dort aus wird er seinem Volk entgegengehen, das seinerseits von der Erde »entrückt« wird, um ihm »in der Luft« zu begegnen (1. Thess. 4,17).

Einige Bibelausleger leiten aus Versen wie Hiob 19,25; Apostelgeschichte 1,11 und Sacharja 14,4 ab, daß Jesus als nächstes auf die Erde herabsteigen und dort das Endgericht halten wird. Andere drücken sich weniger bestimmt aus und stellen einfach fest, daß das Endgericht einen Ort erfordert, wo, und eine Zeit, während der es abgehalten werden kann (siehe S. 102ff.).

2. Wie wird er wiederkommen?

Sein Kommen wird *plötzlich* geschehen. Es wird die Menschen überraschen. Vor einem Augenblick war »das Zeichen« noch nicht zu sehen. Auf einmal ist es da (1. Thess. 5,1-3)!

Es wird eine Reihe von Ereignissen einleiten, die rasch aufeinanderfolgen werden. Beachten Sie den Wortlaut von 1. Korinther 15,52 und Offenbarung 20,11.

Jesus wird *in großer Herrlichkeit* kommen: »wenn nun der Herr Jesus sich offenbaren wird vom Himmel in Feuerflammen mit der Macht seiner Engel« (2. Thess. 1,7). Er verläßt den Himmel zusammen mit großen Engelscharen und den Seelen der Erlösten (1. Thess. 3,13).

Wie wir bereits aufgezeigt haben, wird es ein *leibliches* Kommen sein.

Wird das zweite Kommen Jesu auch *sichtbar* stattfinden? (Theoretisch ist es möglich, daß es physisch oder leiblich geschieht, ohne für menschliche Augen sichtbar zu sein.) Und wird man es auch *hören* können? Auf diese Fragen gehen wir auf S. 100ff. ein.

3. Wozu wird er wiederkommen?

Zählen wir hier einige Antworten aus der Bibel auf. Er wird wiederkommen,

a. um »Vergeltung zu üben an denen, die Gott nicht kennen, und an denen, die nicht gehorsam sind dem Evangelium« (2. Thess. 1,8);

b. »um in seinen Heiligen verherrlicht und in allen denen bewundert zu werden, die geglaubt haben« (2. Thess. 1,10, Elberf. Übers.);

c. um »zu richten die Lebendigen und die Toten« (Mt. 25,31-46; Joh. 5,22.27+28; 2. Kor. 5,10; 2. Tim. 4,1; 1. Petr. 4,5; Offb. 20,11-15);

d. um »alles neu zu machen« (Offb. 21,5).

Fragen zu diesem Kapitel

1. Woher wird Jesus kommen und wohin wird er gehen?
2. Ist der Himmel ein Ort? Ist Jesus gerade jetzt im Himmel leiblich anwesend?
3. Wer wird den Herrn bei seiner Wiederkunft begleiten?
4. Beschreiben Sie dieses Kommen.
5. Wozu wird Jesus wiederkommen?

Fragen zum weiteren Nachdenken

1. Gibt es einen Unterschied zwischen der reformierten und der lutherischen Auffassung der Himmelfahrt Jesu? Wenn ja, wie wirkt sich dieser Unterschied auf die Lehre von der Wiederkunft aus?
2. Inwiefern lehrt das Gleichnis von den fünf klugen und den fünf törichten Jungfrauen, daß es nach der Wiederkunft Jesu keine Gelegenheit mehr geben wird, Buße zu tun und errettet zu werden?

3. Bei der Himmelfahrt Jesu ist von einer Wolke die Rede, und im Zusammenhang mit der Wiederkunft des Herrn werden wieder Wolken erwähnt. Haben diese Wolken neben ihrer wörtlichen in der Schrift auch eine symbolische Bedeutung?

4. Wie können wir dafür sorgen, daß Verstand und Herz unserer Kinder mit echter Freude und Dankbarkeit erfüllt sind, wenn sie an die Wiederkunft Jesu denken?

5. Wie wird Jesus bei seiner Wiederkunft »in seinen Heiligen« verherrlicht werden?

VI. EREIGNISSE, DIE MIT DER WIEDERKUNFT JESU IN VERBINDUNG STEHEN

1. Die Auferstehung.
Wie viele Auferstehungen wird es geben?
Wie ist eine Auferstehung überhaupt möglich?

Bibellese: Johannes 5,19-30

Wenn Jesus wiederkommt, wird er die Toten auferwecken (1. Kor. 15,52). Wir lesen Johannes 5,19-30, wo diese Auferstehung erörtert wird.

1. Kurze Zusammenfassung dieses Abschnitts

Jesus hatte den Kranken am Teich Bethesda geheilt, und zwar an einem Sabbat. Die Juden beschuldigten den Kranken (und damit indirekt Jesus), dadurch den Sabbat entheiligt zu haben. Jesus begegnete ihrer Kritik mit den Worten: »Mein Vater wirkt bis auf diesen Tag, und ich wirke auch.« Aufgrund dieses Ausspruchs warfen ihm die Juden vor, sich selbst Gott gleichzustellen. Sie suchten nach einer Gelegenheit, ihn umzubringen. Aber Jesus rechtfertigte sein Handeln mit folgenden Argumenten:

a. Wenn ihr mich, den Sohn, angreift, greift ihr auch den Vater an, denn was der Sohn tut, tut gleicherweise auch der Vater.

b. Wundert ihr euch darüber, daß ich diesen Kranken geheilt habe? Es werden »noch größere Werke« geschehen: Die Toten werden auferweckt und alle Menschen gerichtet werden.

c. Ihr stellt in Frage, daß ich die Toten auferwecken und das Gericht halten kann. Ich vermag jedoch ersteres, weil der Vater es mir gegeben hat, das Leben zu haben in mir selber, und letzteres, weil ich »des Menschen Sohn« bin.

d. Wer mit Unglauben oder Haß auf meine Worte und Taten reagiert oder nur darüber staunen kann, der hat nicht erkannt, worum es hier in Wirklichkeit geht. Die einzige angemessene Reaktion ist der Glaube, der den Sohn ebenso ehrt wie den Vater.

e. Wer diesen Glauben hat, der kommt nicht in das Gericht, sondern er ist schon jetzt vom Tode zum Leben hindurchgedrungen.

f. Am Jüngsten Tag werden die Gläubigen zusammen mit allen anderen Toten leiblich auferstehen. Doch wird es einen gewaltigen Unterschied geben zwischen beiden Gruppen: »Die da Gutes getan haben, werden hervorgehen zur Auferstehung des Lebens, die aber Übles getan haben, zur Auferstehung des Gerichts.«

2. Was den Zeitpunkt betrifft, wird es nur eine einzige Auferstehung des Fleisches geben.

Wir konzentrieren uns hier auf zwei Verse, die wie folgt wiedergegeben werden können:

»Hört auf, euch darüber zu wundern. Denn die Stunde kommt, in der alle, die in den Gräbern sind, seine Stimme hören und hervorkommen werden: wer Gutes getan hat, zur Auferstehung des Lebens; wer Böses getan hat, zur Auferstehung des Gerichts« (Verse 28+29).

Wie viele Auferstehungen wird es geben? Einige Ausleger sind der Ansicht, es werde zwei geben. Jesus habe sie hier sogar genannt: die »Auferstehung des Lebens« und die »Auferstehung des Gerichts«.

Zugegebenermaßen: Wenn wir unsere ganze Aufmerksamkeit auf den großen Gegensatz richten zwischen der Auferstehung der Gottlosen einerseits und der Auferstehung der Gläubigen andererseits, dann gibt es in der Tat zwei leibliche Auferstehungen. Aber ist das wirklich alles, was die Dispensationalisten meinen, wenn sie von zwei oder mehr Auferstehungen sprechen? Sie meinen vielmehr, daß diese Auferstehungen zeitlich auseinander liegen werden. In *diesem* Sinne sprechen einige von zwei, drei oder sogar vier Auferstehungen (oder »Auferstehungsperioden«).

Aber diese Auffassung steht offensichtlich im Widerspruch zu den oben angeführten Versen aus dem Johannesevangelium. In diesen Versen wird ausdrücklich betont, daß alle, Gläubige wie Ungläubige, in derselben »Stunde« auferstehen werden. Gewiß, niemand weiß genau, wie lange diese »Stunde« dauern wird. Aber wichtig ist: Weder hier noch an irgendeiner anderen Stelle der Bibel wird ein Zeitunterschied erwähnt. Wenn die Stunde schlägt, werden alle hervorkommen. Die eine allgemeine Auferstehung umfaßt sowohl die Gerechten als auch die Ungerechten (siehe Apg. 24,15). Martha aus Bethanien wußte von nur *einer* allgemeinen leiblichen Auferstehung. Sie sagte: »Ich weiß wohl, daß mein Bruder auferstehen wird bei *der* Auferstehung.« Ihre Angaben sind sogar noch genauer, denn sie spricht von »der Auferstehung *am Jüngsten Tage*« und nicht von der Auferstehung, die 1000 Jahre *vor* dem Jüngsten Tag stattfinden wird. Und Jesus Christus sagt nicht weniger als viermal im Verlauf von einer einzigen Rede, daß er die Gläubigen »am Jüngsten Tage« auferwecken wird (Joh. 6,39+40.44.54). Es wird also, was den Zeitpunkt betrifft, nur *eine* allgemeine Auferstehung geben, nicht zwei, drei oder vier Auferstehungen (oder gar »Auferstehungsperioden«).

3. Die Toten werden auferstehen — aber wie ist das möglich?

Haben Sie schon einmal versucht, sich vorzustellen, was

das bedeuten wird, wenn alle Menschen, die jemals auf der Erde gelebt haben, auferstehen werden — auch die Märtyrer, die von Löwen zerrissen oder bei lebendigem Leibe verbrannt wurden? Der menschliche Verstand wird dieses Geheimnis niemals fassen können, zumindest nicht im Diesseits. Aber einige erläuternde Anmerkungen sind dennoch möglich. Mit dem Begriff »Auferstehung« ist nicht gemeint, daß alle Elemente unseres früheren Körpers wieder zusammengefügt werden. Doch wird von jedem Leib ein »Same« oder »Korn« bewahrt bleiben. Der Herr wird aus diesem »Samen« und um ihn herum einen neuen Leib schaffen, der mit seinem Urbild übereinstimmt: »Einem jeglichen Samen gibt Gott seinen eigenen Leib« (1. Kor. 15,38). Auf diese Weise behält jeder menschliche Körper seine eigene Identität bei. Wenn das nicht zuträfe, wäre es töricht, von einer »Auferstehung« des Fleisches zu sprechen. In der niederländischen Confessio Belgica aus dem Jahr 1561 heißt es daher zu Recht: »Denn es werden alle Toten aus der Erde auferweckt und ihre Seelen mit ihrem eigenen Leib, in dem sie früher gelebt haben, zusammengeführt und vereinigt werden« (Kap. XXXVII). Der allmächtige Gott kann und wird dies tun!

Fragen zu diesem Kapitel

1. Inwiefern kann man sagen, daß es zwei leibliche Auferstehungen geben wird?
2. Inwiefern stimmt es, daß es nur *eine* leibliche Auferstehung geben wird?
3. Weisen Sie nach, daß es nur *eine* leibliche Auferstehung geben wird, bei der alle, Gläubige wie Ungläubige, zur gleichen Zeit auferweckt werden.
4. Ist mit dem Begriff »Auferstehung« gemeint, daß sämtliche Elemente unseres früheren Körpers wieder zusammengefügt werden?
5. »Einem jeglichen Samen gibt Gott seinen eigenen Leib« (1. Kor. 15,38). Was ist mit dieser Bibelstelle gemeint?

Fragen zum weiteren Nachdenken

1. In Offenbarung 20,5+6 ist von einer »ersten Auferstehung« die Rede. Daraus kann man schließen, daß eine zweite Auferstehung folgen muß. Gibt es also doch zwei *leibliche* Auferstehungen? Was meinen Sie?
2. »Aus dem Ausdruck ›die Auferstehung des Fleisches‹ ist abzuleiten, daß der Leib, den wir bei der Wiederkunft Christi erhalten werden, mit unserem gegenwärtigen Körper in allem, also auch in seiner physischen Zusammensetzung, identisch sein wird.« Stimmen Sie dieser Aussage zu?
3. Wir haben in diesem Kapitel festgestellt, daß von jedem menschlichen Leib ein »Same« (oder »Korn« oder »Keim«) bis zuletzt bewahrt bleibt. Steht dieser Gedanke im Widerspruch zur wissenschaftlichen Lehre vom Zerfall der Materie?
4. Was würden Sie folgendem Argument entgegenhalten:

»Die Bibel sagt nirgends, daß von jedem menschlichen Leib ein ›Same‹ bewahrt bleibt. Der Satz: ›Einem jeglichen Samen gibt Gott seinen eigenen Leib‹ (1. Kor. 15,38) bezieht sich auf die Pflanzenwelt (beachte den Kontext), nicht auf den menschlichen Körper«?
5. Was ist schwerer zu glauben — daß Gott unseren Leib auferwecken wird oder daß er Himmel und Erde und alles, was darinnen ist, erschaffen hat?

2. Die Auferstehung. Was sind die zwei auffälligen Gegensätze?

Bibellese: Daniel 12,1-3; 1. Korinther 15,35- 49

1. Der erste Gegensatz: der Auferstehungsleib der Verdammten, verglichen mit dem Auferstehungsleib der verherrlichten Heiligen

Die Bibel sagt nur wenig über den Auferstehungsleib. Das trifft insbesondere auf den Auferstehungsleib der Verlorenen zu. Manchmal werden Bibelstellen wie Daniel 12,2; Jesaja 66,24; Matthäus 8,12; Offenbarung 20,10b so gedeutet, als würden sie das physische Aussehen der auferweckten Verworfenen beschreiben. Es ist aber nicht zu beweisen, daß sich diese Bibelstellen ausschließlich auf das Aussehen des Leibes beziehen. Im Gegenteil, sie sprechen eher von den Qualen, die die Verlorenen nach Leib und Seele erleiden werden. Es läßt sich auch schwer feststellen, inwieweit diese Beschreibungen wörtlich zu nehmen sind oder bildlich aufgefaßt werden müssen. Eines läßt sich jedoch auf alle Fälle sagen: Diese Leiber werden einen schrecklichen Anblick bieten. Sie werden sogar die Verdammten voreinander erschaudern lassen. Die obenerwähnten Bibelstellen lassen direkt oder indirekt darauf schließen, daß sich die Leiber, in denen die Gottlosen die Ewigkeit verbringen müssen, in einem gräßlichen Zustand befinden werden. Dies wird sehr deutlich, wenn wir diese Bibelstellen aneinanderreihen:

»Und viele werden aufwachen . . . zu ewiger Schmach und Schande. Ihr Wurm wird nicht sterben, und ihr Feuer wird nicht verlöschen, und sie werden allem Fleisch ein Greuel sein. Die Gottlosen werden ausgestoßen in die Finsternis hinaus; da wird sein Heulen und Zähneklappern. Und sie werden gequält werden Tag und Nacht von Ewigkeit zu Ewigkeit.«

Lesen Sie selbst, was über die Erlösten und deren Auferstehungsleib gesagt wird:

»Und werden leuchten wie des Himmels Glanz, und wie die Sterne immer und ewiglich. So werden wir nach dem Bild des Himmlischen gestaltet. Wir werden in die Gestalt seines verherrlichten Leibes verwandelt. Wir werden ihm gleich sein« (Dan. 12,3; 1. Kor. 15,49; Phil. 3,21; 1. Joh. 3,2). Welch ein ungeheurer Gegensatz! Einerseits von Sünde und Qualen gezeichnete Gesichter, andererseits nichts als Heiligkeit und Herrlichkeit!

2. Der zweite Gegensatz: unser gegenwärtiger Leib, verglichen mit unserem Auferstehungsleib

Dieser Gegensatz betrifft nur die Leiber der Gläubigen. In 1. Korinther 15,42-44 werden vier Punkte herausgestellt:

a. *»Es wird gesät verweslich und wird auferstehen unverweslich.«* Unser Leib ist vom Augenblick der Empfängnis an bis zu unserem letzten Atemzug der Macht des Todes unterworfen. Schon mit dem Beginn des Lebens setzt auch der Sterbeprozeß ein. Dieser Prozeß des Verfalls setzt sich sogar im Grabe fort. Aber unser Auferstehungsleib wird nicht mehr der Verwesung preisgegeben sein. Er wird sich durch immerwährende Frische, Vitalität und Liebreiz auszeichnen. Und da er dem Tod nicht unterworfen sein wird, wird logischerweise die Fortpflanzung zur Erhaltung der Rasse nicht mehr notwendig sein. Aus diesem Grunde wird es keine ehelichen Beziehungen mehr geben. Das bedeutet jedoch nicht, daß die geschlechtsspezifischen geistlichen Charakteristika nicht mehr vorhanden sein werden. Die Bibel deutet nirgends an, daß die Seele einer Frau jemals aufhören wird, weiblich zu sein. Aber im Bereich der körperlichen Beziehungen werden wir sein wie die Engel, die weder heiraten noch verheiratet werden.

b. *»Es wird gesät in Unehre und wird auferstehen in Herrlichkeit.«* Wenn wir unseren gegenwärtigen Leib mit dem Leib vergleichen könnten, den Adam und Eva vor dem Sündenfall hatten, würden wir begreifen, warum Paulus sagt, daß es unserem gegenwärtigen Leib an »Herrlichkeit« mangelt. Und wenn es uns jetzt schon, während wir noch am Leben sind, an Herrlichkeit mangelt — wieviel mehr dann, wenn unser Leib in den Staub der Erde »gesät« wird! Unser Auferstehungsleib wird jedoch herrlich sein, denn er wird dem verherrlichten Leib Jesu ähneln (Phil. 3,20+21). Wir werden ihm gleich sein! Denken Sie einen Augenblick an den Glanz, die Schönheit und die Kraft des verherrlichten Jesus. Er war sogar in der Lage, geradeswegs in den Himmel emporzusteigen.

c. *»Es wird gesät in Schwachheit und wird auferstehen in Kraft.«* Der Leib, den wir jetzt haben, ist schwach, und zwar von der Wiege bis zum Grab. Unser Auferstehungsleib wird aber stark sein. Unsere Sehkraft wird niemals nachlassen, wir werden niemals ein Hörgerät benötigen; unsere Knie werden niemals wanken, unsere Hände niemals zittern. Wir werden laufen und nicht matt werden, wandeln und nicht müde werden.

d. *»Es wird gesät ein natürlicher Leib und wird auferstehen ein geistlicher Leib.«* Unser gegenwärtiger Leib wird von der Seele gesteuert, d. h. von dem unsichtbaren Teil unseres Wesens, hier betrachtet als durch die Sünde verunreinigter Sitz der Sinneswahrnehmungen, der Empfindungen und des Willens. Unser zukünftiger Leib wird jedoch vom Geist gesteuert werden. Er wird ein bereitwilliges Werkzeug sein für den unsichtbaren Teil unseres Wesens, hier betrachtet als Empfänger göttlicher Impulse und Instrument der Anbetung Gottes. Und mit diesem Leib werden wir Gott in alle Ewigkeit verherrlichen.

Fragen zu diesem Kapitel

1. Was erfahren wir aus der Bibel über den Auferstehungsleib der Verlorenen?

2. Was sagt die Bibel — im Gegensatz hierzu — über den Auferstehungsleib der Erlösten?

3. Was bedeutet: »Es wird gesät verweslich und wird auferstehen unverweslich« und »Es wird gesät in Unehre und wird auferstehen in Herrlichkeit«?

4. Was bedeutet: »Es wird gesät in Schwachheit und wird auferstehen in Kraft«?

5. Und was bedeutet: »Es wird gesät ein natürlicher Leib und wird auferstehen ein geistlicher Leib«?

Fragen zum weiteren Nachdenken

1. Sollten Pastoren in ihren Predigten den Zustand der Verlorenen bei der Wiederkunft Jesu in allen Einzelheiten schildern oder lieber den Gnadenstand der Erlösten hervorheben?

2. Was für Menschen werden laut Daniel 12,3 an der Auferstehung des Lebens teilhaben? Kann man diesen Vers als Aufforderung verstehen, Menschen für Jesus zu gewinnen?

3. Warum heißt es in Daniel 12,2: »Und *viele,* die unter der Erde schlafen liegen, werden aufwachen . . .« Warum steht dort nicht: »Und *alle* . . .«?

4. Werden Menschen, die schon als Kinder starben, auch als Kinder auferstehen und werden sie immer in diesem Zustand bleiben?

5. Wie fügt sich 1. Korinther 15,58 in dieses Kapitel ein?

3. Was ist Harmagedon?

Bibellese: Richter 4,12-16; Offenbarung 16,12- 16

1. Die Frage, auf die Harmagedon die Antwort gibt

Im vorigen Kapitel haben wir festgestellt: Auch die Seelen der vielen Ungläubigen, die in ihren Sünden umgekommen sind, werden bei der Auferstehung des Gerichts einen Auferstehungsleib erhalten. Außerdem werden zur Zeit der Wiederkunft Jesu noch viele gottlose Menschen am Leben sein (Lk. 21,26). Vom Antichristen angeführt, werden diese bis zuletzt die wahre Gemeinde Jesu aufs grausamste verfolgen. Was genau wird mit diesen vielen gottlosen Menschen geschehen? Auf diese Frage gibt Harmagedon die Antwort.

2. Die Bedeutung von Harmagedon im Licht des Alten Testaments

Um die »Schlacht von Harmagedon« korrekt deuten zu können, müssen wir uns zunächst mit der Geschichte befassen, in der dieses Symbol vermutlich seinen Ursprung hat. Diese Geschichte steht in Richter 4+5. Alles, was dort beschrieben wird, spielt sich lange vor der Menschwerdung Jesu ab. Israel war wieder einmal in großer Not. Es wird vom kanaanitischen König Jabin unterdrückt. Dessen Leute ziehen immer wieder aus, um die Ernte der Israeliten zu rauben und ihre Äcker zu verwüsten. Die Räuber sind so zahlreich, daß die Israeliten sich vor ihnen versteckt haben und sich nicht mehr auf die Straße wagen (Ri. 5,6). König Jabin und sein Heerführer Sisera sind mächtig. Sie verfügen über 900 eiserne Kriegswagen. Und Israel? Es hat weder Schild noch Speer (Ri. 5,8). Muß das Volk also umkommen?
Im Hochland von Ephraim wohnt die Prophetin Debora (Ri. 4,5). Wird Israel König Jabin und seinen Heerführer Sisera bezwingen. »Nein«, antwortet sie, »Israel ist dazu nicht in der Lage. Aber Jahwe selbst kann und wird es tun!« Eines Tages läßt sie dem Richter Barak folgende Botschaft ausrichten: »Auf! Dies ist der Tag, an dem dir der Herr den Sisera in deine Hand gegeben hat, denn der Herr ist ausgezogen vor dir her!« Es kommt zu einer Schlacht bei *Megiddo* (siehe Ri. 5,19; der Ort ist auf der Landkarte leicht zu finden: Er liegt in der Nähe vom Bach Kison, in beträchtlicher Entfernung südwestlich des Sees Genezareth). Die Feinde Israels werden bei dieser Schlacht in die Flucht geschlagen. Dabei ist es Jahwe selbst, der sie besiegt: »Lobe, meine Seele, die Macht Jahwes! ... Vom Himmel her kämpften die Sterne, von ihren Bahnen stritten sie wider Sisera. Der Bach Kison riß sie hinweg, der uralte Bach, der Bach Kison. Tritt einher, meine Seele, mit Kraft.«

Harmagedon (Har-Megiddo) dient daher als Symbol für jede »Schlacht«, bei der dann, wenn die Not am größten ist, der Herr seine Macht plötzlich offenbart, seinem unterdrückten Volk zu Hilfe kommt und den Feind besiegt. Die eigentliche und letzte »Schlacht von Harmagedon« aber fällt mit dem Abschluß der »kleinen Zeit« Satans zusammen. Wenn die Welt, vom Antichristen angeführt, zum letzten Schlag gegen die Gemeinde ausholen wird; wenn die Not am größten sein wird; und wenn Gottes Kinder, von allen Seiten bedrängt, um Hilfe rufen werden — *dann* wird Christus plötzlich und auf dramatische Weise erscheinen, um sein Volk zu befreien. Die »Schlacht von Harmagedon« ist der Befreiungsschlag am Ende der Trübsal. Aus diesem Grunde heißt es mitten in dem Abschnitt Offenbarung 16,12-16, in dem diese »Schlacht« beschrieben wird: »Siehe, ich komme wie ein Dieb.« Unsere Auslegung wird durch die Tatsache bestätigt, daß es sich bei der »Schlacht von Harmagedon« um die sechste Zornesschale handelt. Die siebte ist das Endgericht.

3. Was geschieht mit den Gottlosen am Tag von Harmagedon?

a. Der Antichrist wird besiegt (2. Thess. 2,8). Nach seiner Verurteilung »fährt er in die Verdammnis« (vgl. Offb. 17,11).
b. Die Gottlosen werden mit Hilfe der Engel vor dem Richtstuhl Christi versammelt, wo der Zorn Gottes über sie ausgegossen wird (Mt. 13,41; 25,41-46; vgl. Offb. 14,17-20). Sie werden für immer und ewig nach Leib und Seele bestraft.
c. Der Teufel, der große Betrüger, wird in den »feurigen Pfuhl« geworfen, der »mit Schwefel brennt«. Mit dem »feurigen Pfuhl« ist die Hölle gemeint, hier betrachtet als Ort des Leidens für Leib und Seele nach dem Jüngsten Gericht (obwohl Satan selbst keinen Leib hat).

Fragen zu diesem Kapitel

1. Auf welche Frage gibt die »Schlacht von Harmagedon« die Antwort?
2. Welche alttestamentliche Geschichte dient als Schlüssel zum Verständnis des Symbols »Harmagedon«?
3. Was ist in Offenbarung 16,12-16 mit der »Schlacht von Harmagedon« gemeint?
4. Was geschieht mit dem Antichristen, mit dessen Anhängern und mit Satan im Anschluß an diese Schlacht?
5. Was ist mit dem »feurigen Pfuhl« gemeint, der »mit Schwefel brennt«?

Fragen zum weiteren Nachdenken

1. Wer sagte: »Wir stehen bei Harmagedon und kämpfen für den Herrn«? War es angemessen, das Wort »Harmagedon« in dieser Situation zu verwenden?

2. Wie erklären einige Dispensationalisten die »Schlacht von Harmagedon«? (Siehe beispielsweise: Hal Lindsey, *Die Feuerflut*. Wetzlar: Schulte, 1974, S. 234-246.)

3. Welcher Zusammenhang besteht zwischen Harmagedon einerseits und Gog und Magog andererseits (Offb. 20,8)?

4. Welchen Trost gibt uns aus biblischer Sicht die »Schlacht von Harmagedon«?

5. An welche Pflicht erinnert uns das Symbol Harmagedon?

4. Die Entrückung.
Was glauben Dispensationalisten?

Bibellese: 1. Mose 5,21-24; Johannes 14,1-3; 1. Thessalonicher 3,11-13

1. Einleitung

Zum Zeitpunkt der Wiederkunft Jesu wird es nicht nur ungläubige, sondern auch gläubige Menschen auf der Erde geben (1. Thess. 4,15+17). Was wird mit diesen gläubigen Menschen geschehen — und mit denen, die zu diesem Zeitpunkt bereits gestorben sein werden?

Die Meinungen zu diesem Thema gehen weit auseinander. In diesem Buch übe ich Kritik an den Ansichten der Dispensationalisten. Dennoch möchte ich klarstellen: Meine Angriffe richten sich ausschließlich gegen ihre Ansichten, nicht aber gegen ihre Person. Die Dispensationalisten sind meine Geschwister im Herrn. Ich vermag lediglich einigen ihrer Ansichten nicht zuzustimmen. Im vorliegenden Kapitel beschränke ich mich darauf, diese Ansichten darzulegen, und gehe erst in den »Fragen zum weiteren Nachdenken« am Schluß des Kapitels zum »Angriff« über. Meine Ausführungen über die Ansichten der Dispensationalisten sollen also sachlich gewertet werden. Ich muß zudem hinzufügen: Die Meinungen gehen auch unter den Dispensationalisten manchmal weit auseinander, daß meine Ausführungen nur dann zu einem rechten Verständnis ihrer Ansichten führen können, wenn der Leser bedenkt, daß ich hier die Sichtweise vieler, aber keineswegs aller Dispensationalisten wiedergebe.

2. Anmerkungen zu den drei als Bibellese angegebenen Texten

Dispensationalisten rechtfertigen ihre Theorien über die Entrückung mit den Bibelstellen 1. Mose 5,21-24; Johannes 14,1-3; 1. Thessalonicher 3,11-13. (Sie berufen sich natürlich auch auf 1. Thessalonicher 4,13-18, aber auf diesen Abschnitt gehen wir im nächsten Kapitel näher ein.) Einige Anmerkungen zu diesen Texten sind deshalb an dieser Stelle angebracht.

In 1. Mose 5,21-24 lesen wir sechsmal hintereinander: »Und er starb.« Dann heißt es überraschend in der kurzen Lebensbeschreibung Henochs: »Henoch lebte 365 Jahre lang in engster Gemeinschaft mit Gott.« Dabei war er weder Eremit noch Asket: Er »wandelte mit Gott . . . und zeugte Söhne und Töchter«. Am Ende dieser 365 Jahre »nahm ihn Gott hinweg«. Henoch starb nicht; er wurde in den Himmel aufgenommen.

In Johannes 14,1-3 befinden sich Jesus und seine Jünger in einem Obergemach beim Abendmahl. Jesus tröstet sie und sagt ihnen, daß sie sich keine Sorgen zu machen brau-

chen, sondern Gott vertrauen sollen. Außerdem versichert er, daß er sie, obwohl er sie verlassen muß, nicht vergessen wird. Sein Gehen liegt in ihrem Interesse: Er wird für sie im Haus seines Vaters, das viele Wohnungen hat, eine Stätte bereiten. Er fügt hinzu: »Und wenn ich hingehe, euch die Stätte zu bereiten, so will ich wiederkommen und euch zu mir nehmen, damit ihr seid, wo ich bin.« Diese Worte beziehen sich unzweifelhaft auf die Wiederkunft Jesu. Zu diesem Zeitpunkt wird er die Menschen, die ihm gehören, in seine liebevolle Gegenwart aufnehmen, und sie werden für immer bei ihm sein.

In 1. Thessalonicher 3,11-13 betet Paulus um die Möglichkeit, die Thessalonicher ein zweites Mal zu besuchen. Er äußert dabei den dringenden Wunsch, daß der Herr, gleich, ob dieses Gebet erhört wird oder nicht, die Thessalonicher mit überströmender Liebe zueinander erfüllen möge, daß ihre Herzen gestärkt werden und Frucht bringen für den Tag des Gerichts, wenn Jesus mit allen seinen Heiligen — gemeint ist: mit allen seinen Erlösten — kommen wird.

3. Wie die Dispensationalisten mit Hilfe dieser Bibelstellen ihre Sicht der Entrückung entfalten

Dispensationalisten unterscheiden zwischen mindestens zwei »Wiederkünften« Jesu. Nach ihrer Auffassung wird es eine *erste* Wiederkunft geben, die sie als die »Entrückung« bezeichnen, danach eine *zweite* Wiederkunft, die sie als das »Offenbarwerden« oder als die »herrliche Erscheinung« Jesu bezeichnen. Sie berufen sich dabei auf 1. Mose 5,21-24 und Johannes 14,1-3 (erste Wiederkunft) sowie auf 1. Thessalonicher 3,11-13 (zweite Wiederkunft). Darum sprechen sie vom Kommen Christi *für* seine Heiligen (die Entrückung) und vom Kommen Christi *mit* seinen Heiligen (das Offenbarwerden Jesu). Die beiden Wiederkünfte liegen »sieben Jahre« auseinander.

Dispensationalisten sind der Meinung, daß die Entrückung, zumindest für die Menschheit im allgemeinen, weder zu sehen noch zu hören sein wird. Dieses geheimnisvollen Geschehen wird als die »Hochzeit des Lammes« bezeichnet.

Auf der Erde wendet sich der Herr während der sieben Jahre wieder den Juden zu. Sie werden in ihr eigenes Land zurückgeführt. Obwohl die meisten zunächst dem Antichristen dienen, sehen viele unter ihnen ihren Irrtum ein und nehmen Jesus an. Aber dies bedeutet für sie große Bedrängnis (oder »Trübsal«). Einige dieser gläubiggewordenen Juden werden vom Antichristen getötet, so daß es zum Abschluß der sieben Jahre eine Auferstehung der Heiligen aus der »großen Trübsal« geben muß.

Wenn die sieben Jahre — gleichzusetzen mit der siebzigsten Jahrwoche aus Daniel 9,27 — vorbei sind, kommen Christus und seine Erlösten vom Himmel herab, um an der Schlacht Harmagedon (wie die Dispensationalisten sie sich vorstellen) teilzunehmen. Dies ist das Kommen Christi *mit* seinen Heiligen (1. Thess. 3,13). Sie stoßen also auf den Antichristen und dessen Streitkräfte herab, um die Menschen zu befreien, die sich im Verlauf der sieben Trübsalsjahre bekehrt haben. »Nach Ansicht der Dispensationalisten werden sich Erlöste, Sünder, Juden, Teufel, körperlose Dämonen, heilige Engel, verherrlichte Heilige, Satan und Christus an dieser Schlacht beteiligen. Sie alle kämpfen erbittert miteinander in Blut, Schweiß, Kot, Staub und Dreck, mit Gewehren, Schwertern, Giftgas, Panzern und Flugzeugen«, so sieht es ein bekannter Bibellehrer.

Fragen zu diesem Kapitel

1. Halten Sie dieses Kapitel für einen Angriff auf Menschen oder auf eine Irrlehre?
2. Was sagt die Bibel in 1. Mose 5,21-24 und Johannes 14,1-3?
3. Welchen Gebrauch machen die Dispensationalisten von diesen Versen?
4. Geben Sie den Inhalt von 1. Thessalonicher 3,11-13 mit eigenen Worten wieder. Zu welchem Zweck führen die Dispensationalisten diese Verse an?
5. Was folgt nach Auffassung der Dispensationalisten unmittelbar auf die siebenjährige Hochzeit des Lammes?

Fragen zum weiteren Nachdenken

1. Spricht die Bibel wirklich von zwei »Wiederkünften« Jesu, die durch einen Zeitraum von sieben Jahren voneinander getrennt sein werden?
2. Warum ist der Gedanke, daß sich Menschen während dieses siebenjährigen Zeitabschnitts bekehren werden, so problematisch?
3. Weisen Sie aus der Schrift nach, daß die einmalige Wiederkunft Jesu sowohl zu sehen als auch zu hören sein wird.
4. Aus welchen Gründen ist die dispensationalistische Auffassung von der »siebzigsten Jahrwoche« Daniels unhaltbar?
5. Warum ist die dispensationalistische Auffassung von der »Schlacht von Harmagedon« so problematisch?

5. Die Entrückung.
Was lehrt die Bibel?

Bibellese: 1. Thessalonicher 4,13-18

Im vorigen Kapitel haben wir die dispensationalistische Auffassung von der Entrückung widerlegt. Jetzt wollen wir feststellen, was die Bibel wirklich darüber sagt.

1. Eine Entrückung? Ja, aber sie geschieht sowohl *mit* den »Heiligen« als auch *für* sie.

Die Thessalonicher waren noch nicht lange bekehrt. Es bestand eine echte Gefahr, daß sie in heidnische Sitten und Bräuche zurückfallen könnten. Zu diesen heidnischen Bräuchen zählte ihre Gewohnheit, die Toten so zu betrauern, als hätten sie überhaupt keine Hoffnung. Christen haben aber eine Hoffnung: Jesus hat ihnen eine herrliche Zukunft für Leib und Seele verheißen. Aus diesem Grunde sollten die Hinterbliebenen eines verstorbenen Gläubigen »nicht traurig sein wie die anderen, die keine Hoffnung haben«. Der Apostel schreibt weiter: »Denn wenn wir glauben, daß Jesus gestorben und auferstanden ist, so wird Gott auch, die da entschlafen sind, durch Jesus mit ihm einherführen.« Man beachte: *mit ihm!* Mit anderen Worten: Der Gott, der Jesus von den Toten auferweckt hat, wird auch die Menschen, die zu Jesus gehören, von den Toten auferwecken. Er wird dafür sorgen, daß ihre Seelen Jesus bei seiner Rückkehr aus dem Himmel begleiten, damit sie mit ihren Leibern vereinigt werden und anschließend hinaufsteigen, um dem Herrn in der Luft zu begegnen. Wenn also der Herr Jesus den Himmel verlassen wird, werden diese Seelen *mit* ihm mitgehen. Vergessen Sie aber nicht: Jesus wird den Himmel mit Leib und Seele verlassen. Er wird sich sozusagen Zeit lassen. Die Seelen hingegen werden eiligst auf die Erde herabkommen, damit sie dort mit ihren Leibern vereinigt werden. Dann werden diese Auferweckten rasch wieder hinaufsteigen, um Jesus noch »in der Luft« zu begegnen. Wir sehen also, daß der Herr *mit* seinen Heiligen kommen wird, nämlich mit ihren Seelen, aber auch *für* sie, nämlich für ihre ganze Person (Seele und Leib). Es wird nur eine einzige Wiederkunft Jesu geben. Wenn die Dispensationalisten recht hätten, käme Jesus zunächst *für* seine Heiligen und dann, sieben Jahre später, *mit* ihnen. Lassen wir hier die sieben Jahre außer acht. Trotzdem zäumen diese Bibellehrer das Pferd von hinten auf. Es gibt nur eine einzige Wiederkunft, aber im Zusammenhang damit kommt Jesus zunächst *mit* seinen Heiligen und dann erst *für* sie — und nicht umgekehrt. Denn wir lesen in Vers 14: »Gott wird (die Entschlafenen) *mit* ihm einherführen«; und anschließend wird uns in den Versen 16+17 mitgeteilt, daß die Auferweckten, nachdem ihre Seelen mit ihren Leibern vereinigt worden sind, »hingerückt werden in den Wolken, dem Herrn entgegen in die Luft«. Man beachte: Sie werden »hingerückt«; sie steigen also vermöge der Kraft Gottes empor, denn Jesus ist *für* sie gekommen, damit er allezeit bei ihnen sei, und sie bei ihm.

2. Eine Entrückung? Ja, aber bestimmt nicht 1000 Jahre vor der Auferstehung der Gottlosen

Dispensationalisten unterstreichen gern die Worte: »Und die Toten in Christus werden auferstehen zuerst.« Sie deuten diese Aussage in etwa so, als wäre hier gemeint: »Und die Toten in Christus werden auferstehen zuerst; dann, 1000 Jahre später, werden die Toten auferstehen, die nicht in Christus waren.« Paulus erwähnt jedoch nirgends in diesem ganzen Abschnitt die Toten, die nicht in Christus waren. Er denkt hier ausschließlich an Gläubige — und an niemanden sonst. Es geht ihm um den Gegensatz zwischen den »Toten in Christus« und den Gläubigen, die noch am Leben sein werden. Er spricht einerseits von Gläubigen, die zum Zeitpunkt der Wiederkunft Jesu gestorben sein werden, andererseits von den übrigen Gotteskindern, die zu diesem Zeitpunkt noch am Leben sein werden. Die Ausführungen des Apostels laufen also auf folgendes hinaus: »Macht euch keine Sorgen wegen eurer Lieben im Herrn, die bereits verstorben sind. Wenn Jesus wiederkommt, werden sie sich auf keinen Fall im Nachteil befinden. Im Gegenteil, die Gläubigen, die zu diesem Zeitpunkt noch am Leben sein werden, werden einen Augenblick warten müssen, bis die Seelen der Verstorbenen mit ihren Leibern vereinigt werden. Während dieses ›Augenblicks‹ werden die Wartenden im Nu verwandelt. Dann werden beide Gruppen zusammen — als *eine* große Schar — entrückt werden, um dem Herrn zu begegnen.«
Legen Sie also bitte die Betonung auf die richtigen Worte und lesen Sie wie folgt: »Und *die Toten* in Christus werden auferstehen zuerst; danach werden *wir, die wir leben und übrigbleiben,* zugleich mit ihnen hingerückt werden in den Wolken.«

3. Eine Entrückung? Ja, aber sie findet weder heimlich noch im stillen statt.

Man beachte den Satz: »Denn er selbst, der Herr, wird mit *befehlendem Wort,* mit der *Stimme des Erzengels* und mit der *Posaune Gottes* herniederkommen vom Himmel.« Man hat diesen Vers als den »lautesten Vers der Bibel« bezeichnet. Er gibt uns doch sicherlich zu verstehen, daß die Wiederkunft des Herrn in aller Öffentlichkeit stattfinden wird. Einzelheiten über das »befehlende Wort«, die »Stimme des Erzengels« und die »Posaune« bitte ich meinem *New Testament Commentary on I and II Thessalonians* zu entnehmen (S. 115-117). Die Wiederkunft Christi wird weithin *sichtbar* sein (Offb. 1,7).

4. Eine Entrückung? Ja, aber nicht zwecks einer siebenjährigen Hochzeit

Wir lesen: »Und werden so bei dem Herrn sein allezeit.« Achten Sie bitte auf das Wort »allezeit«. Hier steht *nicht:* »für sieben Jahre«. Wir werden bei dem Herrn sein allezeit! Wie herrlich! »So tröstet euch nun mit diesen Worten untereinander.«

Fragen zu diesem Kapitel

1. Vor welcher Gefahr werden die Thessalonicher in diesem Abschnitt gewarnt?
2. Inwiefern stimmt es, daß die einmalige Wiederkunft Christi sowohl *mit* seinen Heiligen geschieht als auch *für* sie? Erklären Sie dies näher.
3. Denkt Paulus in 1. Thessalonicher 4,13-18 an Gläubige und Ungläubige, oder geht es ihm um zwei andere Gruppen? Wenn ja, um welche?
4. Weisen Sie aus der Bibel nach, daß die Entrückung weder heimlich noch im stillen stattfinden wird.
5. Weisen Sie aus der Bibel nach, daß die Entrückung nicht zum Zwecke einer siebenjährigen Hochzeit stattfinden wird.

Fragen zum weiteren Nachdenken

1. Erklären Sie den Ausdruck: »die da schlafen« (Vers 13).
2. Deutet Paulus hier an, daß er selbst zu denen gehören wird, die bis zur Wiederkunft Jesu am Leben bleiben werden?
3. Was ist ein »Erzengel« (Vers 16)? Wie viele Erzengel werden in der Bibel namentlich genannt?
4. Erklären Sie die »Posaune Gottes«. Warum ist sie hier wichtig?
5. Welchen praktischen Nutzen bringt Ihnen das Studium der glorreichen Wiederkunft Jesu und unserer »Vereinigung mit ihm« (2. Thess. 2,1)?
6. Sollten wir uns auf Diskussionen über dieses Thema mit Dispensationalisten einlassen? Wenn ja, wie sollten wir uns dabei verhalten?

6. Das Jüngste Gericht.
Wie viele Endgerichte wird es geben?
Wer wird der Richter sein und wer wird ihm dabei helfen?
Wer wird gerichtet werden? Wo wird das Jüngste Gericht stattfinden?

Bibellese: Offenbarung 20,11-15

Wie wir bereits festgestellt haben, folgt auf das Millenium, soweit es die Erde betrifft, die »kleine Zeit« Satans (siehe Offb. 20,7-10). Darauf folgt die Wiederkunft Jesu zum Gericht, und darum geht es in der Bibellese zum vorliegenden Kapitel.

Über die Wiederkunft Jesu haben wir bereits gesprochen. Wir gehen daher in diesem sowie in den nächsten beiden Kapiteln näher auf das Endgericht (das »Jüngste Gericht«) ein. Wir wollen dieses Thema mit Hilfe folgender Fragen erörtern:

Wie viele Endgerichte oder Gerichtstage wird es geben?
Wer wird der Richter sein?
Wer wird ihm dabei helfen?
Wer wird gerichtet werden?
Wo wird das Jüngste Gericht stattfinden?
Wann wird es stattfinden?
Warum muß es stattfinden?
Auf welcher Grundlage wird das Urteil verkündet und vollstreckt werden?
Aus welchen Elementen wird das Gericht bestehen?
Wie wird das Gericht zuletzt ausgehen?

1. Wie viele Endgerichte oder Gerichtstage wird es geben?

Unsere Brüder in Christus, die Prämillenialisten, sprechen üblicherweise von drei Gerichten. Das erste findet ihrer Ansicht nach bei der »ersten« Wiederkunft (der Parusie) statt, das zweite sieben Jahre danach bei der »zweiten« Wiederkunft (dem Offenbarwerden Jesu) und das dritte, das Gericht vor dem großen weißen Thron, 1000 Jahre später. Zu richten sind beim ersten der drei Gerichte die lebenden und die auferstandenen Heiligen, beim zweiten die Nationen (diese werden danach beurteilt, wie sie die Juden behandelt haben) und beim dritten die Gottlosen. Einige Dispensationalisten gehen freilich von vier, fünf, sechs oder sogar von sieben Gerichten aus.

Die Schrift spricht jedoch vom Endgericht stets als von einem Einzelereignis. In der Bibel ist von nur *einem* »Tag des Gerichts« die Rede — nicht von »Tagen« (siehe Joh. 5,28+29; Apg. 17,31; 2. Petr. 3,7; besonders deutlich ist 2. Thess. 1,7-10). Aus unserer Bibellese (Offb. 20,11-14; siehe vor allem Vers 12) geht eindeutig hervor, daß es nur *ein* Endgericht geben wird.

2. Wer wird der Richter sein?

Unserer Bibellese ist zu entnehmen, daß der Richter der sein wird, der »auf dem großen weißen Thron sitzt«. Immer wieder lesen wir von »dem, der auf dem Thron sitzt und dem Lamm«. Also wird Gott der Richter sein — durch das Lamm Jesus Christus. Selbstverständlich wirken alle drei Personen der Heiligen Dreieinigkeit bei allen »opera ad extra« (nach außen, auf die Welt gerichteten Handlungen Gottes, z. B. Schöpfung, Vorsehung, Erlösung und Gericht) zusammen. Doch geht aus Bibelstellen wie Daniel 7,13; Matthäus 25,31+32; 26,64; 28,18; Johannes 5,27; Philipper 2,9+10 eindeutig hervor, daß die Ehre, zu richten die Lebendigen und die Toten, Jesus als dem Mittler übertragen wurde, und zwar als Belohnung für sein vollendetes Werk der Vermittlung.

3. Wer wird ihm beim Endgericht helfen?

Aus Bibelstellen wie Matthäus 13,41+42; 24,31; 25,31; 2. Thess. 1,7+8; Offb. 14,17-20 wird deutlich, daß die Engel Jesus beim Gericht helfen werden. So werden sie beispielsweise die Gottlosen »sammeln«, sie vor den Richterstuhl Gottes führen und sie zuletzt »in den Feuerofen werfen«. Sie werden sich sicherlich auch an der Begrüßung der Braut (der Gemeinde) beteiligen, wenn diese zur Begegnung mit dem Bräutigam (Jesus) hinausgeht.

Aus Psalm 149,5-9 und 1. Korinther 6,2+3 geht hervor, daß auch die Gläubigen am Werk des Richtens Anteil nehmen werden. Sie werden zumindest die gerechten Gerichte Gottes preisen (Offb. 15,3+4).

4. Wer wird gerichtet werden?

Erstens werden *sämtliche gefallenen Engel* gerichtet (Mt.

8,29; 2. Petr. 2,4; Jud. 6). Damit sind Satan und seine Helfershelfer, die Dämonen, gemeint.

Wie unserer Bibellese eindeutig zu entnehmen ist, werden zweitens *alle Menschen, die jemals gelebt haben,* vor dem großen weißen Thron erscheinen. Wir lesen hier: »die Toten, beide, groß und klein«. Offensichtlich ist niemand davon ausgenommen. Vor Gericht stehen sowohl Gottlose als auch Gerechte. Siehe auch Matthäus 25,32; Römer 14,10; 2. Korinther 5,10.

5. Wo wird das Gericht stattfinden?

Die Antwort auf diese Frage lautet: »vor dem großen weißen Thron« (Offb. 20,11). Aber wo wird sich dieser Thron befinden? Einige Ausleger lassen ihn auf der Erde stehen. Andere jedoch erheben zwei Einwände gegen diese Theorie: a. In der Offenbarung des Johannes befindet sich der Thron Gottes und des Lammes generell in der »höheren Welt« und nicht auf der Erde; b. Ist auf der Erde wirklich genügend Platz vorhanden, damit alle Menschen, die jemals gelebt haben, gemeinsam vor den Richterstuhl treten könnten? Aber wenn das Gericht nicht auf der Erde stattfinden kann, warum nicht in der Luft? (Dies würde Christus keineswegs daran hindern, *nach* dem Gericht »auf der Erde zu stehen«.) Wir wissen jedenfalls, daß die Gläubigen bei der Wiederkunft Christi »hingerückt werden in den Wolken, dem Herrn entgegen in die Luft« (1. Thess. 4,17). Wäre es nicht denkbar, daß die Gläubigen voll Freude »hinausgehen«, um ihrem Herrn und Heiland zu begegnen, während gleichzeitig die Gottlosen vor seinen Richterstuhl getrieben werden?

Fragen zu diesem Kapitel

1. Wird es mehrere Endgerichte geben oder nur ein einziges »Jüngstes Gericht«? Belegen Sie Ihre Antwort aus der Schrift.
2. Wer wird der Richter sein?
3. Wer wird ihm beim Endgericht helfen?
4. Wer wird gerichtet werden?
5. Welche Theorien werden im Blick auf die Frage vertreten, wo das Jüngste Gericht stattfinden wird? Was meinen Sie dazu?

Fragen zum weiteren Nachdenken

1. In Offenbarung 20,12 werden »Bücher« und »ein andres Buch« erwähnt. Was ist damit gemeint?
2. Was ist mit dem »zweiten Tod« gemeint (Offb. 20,14)?
3. Warum ist das Richteramt auf den Sohn übertragen worden?
4. Was halten Sie von folgendem Satz: »Die Geschichte der Welt ist der Welt Strafgericht«?
5. Wird in Johannes 5,24 nicht gelehrt, daß Gläubige »nicht in das Gericht kommen«? Erklären Sie diese Bibelstelle.

7. Das Jüngste Gericht.
Wann wird es stattfinden? Warum muß es stattfinden?
Nach welchem Maßstab werden die Menschen gerichtet werden?

Bibellese: Matthäus 25,31-40; Lukas 12,47+48

1. Wann wird es stattfinden?

Aus Matthäus 25,31-40 geht eindeutig hervor, daß das Jüngste Gericht unmittelbar nach der Wiederkunft Jesu und der Auferstehung der Toten stattfinden wird: »Wenn aber des Menschen Sohn kommen wird in seiner Herrlichkeit . . ., werden vor ihm alle Völker versammelt werden« (siehe auch 2. Thess. 1,7-10; Offb. 20,11-14).

Im XXXVII. Kapitel der Confessio Belgica heißt es treffend: »Zuletzt glauben wir gemäß dem Worte Gottes: Wenn die vom Herrn bestimmte Zeit (die keinem Geschöpf bekannt ist) gekommen und die Zahl der Erwählten vollständig sein wird, dann wird unser Herr Jesus leiblich und sichtbar vom Himmel herabkommen, gleichwie er gen Himmel gefahren ist, mit großer Herrlichkeit und Majestät, um sich selbst als den Richter der Lebendigen und der Toten zu deklarieren, und wird diese alte Welt mit Feuerflammen verbrennen, um sie zu reinigen. Dann werden alle Menschen persönlich vor diesem großen Richter erscheinen.« Siehe auch Matthäus 24,36; 2. Petrus 3,9.

2. Warum muß es stattfinden?

Man bringt häufig folgenden Einwand vor: »Das Jüngste Gericht ist vollkommen überflüssig, denn zu diesem Zeitpunkt wissen sowohl die Verworfenen als auch die Erwählten schon längst, wo sie die Ewigkeit verbringen werden. Wenn ein Mensch stirbt, kommt seine Seele sofort entweder in den Himmel oder in die Hölle. Welchen Sinn hätte es also, da noch ein letztes Gericht abzuhalten?«

Dieses Argument ist jedoch nicht stichhaltig. Folgende Tatsachen machen deutlich, daß das Endgericht am Jüngsten Tag sehr wohl notwendig sein wird:

a. Die »Übriggebliebenen« — die Menschen, die zum Zeitpunkt der Wiederkunft Jesu noch am Leben sein werden — haben ihren endgültigen Bestimmungsort noch nicht zugewiesen bekommen. Deshalb müssen wenigstens diese Menschen gerichtet werden.

b. Nicht nur sie bedürfen eines Endgerichts, sondern auch alle anderen Menschen; denn das genaue Maß an Seligkeit oder Pein *nach Leib und Seele,* das die Menschen in der Ewigkeit empfangen werden, ist noch nicht öffentlich festgelegt worden. Die Verstorbenen haben sich bis zum Endgericht *nur der Seele nach* im Himmel oder in der Hölle befunden.

c. Die Gerechtigkeit Gottes muß vor aller Welt sichtbar werden, damit Gott selbst verherrlicht werde.

d. Jesus muß vor den Augen der Welt gerechtfertigt, die Ehre seines Volkes wiederhergestellt werden. Als die Welt Jesus zum letzten Mal erblickte, hing er wie ein Verbrecher am Kreuz! Die Meinung, er sei ein Krimineller, der um seiner eigenen Verbrechen willen verurteilt worden sei, muß ein für allemal als falsch erwiesen werden. Alle Menschen müssen den sehen, den sie durchbohrt haben. Sie müssen ihn in seiner Herrlichkeit sehen und sein Volk »zu seiner Rechten«.

3. Nach welchem Maßstab werden die Menschen gerichtet werden?

Ob jemand am neuen Himmel und an der neuen Erde Anteil bekommen wird oder nicht, hängt davon ab, ob er mit der Gerechtigkeit Christi bekleidet ist. Ohne den Glauben an Jesus Christus wird niemand errettet werden (Apg. 4,12; vgl. Joh. 3,16; 14,6; 1. Kor. 3,11). Das gilt für alle Menschen zu allen Zeiten.

Dennoch wird es unterschiedliche Strafmaße und auch verschiedene Grade der Herrlichkeit geben. Man beachte die Ausdrücke »viel Streiche« und »wenig Streiche« in unserer Bibellese (Lk. 12,47+48; siehe auch Dan. 12,3; 1. Kor. 3,12-14).

Welcher Grad von Herrlichkeit oder Strafe einem Menschen beim Jüngsten Gericht zugesprochen werden wird, wird von folgenden Überlegungen abhängig sein:

a. Wieviel »Licht« (Erkenntnis) hat dieser Mensch empfangen (Röm. 2,12)?

b. Wie ist er mit diesem »Licht« umgegangen (Lk. 12,47+48)? Ist er treu gewesen? Wenn ja, inwiefern? Ist er treulos gewesen? Wenn ja, worin? Die Antwort auf diese Fragen wird aus seinen »Werken« zu ersehen sein. Darum heißt es immer wieder in der Bibel, daß die Toten »nach ihren Werken« gerichtet werden.

Dies ist in einem doppelten Sinn wahr, denn aus den Werken eines Menschen wird sowohl zu erkennen sein, ob er ein echter Christusnachfolger war oder nicht, als auch, in-wiefern er von dem Licht, das er empfangen hat, Gebrauch gemacht oder es mißbraucht hat (Offb. 20,13; 1. Kor. 3,12-14).

Fragen zu diesem Kapitel

1. Wann wird nach dem Zeugnis der Bibel das Jüngste Gericht stattfinden?
2. Wie wird diese Wahrheit in der Confessio Belgica formuliert?
3. Welchen Einwand hat man häufig gegen den Gedanken eines Endgerichts erhoben?
4. Wie kann man diesen Einwand entkräften?
5. Nach welchem Maßstab werden die Menschen gerichtet werden?

Fragen zum weiteren Nachdenken

1. Was macht die Anerkennung, die Jesus »denen zu seiner Rechten« zollt, so herrlich (siehe Mt. 25,35+36)? Denken Sie im Licht von Johannes 15,5c; 1. Korinther 4,7; Epheser 2,10 über seine Worte nach.
2. Wie wird in Matthäus 25,40 der »mystische Christus« sichtbar?
3. Welche Eigenschaft echter »guter Werke« wird aus Matthäus 25,37-39 deutlich?
4. Können Sie mir im Licht von Matthäus 25,35+36 zustimmen, wenn ich sage, daß wir als evangelische Christen manchmal in Gefahr stehen, den Wert helfender Taten zu unterschätzen?
5. Wie können wir unsere Kinder lehren, anderen ein Segen zu sein?

8. Das Jüngste Gericht.
Aus welchen Elementen wird es bestehen?
Wie wird es zuletzt ausgehen?

Bibellese: Matthäus 25,41-46

1. Aus welchen Elementen wird es bestehen?

Die genaue Reihenfolge der einzelnen Elemente des Jüngsten Gerichts können wir natürlich nicht ermitteln. Die Hinweise, die uns die Schrift bietet, reichen nicht aus, um eine so detaillierte Aufstellung zu ermöglichen. Es darf jedoch nicht übersehen werden, daß die Bibel in der Tat mehrere Elemente erwähnt, die zusammen das Jüngste Gericht ausmachen werden. Es kann durchaus sein, daß die Reihenfolge, in der ich sie hier aufzähle, ungefähr der tatsächlichen Reihenfolge dieser Ereignisse entspricht.

a. *Die Scheidung der Schafe von den Böcken*
Sind einmal alle Menschen, die jemals gelebt haben, vor dem Menschensohn versammelt, so wird er sie in zwei Gruppen teilen, indem er die Schafe zu seiner Rechten stellt und die Böcke zur Linken (Mt. 25,31-33). Beachte: In Matthäus 25,31-46 wird diese Tatsache gleich als erstes erwähnt. Man darf nicht vergessen, daß Gott der Allwissende ist. Er hat es nicht nötig, sich nach und nach ein Urteil über den Herzenszustand der Menschen zu bilden. Er weiß von vornherein, wie es in uns aussieht. Überdies sind von denen, die hier versammelt sind, weitaus die meisten — wie wir an anderer Stelle festgestellt haben — der Seele nach bereits im Himmel oder in der Hölle gewesen! Aus diesen Gründen wird es dem Richter nicht schwerfallen, die versammelte Menge sofort in zwei Gruppen zu teilen, indem er die Schafe zu seiner Rechten stellt und die Böcke zur Linken.

b. *Die richterliche Entscheidung*
Das bereits Gesagte darf uns freilich nicht zu der Annahme verleiten, diese Trennung sei das Ergebnis einer rein willkürlichen Entscheidung. Sie erfolgt nicht lediglich aufgrund von Gottes ewigem Ratschluß, ohne den tatsächlichen Lebenswandel des Menschen zu berücksichtigen. Im Gegenteil. Das gesamte Leben eines jeden Menschen, also auch seine innersten Gedanken und Beweggründe, wird in die richterliche Entscheidung mit einbezogen. Auf diese Weise wird deutlich, daß der grundsätzliche Urteilsspruch («errettet« oder »verdammt«) gerecht ist. Und auf diese Weise wird auch über den Grad der Herrlichkeit oder der Bestrafung entschieden, den jeder empfangen soll (siehe Mt. 25,35-45; Pred. 12,14; Lk. 12,47+48; Röm. 2,16; 2. Kor. 5,10).

c. *Das »Offenbarwerden«*
Jede Tat, die der Mensch jemals vollbracht, jedes Wort, das er gesprochen, jeder Gedanke, den er gehabt, jedes Ziel, nach dem er gestrebt, und jeder Wunsch, der ihn zum Handeln oder zum Nichthandeln bewogen hat, wird so bloßgelegt werden, daß er selbst und alle anderen sie sehen können. Mit anderen Worten: Die »Bücher werden aufgetan.« Das heißt: Die vollständige Aufzeichnung vom Leben eines jeden einzelnen Menschen, so wie sie in der Allwissenheit Gottes existiert und sich, wenn auch unklar, im Gewissen eines jeden Menschen widerspiegelt, wird jetzt »offenbar« gemacht (Dan. 7,10; Mal. 3,16; Lk. 12,3; 1. Kor. 4,5; Offb. 20.12).

Dieses »Offenbarwerden« wird nicht unbedingt sehr viel Zeit in Anspruch nehmen. Denken wir beispielsweise an eine Herbstlandschaft. Wenn man alle Einzelheiten dieser Landschaft beschreiben müßte, würde es sehr viel Zeit in Anspruch nehmen, wir können sie jedoch im Nu mit einem einzigen Blick oder mit Hilfe einer Fotografie erfassen.

d. *Die Urteilsverkündung*
Das genaue Urteil über jeden Menschen wird verkündet und begründet werden. Diese Szene wird in Matthäus 25,34-46 sehr anschaulich geschildert.

e. *Die Vollstreckung des Urteils*
Das Urteil wird vollstreckt werden, gleich, wie es ausfällt (Mt. 13,30).

f. *Die Rechtfertigung Gottes*
Die Gerechtigkeit Gottes wird im Verlauf dieses ganzen Prozesses sehr deutlich werden. Jeder wird erkennen, daß die Sache Christi und seines Volkes eine gerechte Sache ist. Sogar die Verdammten werden sich gezwungen sehen, dies zuzugeben. Das Volk des Herrn wird den dreieinigen Gott dafür preisen (Offb. 15,3+4; 19,2).

2. Wie wird es zuletzt ausgehen?

Lesen Sie selbst in Matthäus 25,46. Auf den Endzustand der Gerechten im Himmel und der Gottlosen in der Hölle gehen wir im letzten Teil dieses Buches näher ein.

Fragen zu diesem Kapitel

1. Wenn mehrere Menschen vor einem irdischen Richter erscheinen, findet die Einteilung in zwei Gruppen — hier die Schuldigen, dort die Unschuldigen — erst am Ende des Prozesses statt. Wie kommt es also, daß diese »Scheidung« sofort stattfindet, wenn alle Menschen vor dem Richterstuhl Christi erscheinen?

2. Weisen Sie aus der Schrift nach, daß beim Jüngsten Gericht über die Gedanken, Worte und Taten des Menschen befunden wird. Warum ist dies notwendig?

3. Was ist mit dem Ausdruck gemeint: »Die Bücher werden aufgetan«?

4. Wie wird das Urteil verkündet und vollstreckt?

5. Inwiefern wird die Gerechtigkeit Gottes beim Jüngsten Gericht ins rechte Licht gerückt werden?

Fragen zum weiteren Nachdenken

1. Werden die »guten« Engel gerichtet werden?

2. Werden auch die sündigen Taten des Volkes Gottes beim Jüngsten Gericht offenbar werden? Wenn Ihre Antwort »ja« lautet, wird das Endgericht nicht dadurch auch für Gläubige zu einer schrecklichen Feuerprobe?

3. Wenn Sie die Meinung vertreten, daß die Sünden des Gottesvolkes im Endgericht *nicht* offenbart werden, wie erklären Sie folgende Bibelstellen: Prediger 12,14; Matthäus 12,36; Römer 2,16; 1. Korinther 4,5?

4. Hat die Tatsache irgendwelche Bedeutung, daß die guten Taten der Gläubigen in Matthäus 25 aufgezählt, aber ihre sündigen Taten nicht erwähnt werden?

5. Welches Licht wirft Offenbarung 14,14-20 auf das Jüngste Gericht?

VII. DER ENDZUSTAND (DIE EWIGKEIT)

1. Der Endzustand der Gottlosen.
Ist Gehenna gleichbedeutend mit dem Ausgelöschtwerden oder erleiden die Gottlosen ewige Pein nach Leib und Seele, wenn Jesus zum Gericht wiederkommt?

Bibellese: 2. Chronik 28,1-4; Matthäus 10,28

1. Die Herkunft des Wortes »Gehenna«

Im Anschluß an das Jüngste Gericht werden die Gottlosen sowohl der Seele als auch dem Leibe nach in die »Hölle« geworfen. Mit dem deutschen Begriff »Hölle« bezeichnen wir den Ort, wo die Gottlosen ihre ewige Strafe verbüßen. Im griechischen Grundtext des Neuen Testaments gibt es drei verschiedene Bezeichnungen für die Hölle: *Hades* (dieses Wort kommt zehnmal vor; siehe S. XXX), *Gehenna* (kommt zwölfmal vor) und *Tartaros* (kommt nur einmal vor). Zudem werden auch Synonyme wie »Feuerofen«, »Feuersee«, »zweiter Tod« usw. verwendet. Aber nur die drei Begriffe Hades, Gehenna und Tartaros werden im Neuen Testament mit »Hölle« übersetzt. Das Wort Hades haben wir bereits in einem früheren Kapitel eingehend untersucht. Jetzt wollen wir die Bedeutung des Wortes Gehenna deuten. Es ist besonders wichtig, denn es kommt im Neuen Testament nicht weniger als ein dutzendmal vor und bezieht sich auf den »Endzustand« der Gottlosen.

Eine genaue Prüfung dieses Wortes ist deshalb notwendig, weil manche meinen, daß Gehenna niemals mit »Hölle« übersetzt werden darf, denn Gehenna bedeute schlicht und einfach »das Ausgelöschtwerden«. Das behaupten jedenfalls die Zeugen Jehovas. Wenn sie mit dieser Behauptung recht haben, haben viele Bibelübersetzer einen schwerwiegenden Fehler begangen. Sie werden feststellen — ob Sie die Lutherbibel, die Elberfelder Bibel oder die Einheitsübersetzung lesen -, daß Gehenna im Text dieser Bibelausgaben überall mit »Hölle« übersetzt wird. Haben sie unrecht? Liegen außer den Zeugen Jehovas alle falsch?

Die Bedeutung des Wortes Gehenna können wir am besten dadurch ermitteln, daß wir nach seiner Herkunft fragen. Ge-henna ist abgeleitet von dem Begriff »Ge-Hinnom«, zu deutsch: das Land Hinnom, ein Tal, das ursprünglich einem gewissen Hinnom und später dessen Söhnen gehörte. Sie finden dieses Tal auf jeder guten Karte von Jerusalem (es liegt ein wenig südlich der Stadt und erstreckt sich in Richtung Westen). Zweifellos war es ursprünglich landschaftlich schön, behielt jedoch seinen Reiz nicht. In diesem Tal wurde nämlich eine »Höhe« — eine Kultstätte — ge-

baut. Danach nannte man die Gegend »Topheth«, was nach Meinung einiger Ausleger »Ort des Ausspuckens« oder »Ort des Abscheus«, nach Meinung anderer »Ort des Verbrennens« bedeutet. Beide Deutungen scheinen passend. Wahrscheinlich befand sich im oberen Teil dieser Kulthöhe ein tiefes Loch, in dem Holz aufgeschichtet wurde. Dieses Holz wurde mit einem Schwefelstrom angezündet (siehe Jes. 30,33). Die gottlosen Könige Ahas und Manasse verbrannten tatsächlich ihre eigenen Kinder in diesem schrecklichen Feuer — als Opfer für den greulichen Götzen Moloch (2. Chron. 28,3; 33,6). Andere nahmen sich ihr gottloses Verhalten zum Vorbild (Jer. 32,35). Jeremia sagte voraus, daß Topheth von einem göttlichen Gericht getroffen wird: Gott werde die furchtbaren Greueltaten, die in Ge-Hinnom geschehen seien, mit einem so schrecklichen Massensterben ahnden, daß der Ort in Zukunft »Würgetal« heißen werde (Jer. 7,31-34; 19,2; 32,35). Der gottesfürchtige König Josia machte die götzendienerische Kulthöhe »unrein« und sorgte auf diese Weise dafür, daß die Greueltaten aufhörten (2. Kön. 23,10). Danach wurde im Hinnom-Tal der Müll aus der Stadt Jerusalem verbrannt. Wer hier vorbeikam, sah deshalb zu jeder Tages- und Nachtzeit die lodernden Flammen dieser »Müllverbrennungsanlage«.

Wenn wir nun die verschiedenen Gedanken miteinander verbinden, welche Ge-Hinnom veranschaulicht — ewiges Feuer, Gottlosigkeit, Greuel, Gottesgerichte, Würgen und Töten —, verstehen wir sofort, warum Ge-Hinnom zum Symbol wurde für den ewigen Aufenthaltsort der Gottlosen, nämlich für die Hölle. Aus Ge-Hinnom wurde in der griechischen Sprache »Gehenna«, der Ort ewiger Qualen. Damit der Leser nicht verunsichert wird, möchte ich an dieser Stelle unterstreichen: Es gibt nur *einen* Ort, wo Gottlose ewig bestraft werden. Hades und Gehenna sind zwei Bezeichnungen für denselben Ort. Aber dort, wo die Bezeichnung Hades verwendet wird, ist in erster Linie vom Aufenthaltsort der Seelen der Gottlosen *vor* dem Jüngsten Gericht die Rede. Dort, wo die Bezeichnung Gehenna verwendet wird, ist generell der Aufenthaltsort der Gottlosen (sowohl ihrer Seelen als auch ihrer Leiber) *nach* dem Jüngsten Gericht gemeint.

2. Bedeutet Gehenna sofortiges Ausgelöschtwerden oder ewige Qualen?

Zählen wir die zwölf Stellen auf, an denen das Wort Gehenna vorkommt:

Matthäus 5,22: Wer zu seinem Bruder sagt: »Du gottloser Narr!«, der ist »der Gehenna des Feuers« schuldig.

Matthäus 5,29; 18,9; Markus 9,47: Wenn jemandes Auge ihm Anlaß zur Sünde gibt, muß er es ausreißen und von sich werfen, damit nicht sein ganzer Leib einschließlich seiner beiden Augen in »die Gehenna des Feuers« geworfen wird.

Matthäus 5,30; Markus 9,43: Hier wird etwas Ähnliches über den gesagt, dessen Hand ihm Anlaß zur Sünde gibt.

Markus 9,45: Hier wird noch einmal dasselbe über den gesagt, dessen Fuß ihm Anlaß zur Sünde gibt.

Matthäus 10,28; vgl. Lukas 12,5: Gott kann Leib und Seele verderben in Gehenna.

Matthäus 23,15: ». . . ein Kind der Gehenna, zwiefältig mehr, als ihr seid!«

Matthäus 23,33: »Wie wollt ihr der Verdammnis der Gehenna entfliehen?«

Jakobus 3,6: »Die Zunge ist . . . von Gehenna entzündet.«

Gehenna ist offensichtlich der Ort, wohin Gott die Gottlosen schickt, damit sie sowohl leiblich («Augen«, »Hände«, »Füße« usw.) als auch in ihrer Seele bestraft werden. Diese Strafe ist endlos. Das Feuer in Gehenna ist »unauslöschlich« (Mt. 3,12; 18,8; Mk. 9,43; Lk. 3,17). Hier wird nicht bloß ausgesagt, daß in Gehenna stets ein Feuer brennt, sondern *daß Gott die Gottlosen mit unauslöschlichem Feuer verbrennt* — mit einem Feuer, das sowohl für sie als auch für den Teufel und für dessen Engel bereitet worden ist (Mt. 3,12; 25,41). Ihr Wurm wird niemals sterben (Mk. 9,48). Sie erleiden ewige Schmach und Schande (Dan. 12,2). Auch ihre Fesseln sind ewig (Jud. 6+7). Sie werden mit Feuer und Schwefel gequält werden. Der Rauch ihrer Qual wird von Ewigkeit zu Ewigkeit aufsteigen, und sie werden keine Ruhe haben Tag und Nacht (Offb. 14,9-11). Ja, »Tag und Nacht, von Ewigkeit zu Ewigkeit« (Offb. 20,10; vgl. 19,3).

Die Lehre von der ewigen Bestrafung der Gottlosen nach Leib und Seele ist so vielen Bibelstellen zu entnehmen, daß man sich nur wundern kann, daß es heute Menschen gibt, die von sich behaupten, die Heilige Schrift zu bejahen, aber gleichzeitig die Vorstellung von einer ewigen Höllenstrafe ablehnen. Statt sie abzulehnen, sollte jeder von uns danach trachten, dieser Strafe durch kindlichen Glauben an Jesus Christus zu entkommen!

Manchmal wird folgender Einwand vorgebracht: »Aber erwartet nicht die Gottlosen nach Aussage der Schrift *das Verderben?*« Ja, in der Tat, aber mit »Verderben« ist nicht das Ausgelöschtwerden gemeint. Es ist nicht so, daß die Gottlosen »aufhören zu existieren«. Das Verderben, von dem in der Schrift die Rede ist, ist ein »ewiges Verderben« (2. Thess. 1,9). Die Erwartungen der Gottlosen, ihre Freu-

den, ihr Potential, ihr Reichtum usw. — alles hat ein Ende gefunden, und diese Tatsache quält sie von Ewigkeit zu Ewigkeit. Wenn Jeremia von Hirten spricht, die die Schafe »zugrunde richten« (Jer. 23,1; in der englischen Bibel steht hier: »verderben«), meint er damit, daß diese Schafe »zu existieren aufhörten«? Wenn Hosea ausruft: »O Israel, du hast dich selbst zugrunde gerichtet« (Hos. 13,9), will er etwa sagen, daß das Volk »ausgelöscht« worden sei? Hat Paulus etwa andeuten wollen, daß ein Gläubiger, der Fleisch ißt, seinen Bruder »auslöschen« könnte (Röm. 14,15)? Oder daß er selbst den christlichen Glauben einst »ausgelöscht« habe (Gal. 1,23)?

Das vielleicht beeindruckendste Argument gegen die Vorstellung, daß die Gottlosen einfach ausgelöscht werden, obwohl die Gerechten in alle Ewigkeit weiterleben, können wir Matthäus 25,46 entnehmen. Hier wird ein und dasselbe Wort verwendet, um die Dauer sowohl der Strafe der Gottlosen als auch der Seligkeit der Gerechten anzuzeigen: Die Gottlosen werden in die *ewige* Pein eingehen, aber die Gerechten in das *ewige* Leben.

Fragen zu diesem Kapitel

1. Welche drei Begriffe im griechischen Neuen Testament werden in unseren gängigen Bibelausgaben mit »Hölle« übersetzt?

2. Was bedeutet das Wort Gehenna nach Meinung der Zeugen Jehovas?

3. Erzählen Sie die Geschichte des Begriffs Gehenna.

4. Welcher Unterschied besteht zwischen den Begriffen Hades und Gehenna? Handelt es sich dabei um Bezeichnungen für zwei verschiedene Orte? Wenn nicht, was ist mit diesen Begriffen gemeint?

5. Weisen Sie aus der Schrift nach, daß mit Gehenna nicht das Ausgelöschtwerden gemeint sein kann, da die Hölle ein Ort ewiger Qual ist.

Fragen zum weiteren Nachdenken

1. Wo kommt der Begriff Tartaros vor, und was ist damit gemeint?

2. Wo kommt der Begriff »Feuersee« vor, und was haben wir darunter zu verstehen?

3. Wo kommt der Ausdruck »der zweite Tod« vor, und was ist damit gemeint?

4. In Offenbarung 14,9 ist von Menschen die Rede, die das Tier und sein Bild anbeten und auf ihrer Stirn oder Hand sein Malzeichen annehmen. Wie verstehen Sie diesen Vers? Erklären Sie auch den Rest dieses Abschnitts (Offb. 14,9-12).

5. Erklären Sie Markus 9,43-48.

2. Der Endzustand der Gottlosen. Ist Gott in der Hölle gegenwärtig? Ist das Höllenfeuer eine Realität?

Bibellese: Matthäus 25,30+41; Offenbarung 20,10+15

1. Darstellungen der Hölle

Es hat schon immer Menschen mit einer sehr ausgeprägten Phantasie gegeben. Einige sind besonders geschickt im Darstellen des Makabren. Sie spezialisieren sich auf alles Schaurige und schildern es in allen Einzelheiten. Sie malen ihre Bilder von der Hölle so, als wären sie dort gewesen. Ein Gemälde dieser Art hängt in einer alten Kirche. Es soll die Auferstehung am Jüngsten Tag darstellen. Man sieht, wie die Menschen aus ihren Gräbern hervorkommen. Die Gottlosen werden von Teufeln an den Fersen gepackt. Über lodernden Feuern hängen riesige Kessel gefüllt. Die Feuer werden von Dämonen geschürt. Erbarmungswürdige Gestalten, an der Zunge aufgespießt, werden auf äußerst unbarmherzige Weise gegeißelt.

In seiner berühmten *Göttlichen Komödie* entwickelt der italienische Dichter Dante viele Bilder. Dante war ein Künstler, ein Genie. Es mangelte ihm nicht an Originalität. Geschickt stimmte er die jeweilige Höllenstrafe auf die entsprechende Sünde ab. So mußten beispielsweise streitsüchtige Menschen sich in der Hölle unaufhörlich gegenseitig zerfleischen:

»Die gaben sich mit Fäusten Stoß auf Stoß
Mit Füßen auch, mit Kopf und Brust und rissen
Sich Fetzen Fleisches mit den Zähnen los.«

(Die Hölle, VII. Gesang, Z. 112-114; übersetzt von Friedrich Freiherrn von Falkenhausen)

Nach Dante zermalmt Satan, der Erzverräter, in alle Ewigkeit die Verräter Judas, Brutus und Cassius in seinen drei Mäulern (*Die Hölle*, XXXIV. Gesang).

Im Mittelalter begeisterte man sich für Schilderungen dieser Art. Wenden wir uns aber der Bibel zu, so entdecken wir, daß sie alles weitaus nüchterner und zurückhaltender darstellt. Auch sie weist auf die Höllenstrafen hin, doch nur mit dem Ziel, den Sünder zu warnen: Er soll dem Zorn Gottes entrinnen und zu Jesus Christus seine Zuflucht nehmen.

Im vorigen Kapitel wurde deutlich, daß mit dem Begriff Hölle »ewiges Verderben« gemeint ist. Jetzt wollen wir zusammenfassen, was die Bibel darüber hinaus über den Aufenthaltsort der Gottlosen zu sagen hat. Wir dürfen dabei nicht vergessen, daß die schrecklichsten Höllenqualen für Menschen bestimmt sind, die den Heilsweg kannten, ihn aber konsequent ablehnten. Die Hölle ist natürlich auch für andere Menschen kein angenehmer Aufenthaltsort. Im Gegenteil! Für alle, die dorthin kommen, wird sie eine Stätte der Verzweiflung und der Finsternis bleiben, doch gewiß nicht für alle in gleichem Maße.

Die weiteren Eigenschaften der Hölle lassen sich mit Hilfe von vier Begriffen zusammenfassen, die wir einander folgendermaßen, entweder parallel oder chiastisch, zuordnen können: (a) von . . . hinweg, (b) zusammen mit, (c) Feuer, (d) Finsternis

(a) von . . . hinweg

Die Gottlosen werden ewiges Verderben erleiden »vom Angesicht des Herrn und von der Herrlichkeit seiner Macht hinweg« (2. Thess. 1,9). Sie werden »hinweggehen in die ewige Pein« (Mt. 25,46). Sie werden die schrecklichen Worte hören: »Weichet von mir« (Mt. 7,23; 25,41; Lk. 13,27). Ihr Aufenthaltsort wird »draußen« sein vor dem Festsaal, von der Hochzeit ausgeschlossen, vor der verschlossenen Tür (Mt. 8,11+12; 22,13; 25,10-13). Drinnen ist der Bräutigam. Drinnen sind auch die Menschen, die die Einladung angenommen haben. Draußen sind die »Söhne des Reichs«, die den gnädigen Ruf Gottes verachtet haben und jetzt vergeblich an die Tür klopfen (Lk. 13,28). Draußen sind die »Hunde« (Offb. 22,15). Die Gottlosen werden in den »Schlund des Abgrunds« geworfen (Offb. 9,1+2.11; vgl. 11,7; 17,8; 20,1+3). Sie stürzen ewig in die Tiefe und entfernen sich dabei immer weiter von der Gegenwart Gottes und des Lammes.

(b) zusammen mit

Dennoch handelt es sich bei der Höllenstrafe keineswegs nur um ein Getrenntsein. Es handelt sich auch um das genaue Gegenteil, um das schrecklichste Zusammensein, das man sich vorstellen kann. Die Gottlosen werden in alle Ewigkeit zusammen mit dem Teufel und seinen Engeln in der Hölle wohnen (Mt. 25,41; Offb. 20,10+15). Es gibt in der Hölle keine Liebe (Jes. 14,9-11).

(c) Feuer

Daß es in der Hölle Feuer oder Flammen gibt, bezeugt die Bibel an sehr vielen Stellen (Jes. 33,14; 66,24; Mt. 3,12; 5,22; 13,40.42.50; 18,8+9; 25,41; Mk. 9,43-48; Lk. 3,17; 16,19-31; Jud. 7; Offb. 14,10; 19,20; 20,10.14+15; 21,8). Dieses Feuer ist unauslöschlich. Es brennt von Ewigkeit zu Ewigkeit.

(d) Finsternis

Die Hölle ist auch ein Ort der Finsternis. Für einige ist sie die Stätte »äußerster Finsternis« (Mt. 8,12; 22,13; 25,30).

Hier werden böse Geister »mit ewigen Banden in der Finsternis« behalten (Jud. 6). »Das Dunkel der Finsternis« wird »behalten in Ewigkeit« für die »unsteten Sterne«, die »ihre eigene Schande ausschäumen« (Jud. 13).

Die vier Begriffe können einander auch chiastisch zugeordnet werden. Wer von Gott, dem Licht, hinweggeht, geht in die Finsternis. Und wer zusammen mit dem Teufel und seinen Engeln bestraft wird, kommt zusammen mit ihnen in »das Feuer, das ihnen bereitet worden ist«.

2. Diese Darstellung wirft zwei eng miteinander verbundene Fragen auf:

a. *Ist Gott in der Hölle gegenwärtig?* und
b. *Ist das Höllenfeuer eine Realität?*

Die erste dieser beiden Fragen ließe sich auch folgendermaßen formulieren: »Gott ist doch allgegenwärtig (Ps. 139,7-12). Wie können die Gottlosen aus seiner Gegenwart hinausgeschickt werden?« Meine Antwort lautet: Gott ist überall gegenwärtig, doch handelt es sich dabei nicht überall um eine liebende Gegenwart. Die Hölle ist deshalb die Hölle, weil Gott mit seinem ganzen Zorn dort ist (Hebr. 12,29; Offb. 6,16). Der Himmel ist deshalb der Himmel, weil Gott mit seiner ganzen Liebe dort ist. Die Gottlosen werden für immer aus der liebenden Gegenwart Gottes verbannt.

Die zweite Frage können wir wie folgt umformulieren: »Wenn die Hölle ein Ort des *Feuers* ist, wie kann sie gleichzeitig ein Ort der *Finsternis* sein — oder umgekehrt? Schließen sich diese beiden Möglichkeiten nicht gegenseitig aus?«

Meine Antwort lautet: Nicht unbedingt. Ich habe einen Bekannten, der einer bestimmten Form von Radioaktivität ausgesetzt wurde. Er erlitt dabei schwerste Verbrennungen, obwohl er sich in einem dunklen Raum aufhielt. Im übrigen: Sprechen wir nicht von einem »tüchtigen Brand«, wenn wir großen Durst haben, oder von »brennenden Schmerzen«? Es ist durchaus denkbar, daß die Hölle in einem wörtlichen, sagen wir lieber: halbwörtlichen, aber dennoch physischen Sinne ein Ort der Feuers oder des Verbrennens und gleichzeitig ein Ort der Finsternis sein kann. Die Gegner dieses Standpunkts weisen auf das in Lukas 16,19-31 überlieferte Gleichnis hin. Es ist jedoch festzuhalten, daß der reiche Mann in seinem entkörperten Zustand nicht physisch verbrannt wurde. Inwiefern beweist also dieses Gleichnis, daß die Gottlosen nach dem Empfang ihres Auferstehungsleibes nicht in einem Feuer gequält werden, das in irgendeiner Weise als physisch aufzufassen ist? Wir dürfen nicht vergessen, daß der reiche Mann in diesem Gleichnis so beschrieben wird, als ob er einen Leib hätte. (So bittet er beispielsweise darum, ihm die Zunge zu kühlen.) In diesem »Als-ob-Leib« leidet er Pein »in dieser Flamme«. Warum soll die Hölle deshalb kein Ort des Feuers sein? In diesem Gleichnis lehrt Jesus, daß eine schreckliche Strafe auf die Gottlosen wartet. Zunächst betrifft diese Strafe nur ihre Seele, aber später auch ihren Leib. Das

stimmt mit der Gesamtlehre der Schrift überein.

Der Gedanke eines buchstäblichen Feuers — das heißt, eines Feuers, das in irgendeinem Sinne als physisch aufzufassen ist — darf also nicht grundsätzlich ausgeschlossen werden. Dennoch stimmt es, daß der Begriff Feuer, wie er in der Schrift verwendet wird, sich nicht im buchstäblichen Sinn erschöpft. Das »ewige Feuer« ist »bereitet dem Teufel und seinen Engeln« — und das sind *Geister*. Außerdem werden in der Schrift häufig zwei weitere Begriffe mit Feuer in Verbindung gebracht, nämlich der Zorn Gottes und infolge davon Qualen (oder »Pein«) für die Gottlosen. Schlagen Sie folgende Bibelstellen auf und lesen Sie selbst nach: 1. Mose 18,20; vgl. 19,24; 5. Mose 32,22; Psalm 11,6; 18,9; 21,10; 97,3; 140,11; Jeremia 4,4; Amos 1,4.7.10 usw.; Nahum 1,6; Maleachi 3,2; Offenbarung 14,10+11.

Das Feuer des Zornes Gottes gegen die Sünden seines Volkes traf Jesus Christus am Kreuz von Golgatha und veranlaßte ihn — gewiß auch wegen der Qualen, die er während der dreistündigen Finsternis erlitten hatte — zu dem Schrei: »Mein Gott, mein Gott, warum hast du mich verlassen?« Als Jesus so in die »Hölle« hinabstieg, befreite er uns vom größten Übel und erwarb für uns den größten Segen.

Fragen zu diesem Kapitel

1. Ergänzend zum vorigen Kapitel gibt es vier Schlüsselbegriffe, mit deren Hilfe wir die biblische Darstellung der Hölle zusammenfassen können. Nennen Sie diese vier Begriffe.
2. Von wo und von wem werden die Gottlosen wohin geschickt? Und mit wem werden sie dort zusammensein?
3. Weisen Sie nach, daß die Hölle nach dem Zeugnis der Schrift ein Ort sowohl des Feuers als auch der Finsternis ist.
4. Ist Gott in der Hölle gegenwärtig, und wenn ja, in welchem Sinne?
5. Ist das Höllenfeuer eine Realität? Begründen Sie Ihre Antwort.

Fragen zum weiteren Nachdenken

1. Ist die »Finsternis«, die es in der Hölle gibt, buchstäblich aufzufassen?
2. Wenn ja — erschöpft sich der Begriff »Finsternis«, wenn er auf die Hölle angewandt wird, in der buchstäblichen Bedeutung?
3. Was ist mit dem Ausdruck »niedergefahren . . . zur Hölle« (aus dem »Apostolischen Glaubensbekenntnis«) gemeint? Findet sich dieser Ausdruck in der Bibel? Stimmt dieser Gedanke mit der Gesamtbotschaft der Bibel überein?
4. Inwiefern wirft Golgatha ein Licht auf das Wesen der Hölle?
5. »Nur die Verdammten in der Hölle wissen, wie sehr Jesus leiden mußte, als er am Kreuz für uns starb.« Können Sie diesem Satz zustimmen?

3. Der Endzustand der Gerechten. Wie wird das neue Universum sein?

Bibellese: Jesaja 11,6-9; Römer 8,18-22; 2. Petrus 3,13

Himmel und Erde werden vorübergehend entvölkert: Christus und seine Engel kommen zusammen mit den Seelen der Erlösten vom Himmel herab; die Gläubigen steigen daraufhin von der Erde empor, um ihrem Herrn in der Luft zu begegnen; und die Ungläubigen werden vor den — in der Luft befindlichen? — Richterstuhl Christi getrieben. Während all das geschieht, wird das Universum, wie es scheint, einem herrlichen Prozeß der Verwandlung unterworfen: Aus dem alten Himmel und der alten Erde gehen »ein neuer Himmel und eine neue Erde« hervor. Wir lesen: »Und ich sah einen großen, weißen Thron und den, der darauf saß; und vor seinem Angesicht floh die Erde und der Himmel, und ihnen ward keine Stätte gefunden« (Offb. 20,11).
Zu diesem Prozeß der Verwandlung gehören vier Aspekte:

1. Der große Weltenbrand

Der jetzige Himmel und die jetzige Erde sind für das Feuer aufgespart worden. Zur bestimmten Zeit wird der Himmel — von Gott angezündet! — in Brand geraten und sich auflösen. Die Elemente werden durch große Hitze zerschmelzen. Im gesamten Universum (mit Ausnahme der Hölle) wird jeder Makel der Sünde beseitigt und jede Spur des Fluchs entfernt werden (2. Petr. 3,7.11+12).

2. Die herrliche Erneuerung

Das Feuer wird das Universum nicht völlig vernichten. Nach dem Weltenbrand werden Himmel und Erde weiterhin bestehen. Sie werden jedoch auf herrliche Weise erneuert. Dies wird in 2. Petrus 3,13 und Offenbarung 21,1-5 erläutert:
»Wir erwarten, seiner Verheißung gemäß, einen neuen Himmel und eine neue Erde, in denen die Gerechtigkeit wohnt« (Einheitsübers.).
»Und ich sah einen neuen Himmel und eine neue Erde; denn der erste Himmel und die erste Erde vergingen, und das Meer ist nicht mehr. Und ich sah die heilige Stadt, das neue Jerusalem, von Gott aus dem Himmel herabfahren, bereitet wie eine geschmückte Braut ihrem Mann. Und ich hörte eine große Stimme von dem Thron, die sprach: Siehe da, die Hütte Gottes bei den Menschen! Und er wird bei ihnen wohnen, und sie werden sein Volk sein, und er selbst, Gott, wird mit ihnen sein; und Gott wird abwischen alle Tränen von ihren Augen, und der Tod wird nicht mehr sein, noch Leid noch Geschrei noch Schmerz wird mehr sein; denn das Erste ist vergangen. Und der auf dem Thron saß, sprach: Siehe, ich mache alles neu! Und er spricht: Schreibe, denn diese Worte sind wahrhaftig und gewiß!«

3. Die wunderbare Selbstentfaltung

Der organische Bereich wird zur vollendeten Selbstentfaltung oder »Freiheit« gelangen. Dieser Gedanke wird in Römer 8,18-22 zum Ausdruck gebracht. Der Apostel sagt uns in diesen Versen, daß die Schöpfung gegenwärtig der »Eitelkeit« unterworfen ist (siehe die Lutherübersetzung von 1914). Das Wort »Eitelkeit« bedeutet hier jedoch weder Angeberei noch affektiertes Getue. Es bezieht sich auch nicht auf eine protzige Zurschaustellung vermeintlicher Vorzüge — eine Haltung, die uns vielleicht ausrufen läßt: »Das ist ein eitler Pfau!« Mit »Eitelkeit« ist hier vielmehr Nichtigkeit oder mangelnde Effektivität gemeint (vgl. Pred. 12,8). Das Wort weist darauf hin, daß die Natur gegenwärtig aufgrund der menschlichen Sünde nicht zur Selbstentfaltung gelangen kann. Ihre Möglichkeiten sind begrenzt. Sie ist sozusagen in ihrer Entwicklung aufgehalten worden. Obwohl sie ihr Ziel gern erreichen möchte, vermag sie es nicht. Man könnte sie mit einem starken Mann vergleichen, einem Weltmeister im Boxen oder im Ringen, der so gefesselt worden ist, daß er von seiner großen körperlichen Kraft keinen Gebrauch machen kann. Genauso steht es mit dem gegenwärtigen Universum, weil der Fluch auf ihm liegt. Aus diesem Grunde werden beispielsweise Feldfrüchte von Krankheiten befallen. Welch ein herrlicher Tag wird es sein, wenn sämtliche auf die Sünde zurückzuführenden Beschränkungen aufgehoben werden. Dann werden wir erleben, wie diese herrliche Schöpfung doch noch zu seinem Recht kommt, zur »herrlichen Freiheit der Kinder Gottes« gelangt und danach nicht mehr der »Eitelkeit« unterworfen sein wird.

4. Die vollständige Harmonisierung

Gegenwärtig kann man die Natur nur als hart und grausam bezeichnen. In vielerlei Hinsicht fehlen Friede und Harmonie. Wie es scheint, arbeiten die verschiedensten Organismen gegeneinander. Es ist einfach nicht wahr, daß die Natur weitgehend »des Menschen williger Knecht« ist. Die konkurrierenden Reiche dieser Welt sind von Angst und Furcht geprägt. Überall herrscht Krieg. Aber nach ihrer herrlichen Verwandlung wird die gesamte Natur eine einzige Sinfonie sein. Sie wird zwar abwechslungsreich sein, doch wird es eine liebliche Verschmelzung von Klängen, Farben und Stilen geben, so daß sie insgesamt harmonisch wirken wird. Dann wird die Prophetie Jesaja 11,6-9 endgültig in Erfüllung gehen. (Ich bestreite allerdings nicht, daß dieser Jesaja-Abschnitt, wie im Kontext angedeutet, jetzt schon — im neutestamentlichen Zeitalter — eine vorläufige Erfüllung gefunden hat.)

Diese endgültige Harmonie wird mit folgenden symbolträchtigen (!) Worten geschildert: »Da werden die Wölfe bei den Lämmern wohnen und die Panther bei den Böcken lagern ... Man wird nirgends Sünde tun noch freveln auf meinem ganzen heiligen Berge; denn die Erde wird voll Erkenntnis des Herrn sein, wie Wasser das Meer bedeckt.«

Fragen zu diesem Kapitel

1. Nennen Sie die vier Aspekte des Verwandlungsprozesses.
2. Was ist mit dem »großen Weltenbrand« gemeint?
3. Was haben wir unter der »herrlichen Erneuerung« zu verstehen?
4. Was ist mit der »wunderbaren Selbstentfaltung« gemeint?
5. Was haben wir unter der »vollständigen Harmonisierung« zu verstehen?

Fragen zum weiteren Nachdenken

1. Kann 2. Petrus 3,10 als Beweis dafür angeführt werden, daß die Erde durch eine Atombombe zerstört werden wird?
2. Ist Abschnitten wie Römer 8,18-22 und Jesaja 11,6-9 zu entnehmen, daß es in der neuen Welt Pflanzen und Tiere geben wird?
3. Weisen Sie nach, daß die angeführten Verse aus Jesaja 11 bereits im gegenwärtigen Zeitalter eine vorläufige Erfüllung gefunden haben.
4. Steht die Vollendung aller Dinge durch eine Katastrophe, wie sie in 2. Petrus 3,8-13 sehr anschaulich beschrieben wird, mit dem Evolutionsgedanken im Einklang oder widerspricht sie diesem Gedanken? Wird jemand, der das biblische Zeugnis von der Schöpfung ablehnt, in der Lage sein, gesunde Ansichten über die Lehre von den letzten Dingen zu vertreten?
5. Vergleichen Sie das Universum, wie es vor dem Sündenfall war, mit dem Universum, wie es nach dem großen Weltenbrand sein wird.

4. Der Endzustand der Gerechten. Was hat Jesus über das himmlische Zuhause gesagt?

Bibellese: 5. Mose 33,27a; Johannes 14,1-4

1. Das Bedürfnis nach diesem Zuhause

Wer ein Kind Gottes ist, verspürt in seinem Herzen nicht nur ein Verlangen, sondern ein tiefes Bedürfnis nach der ewigen Heimat. Wenn er älter wird und eine fromme Mutter, eine vertrauensvolle Schwester, einen missionarisch aktiven Vater oder eine treue, liebevolle Ehefrau verliert, beschäftigt er sich immer weniger mit dieser Erde und immer mehr mit dem Himmel. Wenn er Prediger ist, hat er womöglich recht häufig über den Himmel gepredigt; aber wenn das Leid in seine eigene Familie Einzug hält und er merkt, wie die »irdische Hütte« eines lieben Menschen rapide »abgebrochen« wird, wenden sich seine Gedanken zwangsläufig immer mehr dem Himmel zu. Was einst für ihn nur eine Predigt war, wird zu einem von Herzen kommenden Bekenntnis. Er wird weiterhin darüber predigen, doch besser als je zuvor.

Ja, wir benötigen das himmlische Zuhause, denn nichts auf dieser Erde kann dieses Bedürfnis wirklich befriedigen. Hier erleben wir Kummer und Not. Das war auch bei den Jüngern der Fall. Darum sagte ihnen Jesus, als sie am Abend vor der Kreuzigung im Obergemach versammelt waren: »Euer Herz sei nicht länger bekümmert!«

Die Jünger hatten gemischte Gefühle. Sie waren traurig, weil der Abschied Jesu kurz bevorstand. Sie schämten sich wegen ihres Egoismus und ihres Stolzes. Sie waren bestürzt, weil Jesus angekündigt hatte, daß einer von ihnen ihn verraten und ein weiterer ihn verleugnen werde — und daß sie seinetwegen allesamt in Schwierigkeiten geraten würden. Und sie waren in ihrem Glauben wankend geworden. Wahrscheinlich ging ihnen folgender Gedanke durch den Kopf: »Jemand, der im Begriff steht, verraten zu werden, kann doch unmöglich der Messias sein.« Dennoch hatten sie ihren Meister lieb. Sie hofften, »da nichts zu hoffen war«. Und darum sagte ihnen Jesus: »Setzt euer Vertrauen weiterhin auf Gott; auch auf mich setzt weiterhin euer Vertrauen.«

2. Jesus beschreibt das himmlische Zuhause.

Jesus setzte seine Rede mit den Worten fort: »In meines Vaters Hause sind viele Wohnungen.«

Des Vaters Haus ist wirklich ein Zuhause, denn hier werden sich Gottes Kinder einer seligen Gemeinschaft erfreuen. Das geht aus dem ganzen Zusammenhang hervor. Und letztes Endes macht diese Gemeinschaft den Unterschied zwischen einem ganz normalen Haus und einem »Zuhause« aus. Ich las die Geschichte von einem kleinen Jungen, der, als er von der Schule kam, in ein Haus hineinspazierte und dann schnell wieder herausgelaufen kam. Jemand sah es und fragte ihn: »Warum bist du dort hineingegangen, aber so schnell wieder herausgekommen?« Der Junge erwiderte: »Ich habe das falsche Haus erwischt. Ich dachte, es sei das unsere. Aber unser Haus ist nebenan.« Der Fremde fragte ihn dann: »Ist denn das Haus, in das du hineingegangen bist und das du so schnell wieder verlassen hast, nicht genauso schön wie das Haus, in dem deine Familie wohnt?« »O doch, es ist sogar viel vornehmer«, lautete die Antwort. Der Fremde konnte sich eine letzte Frage nicht verkneifen: »Warum bist du denn nicht dort geblieben?« Das Kind entgegnete: »Weil meine Mutter nicht dort ist.«

Wir erfahren deshalb als erstes: Unser himmlisches Zuhause ist das Haus, das dem Vater unseres Herrn Jesus Christus gehört («in meines Vaters Hause«). Sicherlich ist es aus diesem Grunde sowohl für ihn als auch für uns ein richtiges »Zuhause«. Und da dieses Haus dem Vater gehört, können wir sicher sein, daß es sich um einen ganz herrlichen Ort handelt. Wenn die Menschen, die sich von der Finsternis ab- und dem Licht zugewandt haben, jetzt schon Dinge erleben, »die kein Auge gesehen und kein Ohr gehört hat und die in keines Menschen Herz gekommen sind« (1. Kor. 2,9), um wieviel mehr wird dieser Vers auf die Stätte zutreffen, die Jesus für uns vorbereitet?

Zweitens versichert uns Jesus, daß es sich bei diesem Zuhause um einen sehr geräumigen Ort handelt. Daß der Himmel tatsächlich ein Ort ist, versteht sich von selbst. Es ist deshalb nicht notwendig, daß wir uns hier mit langen Argumenten aufhalten. Ist Jesus nicht in den Himmel gefahren? Und sind nicht Jesus, Henoch und Elia *leiblich* dort zugegen? Die Frage, wo genau der Himmel sich befindet, ist von geringer Bedeutung. In den letzten 50 Jahren hat sich unser Blick für die Ausmaße des Universums dermaßen erweitert, daß wohl niemand mehr daran zweifeln kann, daß es in diesem riesigen Areal genug Platz für den Himmel gibt.

Beachten Sie: Jesus sagt, daß es in diesem einen großen Haus viele Wohnungen gibt. Mit anderen Worten: Der Himmel ist nicht wie eine Mietskaserne, in der jede Familie vielleicht nur *ein* Zimmer bewohnt. Im Gegenteil, man kann ihn eher mit einem wunderschönen Wohnhaus vergleichen, wo es sehr viele geräumige, vollmöblierte Wohnungen gibt und ein Überfülltsein nicht in Frage kommt. »Es gibt viel Platz im Himmel — Platz für mich, aber auch für dich«, heißt es in einem alten Lied. Dies ist der *eine* Gedanke, auf den es hier ankommt. (Der Gedanke, daß es eine große Vielfalt — Stufen der Herrlichkeit — geben wird, ist an sich wahr, wie wir bereits festgestellt haben; dem hiesigen Kontext ist dieser Gedanke jedoch fremd.)

Drittens ist unser Zuhause der Ort, wo wir uns sicher und geborgen fühlen. Draußen mag vielleicht der Sturm toben — im Herzen der Jünger tobte er tatsächlich. Der Himmel ist ein Ort vollkommener Sicherheit und Geborgenheit.

Viertens ist unser Zuhause ein Ort der Ruhe. Denken Sie daran, wie ein Baby in den Armen seiner Mutter ruht. Vergessen Sie jedoch nicht, daß die Arme einer Mutter müde werden können, weil ihre Kräfte nicht unerschöpflich sind. Gottes Arme hingegen werden niemals müde. »Zuflucht ist bei dem alten Gott — und darunter sind die ewigen Arme.«

Fünftens ist unser Zuhause der Ort, wo wir vollkommenes Verständnis und uneingeschränkte Zuwendung erfahren. Dies wird im nächsten Abschnitt (3.) noch deutlicher werden. Anderenorts werden wir oft mißverstanden, auch unsere Motive werden häufig mißdeutet — aber nicht zu Hause, sofern unser »Zuhause« wirklich ein Zuhause ist.

Sechstens bietet uns unser Zuhause eine dauerhafte Bleibe. Bei *diesem* Haus, das sollte man nicht vergessen, handelt es sich nicht um ein Zelt, das bald hier, bald dort aufgeschlagen und sicher einmal zerstört werden wird. Des Vaters Haus — dem Kontext zufolge ist es unser Zuhause — ist der Ort, wo wir für immer und ewig bleiben werden, »daheim . . . bei dem Herrn« (2. Kor. 5,8).

3. Das himmlische Zuhause wird vorbereitet.

»Wenn es nicht so wäre, hätte ich es euch gesagt, denn ich gehe hin, um euch die Stätte zu bereiten. Und wenn ich hingehe, um euch die Stätte zu bereiten, so komme ich wieder und werde euch zu mir nehmen (oder: werde euch nehmen, auf daß ihr von Angesicht zu Angesicht mir gegenüber seid), damit ihr seid, wo ich bin.«

Das Wiederkommen ist das Gegenstück zum Hingehen und bezieht sich deshalb auf das zweite Kommen Jesu. Jesus sagt seinen Jüngern, daß er ihnen durch seine Erniedrigung (insbesondere durch seinen Kreuzestod) sowie durch seine Erhöhung eine Stätte bereitet. Es ist möglich, daß in diesen herrlichen Versen weit mehr angedeutet wird, als ich es hier ausführen konnte. Wer wäre schon imstande, genau darzulegen, wie Jesus unsere Stätte im Himmel vorbereitet? Wahrscheinlich werden wir die Tiefe und Bedeutung dieses Ausdrucks erst dann begreifen, wenn wir mit Leib und Seele am Leben im neuen Himmel und auf der neuen Erde Anteil haben werden.

Es gibt hier noch einen ergreifenden Punkt. Man hätte erwartet, daß Jesus sagt: »Und wenn ich hingehe, euch die Stätte zu bereiten, so komme ich wieder und werde euch *dorthin* führen.« Aber der Herr sagt statt dessen etwas weit

Tröstlicheres, nämlich: »Ich werde euch *zu mir* nehmen.« Was des Vaters Haus für die Kinder Gottes zu einem echten Zuhause und zu einem echten Himmel macht, ist die liebevolle Gegenwart Jesu. Wo auch immer Jesus sein wird, dort werden seine Jünger sein. Sie werden sogar mit ihm zusammen auf seinem Thron sitzen! Rein symbolische Sprache, meinen Sie? Gewiß! Das Ganze ist *nur* ein Symbol. Die Wirklichkeit wird weitaus herrlicher sein (siehe Offb. 3,12; 3,21; 14,1; 19,11+14; 20,4).

4. Zu Hause angekommen

»Und wo ich hingehe, — den Weg wisset ihr«, sagt Jesus. Er meint: »Ihr kennt *mich; ich* bin der Weg.« Und damit spricht er eine verhüllte Einladung aus: »Kommt auf diesem Wege zum Vater«, das heißt: indem ihr euch umfassend mit mir verbindet.

Fragen zu diesem Kapitel

1. Zeigen Sie auf, warum wir ein himmlisches Zuhause benötigen.
2. Beschreiben Sie das himmlische Zuhause.
3. Was für ein ergreifender Punkt ergibt sich aus Johannes 14,3?
4. Welcher »Weg« führt nach Hause?
5. Inwiefern spricht Jesus in Johannes 14,4 eine verhüllte Einladung aus?

Fragen zum weiteren Nachdenken

1. Bietet die Offenbarung des Johannes zusätzliche Informationen über das himmlische Zuhause? Wenn ja, wo? Und um was für Informationen handelt es sich im allgemeinen?
2. In der Offenbarung des Johannes ist von der »heiligen Stadt, dem neuen Jerusalem« die Rede. Was ist damit gemeint?
3. Sagt Offenbarung 21,16 wirklich etwas über die Gestalt und die Größe des Himmels aus?
4. Erläutern Sie den Abschnitt 5. Mose 32,11+12.
5. Werfen diese Verse (vgl. Ps. 103,13+14; Jes. 63,9) ein Licht auf die Seligkeit, an der wir »daheim . . . bei dem Herrn« Anteil haben werden?

5. Gibt es weitere Fragen oder Warnungen?

Bibellese: 1. Johannes 3,1-3

Es werden immer wieder Fragen über die ewige Seligkeit der Gläubigen gestellt. Einige dieser Fragen beziehen sich zugleich auf den »Zwischenzustand«, denn es ist — wie wir schon festgestellt haben — nicht immer möglich, die beiden Themen auseinanderzuhalten.

1. Welche Beziehung werden wir im neuen Himmel und auf der neuen Erde zu den Engeln haben?

Meine Antwort: Was diese, aber auch viele weitere Fragen betrifft, werden wir so lange auf eine vollständige Antwort warten müssen, bis wir in der Ewigkeit ankommen. Die Schrift hat zu diesem Thema nicht sehr viel zu sagen. Vermutlich wird unsere Beziehung zu den Engeln im Grunde nicht anders sein als jetzt. Gott schuf die Engel als »dienstbare Geister, ausgesandt zum Dienst um derer willen, die das Heil ererben sollen« (Hebr. 1,14). Der Mensch hingegen wurde erschaffen, um zu »herrschen« (1. Mose 1,26). Ist es nicht denkbar, daß die Engel uns in der Herrlichkeit weiterhin dienen werden? (siehe jedoch die dritte »Frage zum weiteren Nachdenken« am Ende dieses Kapitels). Es steht wohl außer Zweifel, daß der erlöste Mensch in der Ewigkeit einen höheren Rang haben wird als die Engel (1. Kor. 6,3; vgl. Offb. 5,11). Es steht ebenfalls fest, daß die Engel — auch in der Herrlichkeit — eine Menge von uns lernen werden (vgl. Eph. 3,10). Wahrscheinlich werden auch wir sehr viel von ihnen lernen sowie von den Liedern, mit denen sie Gott und das Lamm anbeten (Offb. 5,11+12; 7,11+12). Zwischen den Erlösten und den Engeln hat es schon immer eine enge Beziehung gegeben:

Engel sind ...

Diener Jesu Christi (2. Thess. 1,7), ihres und unseres erhöhten Hauptes (Eph. 1,21+22; Kol. 2,10).

Überbringer der frohen Kunde von unserer Erlösung; sie waren Zeugen sowohl der Geburt des Herrn als auch seiner Auferstehung und der Herrlichkeit danach (1. Tim. 3,16; vgl. Lk. 2,14; 24,4; Apg. 1,11).

Chorsänger des Himmels (1. Kor. 13,1; vgl. Lk. 15,10; Offb. 5,11+12).

Beschützer der Kinder Gottes (2. Thess. 1,7-10; vgl. Ps. 91,11; Dan. 6,23; 10,10.13.20; Mt. 18,10; Apg. 5,19; Offb. 12,7) — obwohl die Kinder Gottes im Rang höher stehen als die Engel und über diese richten werden (1. Kor. 6,3; vgl. Hebr. 1,14).

Vorbilder des Gehorsams (1. Kor. 11,10; vgl. Mt. 6,10).

Freunde der Erlösten, denn sie wachen stets über sie, nehmen an ihrer Erlösung lebhaften Anteil und dienen ihnen auf jede denkbare Weise — auch indem sie das Gericht Gottes am Feind vollziehen (Gal. 3,19; 1. Kor. 4,9; 2. Thess. 1,7; vgl. Mt. 13,41; 25,31+32; Lk. 16,22; 1. Petr. 1,12; Hebr. 1,14; Offb. 20,1-3).

»Ehre sei Gott!« — so lautet seit jeher die Hymne der Engel. Wenn wir zur Vollendung gelangen werden, wird es auch unser Lied sein — wir sollten es aber jetzt schon singen!

2. Man hört sehr viel darüber, daß wir »in den Himmel kommen« werden, doch sagt uns die Bibel, daß die Sanftmütigen »das Erdreich besitzen« werden (Mt. 5,5). Was ist nun richtig?

Meine Antwort: Wir werden uns in der Ewigkeit eines neuen Himmels und einer neuen Erde — eines auf herrliche Weise erneuerten Universums — erfreuen und uns ihrer zur Ehre Gottes bedienen. Eigenschaften wie Heiligkeit, Freude, Herrlichkeit usw., die jetzt schon das Leben im Himmel prägen, werden dann das gesamte erlöste Universum durchdringen (Offb. 21,1-3). Wir selbst werden diesem neuen Universum sowohl dem Leibe als auch der Seele nach angepaßt sein.

3. In 1. Korinther 15,50 steht, daß »Fleisch und Blut« das Reich Gottes nicht ererben können. Sind wir also zu der Schlußfolgerung berechtigt, daß in der Ewigkeit die physische Zusammensetzung unseres Auferstehungsleibes eine andere sein wird?

Meine Antwort: Aus dem Kontext (siehe insbesondere Vers 50b, aber auch die Verse 53+54) geht deutlich hervor, daß es in diesem Abschnitt nicht um die physische Zusammensetzung des Auferstehungsleibes geht. Hier wird uns vielmehr mitgeteilt, daß unser Auferstehungsleib unsterblich und unvergänglich sein wird. Er wird also nicht schwach und vergänglich sein wie unser gegenwärtiger Körper, sondern dem verwandelten Leib unseres auferstandenen Herrn gleichen (Phil. 3,21).

4. Was bedeutet das gläserne Meer (Offb. 15,2)?

Meine Antwort: Dem Kontext zufolge versichert uns der Herr mit Hilfe dieses herrlichen Symbols (es handelt sich hier um ein *durchsichtiges* Meer), daß wir die Wege seiner

Vorsehung einst weit klarer erkennen werden als jetzt. Die »gerechten Gerichte« Gottes werden dort »offenbar« werden (siehe Offb. 15,1-4).

5. Johannes schreibt: »Meine Lieben, wir sind nun Gottes Kinder; und es ist noch nicht erschienen, was wir sein werden.« Will er damit andeuten, daß wir nach der glorreichen Wiederkunft Jesu nicht länger Kinder Gottes sein, sondern einen noch höheren Rang erlangen werden?

Meine Antwort: Welcher Rang könnte höher sein als der eines »Gotteskindes«? Siehe 1. Johannes 3,1. Wir sind nun Kinder Gottes. Wir werden in der Ewigkeit Kinder Gottes bleiben. Aber die Herrlichkeit, die wir eines Tages als Kinder Gottes besitzen werden, ist noch nicht offenbar geworden. Wir tragen noch nicht den Siegeskranz. Wir leben noch nicht im neuen Himmel und auf der neuen Erde. Unser Leib ist dem herrlichen Auferstehungsleib Jesu noch nicht gleich geworden.

6. Vor welchen falschen Vorstellungen über die Ewigkeit möchten Sie warnen?

Meine Antwort: Als erstes möchte ich ernsthaft davor warnen, über das hinauszugehen, was entweder eindeutig und ausdrücklich in der Schrift gelehrt wird oder ihr durch gesicherte Schlußfolgerungen entnommen werden kann. Zweitens möchte ich vor der Aussicht warnen, daß das Leben im Jenseits (gleich, ob im »Zwischenzustand« oder in der Ewigkeit) völlig anders sein wird als unser gegenwärtiges Leben, so daß es zwischen diesem und jenem Leben gar keinen Zusammenhang gibt. Hier wird entweder ausdrücklich oder stillschweigend die Fortdauer der persönlichen Identität geleugnet; das ist eine Irrlehre.
Drittens warne ich vor jeder Eschatologie (Lehre von den letzten Dingen), in der die ganze Betonung darauf liegt, daß es in der Ewigkeit keine Schmerzen, Sorgen, Krankheit, Arbeit usw. geben wird. Hier wird übersehen: Wir sollen uns in erster Linie darüber freuen, daß *die Sünde* — die Wurzel aller anderen Übel — überwunden sein wird.
Meine letzte Warnung steht in einem engen Zusammenhang mit dem eben Gesagten. Was die ewigen Freuden des neuen Himmels und der neuen Erde angeht, sollten wir unbedingt vor Vorstellungen auf der Hut sein, die den Menschen in den Mittelpunkt stellen. Wir sollten uns in erster Linie auf die Teilhabe an der strahlenden Herrlichkeit unseres Gottes freuen. Hier bieten folgende Bibelstellen Wegweisung: Psalm 73,25; Römer 11,36; 1. Korinther 10,31; Offenbarung 7,15; 21,3; 22,3+4.

Fragen zu diesem Kapitel

1. Welche Beziehung werden wir im neuen Himmel und auf der neuen Erde zu den Engeln haben?

2. Werden die Gläubigen den Himmel oder »das Erdreich« besitzen?
3. Was bedeutet das durchsichtige gläserne Meer?
4. Erläutern Sie 1. Johannes 3,2.
5. Vor welchen falschen Gedanken über die Ewigkeit sollten wir auf der Hut sein?

Fragen zum weiteren Nachdenken

1. Welches Licht wirft der Abschnitt Römer 8,16+17 auf den Freudenruf des Apostels in 1. Johannes 3,1?
2. Erklären Sie die genaue Bedeutung von 1. Johannes 3,1b.
3. Kann man aus Hebräer 1,14 folgern, daß die Engel uns nicht mehr dienen, nachdem wir das Heil erlangt haben?
4. Erläutern Sie 1. Korinther 6,3a.
5. Erläutern Sie 1. Petrus 1,12: »was auch die Engel gelüstet zu schauen«.

Ein weiteres Buch zum Thema:

Bruce Milne
Das Ende der Welt
Eine biblische Orientierung
Edition C, Nr. D 6, 150 Seiten

Geht es mit unserer Welt zu Ende?
Was bringt überhaupt die Zukunft?
Werden wir das 21. Jahrhundert noch erleben?
Und was kommt danach?

Über diese Fragen ist schon viel geschrieben worden. Dabei wurde
den Zeichen der Zeit sehr viel Beachtung geschenkt; aber es ist
sehr wichtig, vor allem das in Betracht zu ziehen, was die Bibel
zu diesem Thema zu sagen hat.
Das tut der Autor sehr gründlich. So sind dann – neben den
Zeichen der Zeit – das Königreich Gottes, die Wiederkehr
Christi, das Weltgericht, das Tausendjährige Reich und die
Ewigkeit Themen, mit denen er sich sachbezogen und wegweisend
befaßt.

FRANCKE
Verlag der Francke-Buchhandlung GmbH

Unsere Reihe mit Tabellen und Hintergrundinformationen bietet fundiertes Wissen für alle, denen an umfassender und praxisbezogener Information gelegen ist.

Bisher liegen vor:

John H. Walton
Chronologische Tabellen zum Alten Testament
TELOS-Nr. 2135, 80 Seiten

H. Wayne House
Chronologische Tabellen und Hintergrundinformationen zum Neuen Testament
TELOS-Nr. 2141, 148 Seiten

Robert Lee
Die Bibel im Grundriß
TELOS-Nr. 2146, 144 Seiten

Robert C. Walton
Chronologische Tabellen und Hintergrundinformationen zur Kirchengeschichte
TELOS-Nr. 2156, 172 Seiten

Christa Herold / Petra Balling
Die Könige des Nordreichs
TELOS-Nr. 2170, 104 Seiten

Louis Berkhof
Grundriß der biblischen Lehre
TELOS-Nr. 2189, 72 Seiten

Derek Prime
Biblische Lebenshilfen im Grundriß
TELOS-Nr. 2194, 112 Seiten

FRANCKE
Verlag der Francke-Buchhandlung GmbH